natürlich oekom!

Mit diesem Buch halten Sie ein echtes Stück Nachhaltigkeit in den Händen. Durch Ihren Kauf unterstützen Sie eine Produktion mit hohen ökologischen Ansprüchen:

- mineralölfreie Druckfarben
- Verzicht auf Plastikfolie
- Kompensation aller CO_2-Emissionen
- kurze Transportwege – in Deutschland gedruckt

Weitere Informationen unter www.natürlich-oekom.de und #natürlichoekom

natürlich oekom · nachhaltig seit 1989

Bibliografische Information der Deutschen Nationalbibliothek:
Die Deutsche Nationalbibliothek verzeichnet diese Publikation in der Deutschen Nationalbibliografie; detaillierte bibliografische Daten sind im Internet über www.dnb.de abrufbar.

oekom – Gesellschaft für ökologische Kommunikation mbH,
Goethestraße 28, 80336 München

Lektorat: Antje Maria Greisiger
Abbildungen: Alistair Bell
Umschlaggestaltung: www.buero-jorge-schmidt.de
Layout, Satz: Ines Swoboda, oekom verlag

Druck: GGP Media GmbH, Pößneck

ISBN 978-3-98726-036-0

MIX
Papier aus verantwortungsvollen Quellen
FSC® C014496
FSC www.fsc.org

Stefan Brunnhuber

Freiheit oder Zwang

Wer kann Nachhaltigkeit besser – Offene Gesellschaften oder Autokratien?

oekom

» *Ein klares, beeindruckendes Buch, das unbedingt lesen sollte, wer verstehen will, warum offene und demokratische Gesellschaften Nachhaltigkeit und Transformation besser können als autokratisch-geschlossene.* «

Prof. Dr. Gert Scobel, 3 Sat, Wissenschaftsjournalist

» *Durch Rahmenbedingungen, aber nicht immer mit Vorschriften Menschen zum freiwilligen Umdenken bewegen. Damit lässt sich Nachhaltigkeit in einer offenen Gesellschaft verbessern.* «

Dr. W. Schäuble, MdB, Präsident des Deutschen Bundestages a. D.

» *Wer wissen will, warum Offene Gesellschaften Nachhaltigkeit besser können, wird hier fündig.* «

Prof. Dr. Werner J. Patzelt,
Professor für Politologie, TU-Dresden,
Research Director MCC Brüssel

» Freiheitliche Gesellschaften leben von Erwartungsmärkten. Dort wird Zukunft ausgehandelt. Wie das geht, steht in diesem Buch – unbedingt lesen! «

Prof. Dr. Rudolf Korte, Politologe,
Direktor der NRW School of Governance

» Das Buch zeigt, wie Liberalismus und Nachhaltigkeit zusammen passen. Unbedingt lesen! «

Hermann Otto Solms, ehemaliger Vizepräsident
des Deutschen Bundestages

» Kann eine offene Gesellschaft nachhaltig sein? Oder ist die Autokratie unvermeidlich? Stefan Brunnhuber stellt große Fragen und gibt ermutigend liberale Antworten. Lesenswert! «

Prof. Dr. Dr. h. c. Karl-Heinz Paqué,
Vorstandsvorsitzender der
Friedrich-Naumann-Stiftung für die Freiheit

Das Buch ist all jenen gewidmet,
die noch nicht in einer Offenen Gesellschaft leben,
in Zukunft aber für sich und ihre Kinder
mehr Nachhaltigkeit und
auch mehr Freiheit einfordern.

Inhalt

Vorwort

Dies ist kein weiteres Buch über Klimaschutz, Nahrungsmittelsicherheit und erneuerbare Energien, kein Buch über Artenverlust oder Vermüllung, Landgrabbing, Entwaldung oder Wasserstress. Es ist ein Buch, welches all diese Herausforderungen bereits als gegeben voraussetzt. Ohne eine langfristige nachhaltige Strategie wird unser Zusammenleben auf diesem Planeten mindestens mit nachweislichen Wohlstandsverlusten und politischer Instabilität verbunden, wenn nicht gar unzumutbar und existenziell bedroht sein. Das vorliegende Buch ist ein Beitrag zur drängenden Debatte um die Frage: Wer kann Nachhaltigkeit besser? Denn diese Nachhaltigkeitsdebatte findet innerhalb eines neuen Systemkonfliktes statt. Jenseits von Artensterben und globaler Erwärmung tobt ein Krieg der politischen Systeme um die Deutungshoheit im 21. Jahrhundert. Ein Konflikt, der als überwunden galt, als 1989 die Berliner Mauer fiel und viele glaubten, dass es nunmehr nur noch um eine fast zwangsläufige Umsetzung von Marktwirtschaft und Rechtsstaatlichkeit ginge. Diese Einschätzung hat sich als falsch erwiesen. Wir stehen mitten in der Auseinandersetzung um die Frage, welches politische System Nachhaltigkeit und Zukunft besser kann. Die Kontrahenten sind bekannt: illiberale Autokratien auf der einen Seite und Offene Gesellschaften auf der anderen. Die einen setzen auf Kontrolle und Konformismus, die anderen auf Kreativität und Kritik. Die Fürsprecher der einen Seite plädieren für mehr technokratische Lösungen und Top-down-Beschlüsse, die Fürsprecher der anderen Seite befürworten individuelle Verantwortung und Multilateralismus. Die Ersteren setzen auf Wohlfahrt in Sicherheit durch Zwang, die Letzteren auf

Wohlstand in Freiheit und (Selbst-)Verantwortung. Für die einen gilt vielleicht Singapur als Modell, für die anderen eher die Schweiz. Man kann in diesem Zusammenhang durchaus fragen: Hat gesellschaftliche Offenheit an sich überhaupt einen Wert, der uns größere Agilität und Fehlerfreundlichkeit verspricht und infolgedessen einen höheren Grad an Freiheit garantiert? Oder ist das Gegenteil der Fall: Sind Zwang, Kontrollen und nichtdemokratische Entscheidungen die bessere Agenda für mehr Nachhaltigkeit? Schlimmer noch: Sind Offene Gesellschaften gar zu einer Zumutung verkommen? Haben wir uns – vollverpflegt, vollversorgt und schonungsbedürftig – in ihnen derart eingerichtet, dass immer ein anderer oder der Staat liefern muss, und ist uns damit die Fähigkeit zu einer aktiven Anpassung und Auseinandersetzung abhandengekommen?[1] Sicher ist, je länger wir warten, umso geringer wird die Chance zur Entscheidung für eine Ordnung der Freiheit und umso wahrscheinlicher werden Notverordnungen, autoritäre Entscheidungsprozesse, Zwang und Kontrollen, die dann fast automatisch in eine Knechtschaft münden. Deshalb sollten wir die Frage, wofür wir eigentlich stehen, schnellstmöglich klären. Es könnte sein, dass die beiden politischen Systeme voneinander abhängen und voneinander lernen müssen. Der US-Journalist Thomas Friedman fragt: Was wäre, wenn wir für einen Tag China wären, alle Probleme administrativ und technokratisch lösen und dann wieder zu einer Offenen Gesellschaft zurückwechseln würden?[2] Wüssten wir dann, wer Zukunft und Nachhaltigkeit besser kann? Entscheidend ist wohl, dass wir zumindest immer die Wahl haben, die Wahl zwischen Freiheit und Zwang.[3]

Dresden 2023, Stefan Brunnhuber

Teil I

Was jetzt auf dem Spiel steht

1

Das planetarische Momentum

Die globale Coronapandemie, die im Jahr 2020 begann, hat etwas bisher Einzigartiges in Gang gesetzt: ein planetarisches Momentum, das alle Menschen gleichzeitig und auf unverrückbare Weise miteinander verbindet. Und der Moment, in dem sich die Menschheit nun findet am Ende der Pandemie, ist ein ebenso spannender wie problematischer.

Der Krieg, der hinter der Nachhaltigkeit tobt

Hinter den Kulissen der Debatten um mehr Klimaschutz und Artenreichtum, Wiederaufforstung und Entmüllung herrscht ein Kriegszustand von ganz anderer Qualität: ein Krieg der politischen Systeme um die Deutungshoheit im 21. Jahrhundert. Ein Krieg, bei dem es nicht nur um Fragen der Nachhaltigkeit geht, sondern auch um Fragen der Sicherheit, etwa der nationalen Grenzen, der Energie- und Nahrungsmittelversorgung. Es scheint sogar, als träten Sicherheitsfragen in einen Wettstreit mit Nachhaltigkeitsfragen und rückten diese in den Hintergrund: Sicherheit vor Nachhaltigkeit. Diese beiden Themenfelder gehören nicht nur zusammen, sondern bedingen sich gegenseitig. In den letzten 30 Jahren bestand in den Debatten ein grundlegender Gegensatz von Freiheit und Nachhaltigkeit. Beide galten als unversöhnlich. Der Neoliberalismus setzt auf Deregulierung und Privatisierung, die ökologische Bewegung dagegen auf Bewahrung der Umwelt und auf Verzicht. Es scheint offenbar eine ungesunde Dreiecksbeziehung zwischen Sicherheit, Freiheit und Nachhaltigkeit zu geben. Können wir stets nur einen der drei Werte haben? Oder ist diese Gegenüberstellung nicht doch vielmehr ein Pseudokonflikt?

Lesarten historischer Ereignisse

1989 war bekanntlich mit einem welthistorischen Ereignis verbunden: dem Berliner Mauerfall. Zugleich war es aber auch das Jahr, in dem auf dem Platz des Himmlischen Friedens, dem Tian'anmen-Platz in Peking, die Panzer rollten. Beide Ereignisse fielen in den gleichen Zeitraum, und beide Ereignisse wurden unterschiedlich interpretiert. Für den Westen bedeutete der Mauerfall das Ende der zweigeteilten Welt, und es wurde ein unipolares Momentum ausgerufen: Marktwirtschaft und Demokratie würden sich von nun an weltweit durchsetzen, gleichsam zwangsläufig. Der Aufstand am Tian'anmen-Platz passte in dieses Narrativ. Die chinesische Regierung interpretierte das Ereignis auf dem Platz des Himmlischen Friedens jedoch gänzlich anders. Die Niederschlagung war kein Versagen oder Fehltritt, sondern eine rationale Reaktion eines Einparteiensystems. Hinter der westlichen Lesart dagegen stand das Verständnis einer Konvergenz der Systeme. Auch andere autokratische und illiberale Regime würden sich früher oder später der Politik des Westens und dessen Gesellschaftsverständnis annähern (müssen), die Panzer in Peking galten als Aufbruchssignal. Eine solche Betrachtung greift allerdings zu kurz, denn jeder Fehltritt eines politischen Gegners kann als einfache Verzögerung in der Entwicklung (»Der andere ist noch nicht so weit«) gelesen werden. Da dies immer gelten kann, ist diese Konvergenztheorie in diesem Sinne nicht widerlegbar, aber auch wenig überzeugend. Es bestehen folglich berechtigte Zweifel, ob das liberale Gesellschaftsmodell überhaupt taugt, um die Zukunft hinreichend zu erklären.

Thesen auf dem Prüfstand

Aber es kommt noch schlimmer. Unser westliches Verständnis von einem geordneten und freiheitlichen Zusammenleben ist in mehrfacher Hinsicht überholt. Zum einen gilt die Modernisierungsthese als widerlegt. Sie besagt, dass sich die westliche Moderne in Bezug auf Demokratie, Marktwirtschaft, technologischen Fortschritt und Wirtschaftswachstum linear entwickelt und damit fortschreibt. Alle diese Bausteine stehen vor dem Hintergrund der Nachhaltigkeitsfragen auf dem Prüfstand. Soziale und ökologische Ausbeutung zuungunsten Unbeteiligter (Externalitäten), Landraub (Landgrabbing) sowie forcierte, also erzwungene Migration sind nur die augenscheinlichsten. Zum anderen scheint auch die Individualisierungsthese keinen Bestand mehr zu haben. Sie geht davon aus, dass kollektive Gemeinschaften durch Bindungen und Zugehörigkeiten abgelöst werden, die jeder Einzelne autonom und individuell für sich wählt. Derzeit spricht vieles dafür, dass Gruppenbildungen ähnlich archaischer Tribalisierungen und homogene Habitate auf dem Vormarsch sind.

Die Säkularisierungsthese schließlich geht mit der Überzeugung einher, dass der Mensch keiner wirklichen religiösen Bindungen mehr bedarf, da sie durch weltliche Institutionen und säkulare, soziale Interaktionsformen abgelöst werden. Jedoch gab es noch niemals in der Geschichte mehr Menschen, die sich einer religiösen Gemeinschaft zugehörig fühlten als heute. In Zahlen: 85 Prozent der Weltbevölkerung haben eine konfessionelle Bindung.

Und auch die Ambiguitätsthese[4] greift nicht mehr. Die westliche (Post-)Moderne war angetreten, Vielfalt und Vieldeutigkeit zu respektieren und zu fördern. In mehrfacher Hinsicht haben digitale und globalisierte Wettbewerbsmärkte aber das Gegenteil erreicht: Ob Sprachen oder Dialekte, lokale Apfelsorten oder regionale Frischgetränke, sie werden zugunsten von wenigen standardisierten, dafür aber global verständlichen und zugänglichen Produkten und Dienstleistungen ersetzt. Aus Vielfalt wurde Einfalt.

Wenn nun unser westliches Gesellschaftsmodell derart in die Defensive gerät, so müssen wir klären: Haben wir das richtige Modell, um auf die drängenden Fragen des 21. Jahrhunderts die richtigen Antworten zu finden? Eine solche Betrachtung lässt zwei Perspektiven zu. Es könnte sein, dass der politische Gegenspieler schlicht und objektiv die besseren Antworten hat. Damit wären digitale illiberale Autokratien fähiger als Offene Gesellschaften. Es könnte aber auch sein, dass wir uns unserer eigenen Position nicht hinreichend im Klaren sind, weil wir uns nicht genügend darauf verständigt haben, was wir eigentlich meinen, wenn wir von einer »Ordnung der Freiheit« sprechen; wenn wir von einer Freiheit sprechen, in der ein unerschöpfliches Potenzial zur Lösung der Probleme für ein langfristiges und friedliches Zusammenleben steckt. Kurz: Offene Gesellschaften wären dann besser, wir wüssten es nur noch nicht, würden nachgeben und schließlich auf einem Weg zur Knechtschaft und nicht in die Freiheit enden.

Bedeutung von Freiheit

Warum aber ist die Freiheit so wichtig? Ohne Freiheit würden sich unsere Erziehung nicht mehr an individueller Kreativität, unser Denken nicht mehr an der Fähigkeit zur Kritik und unsere Wohlfahrt nicht mehr an Mut, Leistung und Risikobereitschaft orientieren. Ohne Freiheit wären Digitalisierung, Unternehmertum und Forschung, Bildung und politische Praxis nur ein blinder Reflex, ein Algorithmus, den wir befolgen. Ohne Freiheit gäbe es keine wirkliche Verantwortung, denn sie braucht es, um sich auch gegen die Freiheit entscheiden zu können. Wenn wir anfangen, Freiheit durch Solidarität oder Gerechtigkeit oder durch Sicherheit, Tradition und Ordnung zu ersetzen – so wichtig und edel diese Tugenden sind –, dann kann es schnell passieren, dass wir in Unfreiheit solidarisch miteinander sind; dass wir in Unfreiheit Verteilungsmustern und politischen Entscheidungen zustimmen, die wir gar nicht gewollt haben; und dass wir einer Form der Sicherheit und Ordnung beipflichten, die wir vielleicht gar nicht gut finden. Ohne Freiheit führt all dies zur Knechtschaft, in die Zensur und in die Autokratie. Das können wir eigentlich nicht wollen.

Top down oder bottom up?

Dieser Text wurde für Optimisten und Neugierige geschrieben, nicht für Apokalyptiker oder Alarmisten. Uns steht nicht die eine große Endzeitstimmung bevor, sondern es sind viele und ständige Nadelstiche in Form von Schocks und Krisen, die die nächsten Jahrzehnte bestimmen werden. Deshalb ist dies ein Buch für Menschen, die aus Fehlern lernen wollen, die bereit sind, auf wissenschaftliche Evidenz zu hören, und wissen, dass wir vieles nicht wissen und mit jener Unwissenheit richtig umgehen müssen und dennoch natürlich kritisch bleiben wollen. Es ist ein Buch für alle, die an die Kraft der Freiheit glauben, gerade wenn es darum geht, sinnvolle Lösungen für die andauernde Triple-Krise[5] von Erderwärmung, Pandemien und Artenverlust zu finden. Und es ist ein Buch für alle, die Dilemmata, Polaritäten und Widersprüche nicht als intellektuelle Kapitulation oder Mangel erleben, sondern sie als das eigentliche Programm eines aufgeklärten politischen Liberalismus 2.0 im 21. Jahrhundert begreifen. Kurz: Wenn der Liberalismus nicht gleich liefert, sollten wir ihn nicht abschaffen oder ersetzen, sondern weiterentwickeln.

Die Alternative wäre: Wir setzen nicht auf individuelle Freiheitsgrade, sondern auf Kontrolle und Zwang, auf kollektivistische Lösungen und auf Konformismus und Gleichschaltung. Wir geben unsere Entscheidungsspielräume an eine politische Instanz ab und delegieren die Verantwortung an andere. Die Fürsprecher der Kontrolle werden dann sagen, dies sei effektiver. Wir verzichten auf den umständlichen Weg der öffentlichen Debatten, zivilgesellschaftlichen Auseinandersetzungen und die Korrekturen des Wissenschaftsbetriebs und der Medien, weil wir gar nicht mehr genügend Zeit haben. Wir sind dann einfach schneller. *Top down* schlägt *bottom up*. Wir folgen einem anderen »Multikulturalismus«, der regionale Identität und die Gleichberechtigung aller Völker respektiert, jedoch keine universellen Ansprüche mehr erhebt. Und wir bevorzugen eine Form von Außenpolitik, die weniger auf »Multilateralität« als auf bilaterale Beziehungen setzt. Das klingt zunächst alles gut. Die Fürsprecher der Kontrolle und des Zwangs werden sagen, dass ein großer Teil der Bevölkerung gerade diese Politik stützt und befürwortet, in Zahlen sogar mehr, als dies in den »Ordnungen der personalen Freiheiten« der Fall sei. Doch aus Kontrolle und vermeintlicher Sicherheit können schnell Zensur, Knechtschaft und Überwachung werden.

Angst und Ignoranz

Warum haben wir eigentlich Angst vor der Freiheit und fordern sie dennoch ständig ein? Es mag damit zu tun haben, dass wir nicht genau wissen, was Freiheit für uns bedeutet, welches Potenzial in ihr steckt und welche Konsequenzen sich aus der Forderung nach individuellen Freiheitsgraden für unser gesellschaftliches Zusammenleben ergeben.[6]

Wären wir wirklich frei, würden wir womöglich bloßgestellt mit all unseren Schwächen und Fehlern. Vielleicht ist es auch die Angst, dass, wenn wir wirklich frei wären, all das, was wir wollen, tatsächlich passieren würde: wirklicher Friede, ein nachhaltiges Zusammenleben, Sicherheit und Wohlstand für alle. Persönliche Freiheit heißt nicht, dass jeder macht, was ihm gerade in den Sinn kommt, oder sich stumpf und ständig bereichern muss, sondern vielmehr, dass man wählen darf, weniger zu brauchen und weniger zu wollen. Die Kunst des Neinsagens und Weglassens, der Genügsamkeit und der Veränderung sowie die Kritik am Status quo sind wesentliche Bausteine der Freiheit. Das alles wird im Folgenden deutlich. Vermutlich haben wir Angst vor der Freiheit, weil sie uns unsere eigene Unwissenheit vor Augen führt und Entscheidungen von uns fordert. Niemand weiß alles, wir alle wissen etwas und unterscheiden uns in dem wenigen, was wir wissen, sehr stark. Nur in der Unwissenheit sind wir alle mehr oder weniger gleich. Dennoch gestehen wir uns diese Unwissenheit nicht ein. So oder ganz ähnlich hat der Philosoph Karl Popper bereits vor 75 Jahren unseren Umgang mit der Ignoranz beschrieben.

Das Buch *Der Weg zur Knechtschaft* markiert den Beginn einer Auseinandersetzung von Friedrich August von Hayek mit dem Sozialismus im Jahre 1944.[7] Hayek, Ökonom, Sozialphilosoph und Zeitgenosse Poppers, warnt vor dem, was uns bevorsteht, wenn wir auf personale Freiheitsrechte verzichten und sie für andere edle Werte wie Gerechtigkeit, Solidarität, Sicherheit oder Gleichheit eintauschen. Mittlerweile wissen wir, dass sich Geschichte so lange wiederholt, bis allen klar geworden ist, was auf dem Spiel steht: die besagte Ordnung der Freiheit. Heute, in den 20er-Jahren des 21. Jahrhunderts, erscheint der Weg zur Knechtschaft in einem anderen Gewand als vor 75 Jahren – beispielsweise als autokratisches Regime, illiberale Demokratie, Populismus, unkontrollierte digitale Großtechnologie oder Cancel Culture, also eine Kultur der vorauseilenden (Selbst-) Zensur –, und er wirkt deutlich subtiler und latenter, ist aber nicht weniger machtvoll. Hierher gehören auch die unkritischen, einseitigen und teils fundamentalistischen Auseinandersetzungen mit der Triple-Krise. Manche dieser Kontroversen finden weit weg, am anderen Ende der Welt statt und sind damit außerhalb unserer nationalen Zuständigkeit. Andere werden jedoch unmittelbar in unserer Nachbarschaft ausgetragen, vor unserer Haustür. Die Systemsprenger sitzen gewissermassen gleich nebenan.

In meinem Buch *Die Offenen Gesellschaft. Ein Plädoyer für Freiheit und Ordnung* (2019) ging es darum, Karl Poppers Idee in unsere Zeit zu übersetzen und zu zeigen, wer seine Feinde sind und wie das Modell einer Offenen Gesellschaft mit neuen globalen Herausforderungen umgeht. »Freiheit oder Zwang« geht nun den Fragen nach: Wer kann diese Herausforderungen besser meistern? Wer kann Nachhaltigkeit überhaupt? Welche Form des gesellschaftlichen Zusammenlebens ist in der Lage, klug und erfolgreich auf die Komplexität dieses neuen Zeitalters (Anthropozän) mit seinen asymmetrischen Schocks, bedeutsamen wirtschaftlichen Ereignissen *(black swan, long tail)* und unterschiedlichen Kipppunkten *(tipping points)* zu reagieren? Linke und rechte Narrative helfen nicht mehr weiter. Die Konfliktlinie ist eine völlig andere und verläuft zwischen digitalen autokratischen Regimen, die mit potenzieller Manipulation, Zensur, Kontrollen und staatlichen Vorgaben durchregieren, und einer Ordnung der Freiheit mit kritischen Bürgern in einer kritischen Öffentlichkeit, die durch »Versuch und Irrtum« mutig Fehler korrigieren. Grundsätzlich müssen wir also fragen: Wählen wir den Weg zur Knechtschaft oder in die Freiheit?

Neue Spielregeln des Liberalismus

Zugegeben: Digitale Autokratien beeindrucken durch ihre Größe und Durchschlagskraft, ihre ökonomischen Teilerfolge in der Armutsbekämpfung und das rigorose Umsetzen administrativer Dekrete. Wenn es Offenen Gesellschaften aber gelingt, den einseitigen ökonomischen Liberalismus der vergangenen 30 Jahre[8] zu überwinden, werden sie beweisen, dass sie besser zur Selbstkorrektur in der Lage sind und flexibler und anpassungsfähiger reagieren können als alle ihre geschlossenen, autokratischen Gegenspieler. Mehr noch: Erst in Offenen Gesellschaften wird das geschaffen, was wir benötigen, um im 21. Jahrhundert bestehen zu können – Märkte und Medien, Kunst und Kultur, Wissenschaft und Dritter Sektor, allesamt systemrelevant. Dies mag nicht immer gelingen, aber das spricht nicht grundsätzlich gegen eine kritische Ordnung der Freiheit, die zur Selbstkorrektur und damit zu neuer Anpassung fähig ist. Dadurch verschieben sich das Koordinatensystem und die Spielregeln für eine Gesellschaft. In mehrfacher Hinsicht stellen die ökologischen Herausforderungen die Freiheitsfrage also neu. Aus einer zeitlichen Perspektive lautet sie: Ist es erlaubt, dass ich meine Freiheiten auf Kosten zukünftiger Generationen durchsetze? Aus einer geografischen Perspektive muss gefragt werden: Ist es erlaubt, dass ich meine Freiheiten auf Kosten der Freiheiten anderer Menschen in anderen Regionen der Welt durchsetze? Und grundlegend gehört auch die Unterscheidung von negativen und positiven Freiheiten auf den Prüfstand: Abwehrrechte gegen staatliche Institutionen und Freiheitsgrade, das zu tun, was man will. Es geht also um neue Spielregeln des Liberalismus. Das alles und noch vieles mehr steht nun auf dem Spiel.

Krisen, asymmetrische Schocks und der Kairos-Moment

Als am 11. März 2020 die WHO COVID-19 zur weltweiten Coronapandemie erklärte, passierte global etwas historisch Einmaliges. Erstmals in der Menschheitsgeschichte wurden über einen sehr kurzen Zeitraum von wenigen Monaten acht Milliarden Menschen rund um die Uhr in einen Zustand versetzt, der alle miteinander synchronisierte. Unabhängig davon, welcher Partei oder Religion man angehörte, welchen Pass man besaß, welches Geschlecht und welche Hautfarbe man hatte, ob man groß oder klein war, jung oder alt, reich oder arm, überall auf der Welt war das Virus gedanklich in den Köpfen angekommen. Solche universellen Synchronisierungen sind eine Seltenheit. Wir waren alle betroffen. Dadurch geriet die Weltbevölkerung in einen geistigen Zustand der *preparedness for change*[9]. Unsere Bereitschaft für Veränderung und unser (Um-)Denken hatten sich zwar noch nicht in einer realen Praxis niedergeschlagen, aber wir wurden alle zeitgleich mental bereit für einen Wandel. Uns war klar geworden, dass wir so nicht weitermachen konnten, und schnell wurde sichtbar, dass das Coronavirus in engem Zusammenhang mit unserer Lebensweise und unserem Wirtschaften stand. Ein Virus, das es seit Millionen von Jahren auf diesem Planeten gibt und das es wohl auch noch geben wird, wenn alle menschliche Existenz verschwunden ist, war auf den Menschen übergesprungen. Man spricht hier von einer Zoonose. Hintergrund ist, dass sich die Habitate für Tiere durch unsere expansive und extraktive Wirtschaftsform immer weiter verkleinern. Dadurch nähern sich ihre Lebensräume an unsere an, was die Wahrscheinlichkeit für einen solchen Übersprung exponentiell erhöht.[10] Dieses Risiko trifft uns alle. Ab jetzt und auch in Zukunft. Ich nenne dies ein planetarisches Momentum. Alles ist mit allem vernetzt, und vieles geschieht gleichzeitig. Wir leben nun in einem neuen Erdzeitalter. In ihm ist der Mensch kausal für die geoökologischen Bedingungen seines Planeten verantwortlich. Der Atmosphärenforscher Paul Crutzen hat dieses Zeitalter das *Anthropozän* genannt.[11] Bei näherer Betrachtung wird deutlich, dass alle Vernetzungen nicht mehr zeitversetzt, sondern *real time*, also in Echtzeit, geschehen und wir mit unkontrollierbaren Kipppunkten konfrontiert sind. Sobald wir diese erreichen, läuft das weitere Geschehen gleichsam zwangsläufig und ohne die Möglichkeit menschlicher Kontrolle, automatisch ab. Die Abholzung des Amazonas ist ein solcher *tipping point*.[12] Außerdem verlaufen die menschlichen Einträge und Auswirkungen auf unseren Planeten wie Hockeyschläger: nichtlinear und exponentiell, also steil nach oben. Wir haben aber nur einen Planeten, mit planetaren Grenzen beim Verbrauch von Ressourcen und dem Eintrag schädlicher Stoffe,[13] es kann also nicht unbegrenzt so weitergehen. Bei der Bodenerosion und der Vermüllung haben wir diese Grenzen schon überschritten. Gleichzeitig haben wir soziale und menschenrechtliche Standards unterschritten.

Ursachen und Verursachende eines neuen Zeitalters

Das Pikante an den planetaren Grenzen ist, dass 80 Prozent der Weltbevölkerung innerhalb derselben zu leben wissen, 20 Prozent jedoch nicht. Die reichsten 10 Prozent der Einkommensschichten verursachen über 50 Prozent des CO_2-Ausstoßes. Die Auswirkungen davon spürt jedoch die ganze Menschheit, die Ärmsten besonders drastisch. Damit ist klar, wem hier in erster Linie die Arbeit zukommt. Wie der UN Human Development Index (HDI), ein alternativer Indikator für den Entwicklungsstand der Menschheit, bestätigt, hat uns die Pandemie hier um zehn Jahre zurückgeworfen.[14] Wir stehen also bei der sozialen Dimension der Nachhaltigkeitsfrage im Jahre 2011. Das Ungleichgewicht zwischen Verursachern und Leidtragenden erzeugt zahllose unkontrollierbare Feedbackschleifen: Rückkopplungen, die irgendwo unvermittelt auftreten und zu dem führen, was Systemtheoretiker externe, asymmetrische Schocks nennen. Ereignisse, die niemand will, die keine isolierten Verursacher aufweisen, die in der Regel jene am stärksten treffen, die sich am wenigsten wehren können und am geringsten dafür in Haftung zu nehmen wären. Ereignisse, die zudem immense Kosten und unvorstellbare Verwüstungen mit sich bringen und die zur Frage überleiten: Hätten wir das nicht wissen und anders machen können? Solche großen Rückkopplungen berichten uns weniger über die Vergangenheit als über die Zukunft. Um es klar zu sagen: Es ist eine globale Minderheit heute, welche über die globale Mehrheit von morgen entscheidet. Es ist ein Zeitalter, das durch einen Wechsel von einem großen, langsamen, leeren und übersichtlichen Planeten hin zu einer kleinen, schnellen, vollen und komplexen Welt charakterisiert ist.[15] Jetzt geht es darum, mit Unsicherheiten und Unschärfen, mit Ambivalenzen und Widersprüchlichkeiten und mit kausalen Verschränkungen umzugehen. Dabei dürfen wir nicht den Fehler machen, die Welt rational entzaubern zu wollen. Die Kunst wird es sein, diesen ambivalenten, unsicheren und widersprüchlichen Zauber besser zu verstehen und damit umzugehen.

Wechsel des gesellschaftlichen Aggregatzustandes

Strukturelle Verarmung, Verelendung und Arbeitslosigkeit; himmelschreiende Ungleichheiten mit fehlenden Aufstiegschancen; sensible Großtechnologien, die niemand kontrollieren und versichern kann; ein Bildungssystem im chronischen Kollaps, unterfinanziert und fehlgesteuert; ein Gesundheitssektor in der Dauerreanimation und systematisches Wettrüsten mit unvorhersehbaren asymmetrischen Kriegen, die keiner wirklich will. Im Kern geht es bei all diesen Krisen, die sich gegenseitig verstärken, gar nicht um Krisen. Der Begriff Krise kommt aus der Medizin und meint κρίση: Ein Patient kommt in einen Zustand, bei dem er existenziell bedroht ist, stirbt oder überlebt und dann weitermacht wie bisher. Deshalb sollten wir eher von einem Wechsel des gesellschaftlichen Aggregatzustandes sprechen. Ähnlich wie bei Wasser, das wir in einer festen, flüssigen und einer gasförmigen Form kennen, erfolgt der Wechsel von einem gesellschaftlichen Aggregatzustand zum nächsten nicht linear, sondern meist abrupt oder spontan. Bei einem Phasenwechsel dieser Art werden die Bausteine und Komponenten neu ausgerichtet, sodass sie im Ergebnis anders zueinander in Beziehung stehen. Ein solcher Wechsel des Aggregatzustandes steht uns als Gesellschaft jetzt bevor. Dabei geht es nicht um den »ewigen Frieden« (I. Kant)[16] sondern darum, dass wir die Hölle auf Erden verhindern. Wenn das Haus brennt, brauchen wir nicht noch eine randomisierte, kontrollierte Doppelblindstudie oder weitere Petrischalen-Experimente, sondern viel eher Unschärfeerfassung *(fuzzy logic)* und rasche Lösungen. Lieber ungefähr richtig als zu 100 Prozent falsch. Aber wo ist dann vorne? In Richtung von mehr kollektiver Kontrolle und Zwang oder mehr individueller Freiheit? Hier sind keine neuen Utopien gefragt, hier geht es um die konkrete Gestalt einer Zukunft. Alles steht auf dem Spiel, alles muss neu ausgerichtet und ausbalanciert werden. Statistische Zahlen wie Eckrentner oder durchschnittliche Wachstumszahlen helfen uns nicht weiter. Auf dem Weg in einen neuen Aggregatzustand sind sie nur Zwischenergebnisse, die morgen schon nicht mehr aussagekräftig sind.

Asymmetrische Schocks und das neue Normal

Seit 200 Jahren werden die großen sozialen Fragen ausgehandelt. Kinderarbeit, Frauenrechte, Mindestlohn, Arbeitsschutz, Krankenversicherung und Urlaub konnten wir zwischen Kapitalgebenden und Arbeitnehmenden, zwischen Staat und Markt erfolgreich verhandeln. In Bezug auf die ökologischen Fragen des 21. Jahrhunderts gibt es aber nichts auszuhandeln.[17] Der Aggregatwechsel folgt biophysikalischen Gesetzen. Sie sind nicht Gegenstand von Tarifautonomie oder Streiks, Sit-ins oder Kapitalflucht, Steuerdumping oder Bonuszahlungen. Wir können uns nur anpassen, und dies möglichst schnell und intelligent. In früheren Zeiten haben wir uns auf zyklische Veränderungen, die kommen und gehen, eingestellt, wie etwa den Konjunkturzyklus. Jetzt ist nichts mehr zyklisch. Unsere Herausforderungen bleiben so lange, bis wir Maßnahmen ergriffen und Einsichten umgesetzt haben, damit wir wieder einigermaßen sozial erträglich leben können, Extreme und Katastrophen vermeiden und zugleich für den nächsten asymmetrischen Schock besser gerüstet sind.[18] Asymmetrische

Schocks sind das neue Normal. Wir müssen davon ausgehen, dass solche Schocks in der nahen Zukunft eher zunehmen werden. Und sie treffen autokratische Regime und Offene Gesellschaften in gleicher Weise. Wir können des Weiteren davon ausgehen, dass immer wieder auf ähnliche Mechanismen zurückgegriffen werden muss, um diese Schocks zu absorbieren und uns dabei klug anzupassen. Autokratische Staatsformen scheinen hier auf den ersten Blick einen Wettbewerbsvorteil zu haben, da sie auf den umständlichen Meinungsbildungsprozess Offener Gesellschaften nicht angewiesen sind, sondern durchregieren können. Wenn nun solche Imperative notwendig sind, um asymmetrische Schocks zu bewältigen, stellt sich die Frage: Wie lassen sich diese Instrumente für eine Offene Gesellschaft nutzen, in der es um Regeln der Freiheit geht? Wie muss ein solcher eher technokratisch-administrativer und szientistischer Imperativ aussehen, damit er den Qualitätstest für Offene Gesellschaften besteht?

Planetare und psychologische Grenzen

Bereits vor 2600 Jahren fingen die Menschen an, sich ihrer selbst bewusst zu werden, abstrakt zu denken und sich in eine kritische Beziehung zur Natur zu setzen. Dies geschah fast zeitgleich an den verschiedensten Orten der Welt. Karl Jaspers, Philosoph und Psychiater, nannte es die »Achsenzeit«[19].Wir leben mittlerweile im Anthropozän, vielleicht einer Art zweiten Achsenzeit, dem Erdzeitalter des Menschen.[20] Das ändert fast alles: die Art, wie wir leben, arbeiten, wirtschaften, wie wir essen und beten, wie wir unsere Kinder erziehen, mit der Natur umgehen und zusammenleben, selbst die Art, wie wir denken, handeln und entscheiden. Alles wandelt sich, weil alles mit allem vernetzt ist. Es gibt kein *free lunch* mehr, nichts für umsonst und ohne Risiko, es gibt auch keinen Exit, also Ausgang mehr. Wir müssen uns jetzt unser Leben innerhalb von unverrückbaren Grenzen völlig neu und vor allem selbst organisieren. Dabei handelt es sich um zwei Formen von Grenzen: die planetaren äußeren und die psychologischen inneren Grenzen unseres Denkens, Handelns und Entscheidens. Erst das Eingeständnis, dass uns Grenzen umgeben und bestimmen, gibt uns letztlich Orientierung und Sinn sowie das Rüstzeug für eine weise Anpassungsleistung. Sie ist die Voraussetzung für Kreativität, Findigkeit und Innovation.[21] Nur wenn wir uns die eigene Endlichkeit eingestehen, schaffen wir die Voraussetzung für jede gesellschaftliche Ordnung, sei sie nun auf Freiheit oder auf Kontrolle aufgebaut. Die Idee der Unendlichkeit dagegen gehört in die Mystik, Musik und Meditation, nicht aber in die Ökonomie, Psychologie, die Material- und Umweltwissenschaften oder in die Politik. Dort geht es immer um Knappheit, Grenzen und Entscheidungen unter Unsicherheit und Zeitdruck. Solche Grenzen gehen nicht weg, aber sie können ständig verschoben werden, durch kritisches Denken und ein Leben in Offenen Gesellschaften oder durch technokratische Kontrollen, Expertokratien und Top-down-Beschlüsse. Wir werden uns eingestehen, dass es innerhalb von planetarischen Grenzen nur Binnenverhältnisse gibt und keine externe Position, die alles richten mag. Wir haben nur zwei Möglichkeiten: Entweder wir bedienen uns unseres eigenen Verstandes, um der selbstverschuldeten Unmündigkeit zu entrinnen, oder wir delegieren das Ganze an Experten, an eine Nomenklatura, eine Partei oder ein Buch. In jedem Fall würden Freiheit und Sicherheit unterschiedlich, teils widersprüchlich ausgelegt werden. Jede politische Agenda aber wird mit der Zukunft und den drängenden Nachhaltigkeitsthemen umgehen müssen.

Synchronisierung der Veränderungen

Man kann in diesem Zusammenhang auf ein Argument zurückgreifen, das der Philosoph John Rawls formuliert hat: In welcher Welt wollen wir leben, wenn wir nicht wissen, wie die Verteilungsmuster und Belastungen aussehen werden? Die Antwort ist: in einer Welt, in der auch die am schlechtesten Gestellten von einer möglichen Wohlstandsentwicklung profitieren, von sozialer Teilhabe nicht ausgeschlossen sind und die ökologischen Rahmenbedingungen entsprechend gestützt werden. Dieses Rawls'sche Argument lässt sich auf die Situation im Anthropozän und in seiner großen Rückkopplung anwenden, gleichsam »J. Rawls 2.0«. Denn wenn alles mit allem vernetzt ist, dann gilt es, die Frage zu beantworten: Wie verhalten wir uns, wenn wir zwar wissen, dass es negative externe Effekte gibt, aber nicht, wann und wo sie uns in welchem Umfang treffen werden? In einer solchen Welt bestehen nicht nur indirekte, intellektuelle und moralische Gründe, sich mit Rückkopplungen und externen Effekten auseinanderzusetzen, sondern auch psychologische, ökonomische und politische. Denn es gibt niemanden, der in einer Welt leben will, in der ihn negative Rückkopplungen irgendwann und irgendwo unverhofft treffen können, ohne dass er auf ein Gemeinwesen zurückgreifen kann, das ihm bei der Bewältigung zur Seite steht. Damit ist die Theorie der Gerechtigkeit im Kern eine Ordnung der Freiheit oder eine der Sicherheit.

In diesem Erdzeitalter, dem Anthropozän, setzt sich die durch die Coronapandemie ausgelöste Synchronisierung fort. Sie führt dazu, dass sich die Veränderungen des Planeten mit den Lebensveränderungen einer oder zwei Generationen von Menschen verbinden. Nichts ist mehr neutral, alles und jeder ist aufgefordert, Stellung zu beziehen. Abwarten, Nicht-zuständig-Sein oder wegsehen, das gibt es nicht mehr. Statt von Krise spricht man gerne von einem Brennglas oder einem Bullauge *(bull's eye)*, das alles vergrößert, verschärft oder auch verzerrt abbildet. Es betrifft alle Bereiche des Lebens, häufig auch große Feldversuche der Entschleunigung, des Lockdowns, des Finanzwesens *(haircuts)*, gesellschaftlicher Bewegungen *(de-growth movement)* oder der kreativen Latenz. Auf jedem Fall gilt: Alles ist jetzt anders, und es gibt ein neues Normal.

Neues Spiel, neue Regeln

Asymmetrische Schocks treffen uns als Gesellschaft, obwohl (oder weil) wir glauben, alles richtig gemacht zu haben. Sie sind häufig subtil, weil wir ihre Ursachen nicht direkt sehen können, und gleichzeitig sind sie global, weil sie geografisch nicht eingehegt werden können. Sie fordern in der Regel Maßnahmen, welche über die bekannten Instrumente hinausgehen, und legen die Funktionalität und Reaktionsbereitschaft eines Gemeinwesens offen. Sie zeigen, wie gut wir wirklich aufgestellt sind. Diese Schocks können jederzeit jeden Menschen auf diesem Planeten treffen, unabhängig davon, wo er lebt, wie alt er ist, wie viel er verdient. Im Allgemeinen erfährt jedes System, das von einem asymmetrischen Schock getroffen wird, Stress und wird unter Druck gesetzt, sich an die neuen Umstände anzupassen. Je nach Schwere des Stressors, seiner Dauer, der eigenen Konfiguration und Belastbarkeit muss das System entweder die gegebenen Regeln modifizieren oder die Spielregeln selbst radikal infrage stellen. Bei letzterer Variante muss das System neue Wege der Selbstorganisation finden. Als Weltgemeinschaft befinden wir uns gegenwärtig in einer solchen Situation. Asymmetrische Schocks sind zur neuen Normalität geworden, und das verlangt von uns, die Spielregeln zu ändern. Und die grundlegenden Alternativen, die wir hier haben, sind Spielregeln für mehr Freiheit oder für mehr Kontrolle. Jede Änderung der Spielregeln erfordert die geistige Bereitschaft, diese auch umzusetzen. Zum ersten Mal in der Geschichte sind wir in der Lage, Zeuge einer globalen, kollektiven mentalen Bereitschaft zur Veränderung für fast acht Milliarden Menschen auf diesem Planeten zu werden. Es ist wie ein weltweiter Feldversuch. Regierungen auf der ganzen Welt haben bewiesen, dass sie bereit sind, radikale Schritte zu unternehmen und mutige Entscheidungen zu treffen, die weitreichendere Perspektiven als je zuvor einschließen. Seit Jahrzehnten, wenn nicht gar

Jahrhunderten hat die Menschheit erstmals wieder eine solche Chance erhalten. Es ist wie eine Art »Kairos-Moment«.

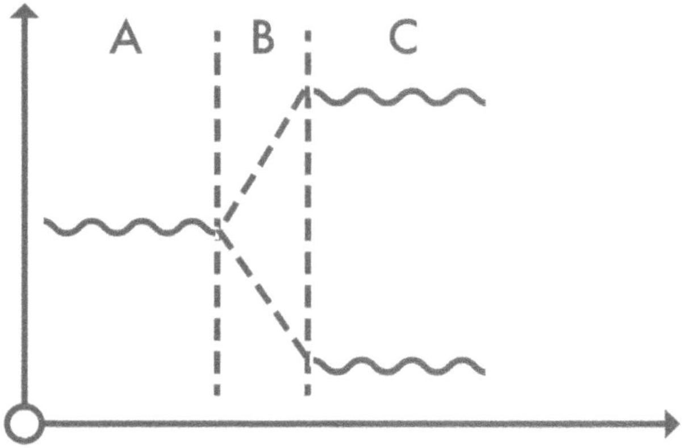

Abbildung 1 Krisen und Aggregatzustand
A beschreibt zyklische Veränderungen und Krisen; B den Kairos-Moment und den Phasenwechsel im Aggregatzustand einer Gesellschaft; C alternative zukünftige Zustände: Offene Gesellschaften und Autokratien.

In der griechischen Mythologie war Kairos der Gott des richtigen Augenblicks und der perfekten Gelegenheit. Ein Augenblick in der Geschichte, bei dem wir nicht auf Flucht und Kampf, nicht auf Apokalypse, Alarm und Angst, sondern auf Aufmerksamkeit und Achtsamkeit setzen sollten. Dieser Moment kann entweder in ein Mehr an Autonomie, kritischem Denken und individueller Selbstwirksamkeit, also letztlich Freiheit münden; oder wir entscheiden uns für Autokratie, Konformismus und kollektive, technokratische Beschlüsse und letztlich für ein Mehr an Kontrolle, Zwang und Knechtschaft.

Wir sitzen jetzt im Fahrerhaus. Wir erleben einen solchen Kairos-Moment, und das überall auf der Welt. Wie werden wir unsere Chance nutzen?

Globalisierung 4.0: Wo Werte und Interessen zusammenfallen

Globalisierung beschreibt zunächst einmal nur unser Bedürfnis, mit anderen Menschen, die nicht am gleichen Ort sind, in Verbindung zu treten, uns zu vernetzen, Kontakte zu schaffen und eine Beziehung zum planetaren Ganzen herzustellen. Dieses Bedürfnis ist grundsätzlich universell und gemäß den jeweiligen technologischen Möglichkeiten in allen historischen Epochen der Menschheit vorzufinden. Jede Antiglobalisierungsbewegung entspricht in diesem Sinne nicht der menschlichen Natur und stellt einen regressiven Reflex auf die anstehenden Herausforderungen dar. Jäger-und-Sammler-Kulturen sowie alle frühen Hochkulturen haben in ihren Sozialgefügen immer ein Verständnis für die Beziehung zu anderen aufgebaut und einen Sinn für das große Ganze in ihren Erzählungen entwickelt. So weit, so gut. Das ist heute nicht anders. Anders sind jedoch die Mittel. Tourismus und Reisen, wissenschaftliche Kooperationen, Handel und Finanzen, Digitalisierung und die gesamten Nachhaltigkeitsthemen sind Aspekte der Globalisierung. Diese gehört offenbar genauso zum Menschsein wie gemeinsames Kochen und Geschichtenerzählen. Aber Globalisierung passiert nicht einfach, sondern wird gestaltet. Die Frage ist dann weniger, ob wir diesen Vorgang wollen oder nicht, sondern viel eher, wie wir ihn formen und prägen. Was also soll globalisiert werden? In den nächsten Jahren und Jahrzehnten werden wir sehen, dass institutionelle Investoren unsere zukünftigen Rentenansprüche vor allem in asiatischen Volkswirtschaften anlegen werden und damit unseren hohen Lebensstandard im globalen Norden sichern. Wir werden auch erleben, wie Wertschöpfungsketten sich eher regionalisieren und differenzieren und so mehr Wohlstand schaffen. Dies wird vor allem dann geschehen, wenn wir anfangen, die sozialen und ökologischen Kosten selbst zu übernehmen. Auch diese Form der Regionalisierung kann dann global erfolgen. Welche Form der Globalisierung wollen wir also?

Globalisierung und Nachhaltigkeit

Setzt man die beiden Megatrends Globalisierung und Nachhaltigkeit in Beziehung zueinander und berücksichtigt dabei die ökonomischen Auswirkungen auf die globale Wertschöpfung und deren regionale Unterschiede, dann ergibt sich ein erstes Bild:[22] Bis zum Jahr 2050 kann sich die Weltwirtschaft auf circa 185 Trillionen US-Dollar fast verdoppeln; vorausgesetzt, es erfolgt eine weiterführende Integration der Wertschöpfung auf einem qualifizierten Wachstumspfads (CO_2-Steuer). Misslingt die Umsetzung eines nachhaltigen Wachstums und desintegrieren die globalen Wertschöpfungsketten, etwa durch Zölle oder eine ungeregelte Regionalisierung, verringert sich der Betrag um mindestens ein Viertel. Das heißt, die Welt wäre dann um 30 bis 40 Trillionen US-Dollar ärmer. Die Regionen wären in Bezug auf Globalisierung und Nachhaltigkeit dabei unterschiedlich betroffen. Die Verluste bei einer solchen Deglobalisierung lägen in Asien und Afrika um bis zu dreimal höher als in den USA und der EU. Zudem gilt, dass wir derzeit circa 1 Prozent unserer Wertschöpfung für Maßnahmen gegen den Klimawandel ausgeben. Wenn wir ungebremst so weitermachen und es zu keiner koordinierten Kooperation kommt, werden diese Kosten bis zum Jahr 2050 auf 3 bis 4 Prozent steigen, bis 2100 auf 10 Prozent. Und auch hier gilt, dass Länder mit mittlerem Einkommen, vor allem in Asien, dem Mittleren Osten und Afrika, davon überproportional negativ betroffen sein werden. China beispielsweise würde vier- bis sechsmal höhere Kosten zu tragen haben, die die Klimaveränderungen mit sich bringen, als etwa die viel reicheren OECD-Länder.[23] Eine richtig verstandene Integration der Weltwirtschaft unter Berücksichtigung eines nachhaltigeren Wachstums hilft allen, vor allem asiatischen Ländern und

Afrika. Eine fortschreitende Regionalisierung und Entkopplung der Weltwirtschaft in Verbindung mit einer verzögerten Umsetzung von Nachhaltigkeitsstandards schaden dagegen dem globalen Süden viel eher als dem Norden.[24]

Obwohl die Menschheit schon immer Krisen, Katastrophen und Konflikte erlebt hat, ist es diesmal anders: Als Weltgemeinschaft im 21. Jahrhundert sind wir besser denn je mit empirischen wissenschaftlichen Erkenntnissen ausgestattet, verstehen komplexe, nichtlineare Systeme leichter, verfügen über Dutzende neue, disruptive digitale Technologien und haben Millionen von Nichtregierungsorganisationen, die als starker Dritter Sektor mit Fachwissen und praktischer Erfahrung vor Ort aktiv werden können und gut positioniert sind, um die Welt zu verändern.

Globalisierung 1.0 bis 4.0

Historisch gesehen, begann die Globalisierung vor 100 Jahren mit dem Handel von Waren (1.0), gefolgt vom Austausch von Kapitalströmen in der ganzen Welt (2.0) und vom Austausch von Dienstleistungen (3.0). Bis 1989 war es das Ziel, nationalen Reichtum und Wohlstand zu mehren. Nach dem Washington-Konsens von 1992 wurde die Globalisierung jedoch zum Selbstzweck, da isolierte Organisationen, Unternehmen und Einzelpersonen davon profitieren konnten und die Nationen selbst zu einem Mittel zur Bereicherung dieser globalisierten Elite wurden. Diese Überdehnung *(overstretch)*, die fast drei Jahrzehnte andauerte, geht nun zu Ende. Wir treten in die Phase der »Globalisierung 4.0«, in der wir nicht nur Güter, Kapital und Dienstleistungen teilen sollten, sondern auch gemeinsame Werte wie Vertrauen, Zusammenarbeit, gegenseitige Toleranz und Solidarität.[25] Wir beginnen zu verstehen, dass wir ein fehlerfreundliches Umfeld benötigen und Ratschläge von anderen annehmen können, ohne unser Gesicht zu verlieren, und das alles im globalen Maßstab. Es ist diese Form der Globalisierung 4.0, die wir vielleicht eher Kosmopolitismus nennen sollten und die uns als Bürger dieser Welt die nötige Demut und Anmut, den nötigen Mut und die Achtsamkeit zurückgibt, um einer neuen Ära entgegenzugehen. Anders formuliert: Während in früheren Zeiten nationale Interessen und globale ethische Standards auseinanderfallen konnten, fallen jetzt, im Anthropozän, realpolitische Interessenlagen und wertebasierte Politik zusammen. Schon bei der Erfindung des Rads, des Buchdrucks oder des Telefons ging es darum, ob Technologien, die das lokale Leben verbessern können, weltweit zur Verfügung gestellt werden. Sollten wir heute also vielleicht Finanzen, Digitalisierung, Bildungsanstrengungen und Werte wie Freiheit und Sicherheit globalisieren?

Unsicherheiten als Teil des Systems

Noch nie in der Geschichte wurden wir mit so vielen Informationen und gleichzeitig so viel Unwissenheit und unbekannten Faktoren konfrontiert. Noch nie mussten wir so viele wichtige Entscheidungen unter so viel Zeitdruck treffen. Die Unsicherheiten, denen wir uns gegenübersehen, sind nicht vollständig quantifizierbar, und Wahrscheinlichkeitsstatistiken werden uns nicht dabei helfen, sie mit einem Preisschild zu versehen. Es sind keine komplizierten Rätsel, die wir lösen, sondern eher komplexe Mysterien, die wir entdecken können. Unsicherheiten sind Teil der Systemdynamik selbst. Sie werden nicht verschwinden, sondern uns vielmehr zu einer anderen Haltung zwingen. Es gibt verschiedene Möglichkeiten, mit solchen Unsicherheiten umzugehen. Der prominenteste Weg ist die Schaffung einer Illusion von Kontrolle durch verstärkte Regulierungsbemühungen und mehr Daten. Ein anderer Weg ist, Komplexität durch Verleugnung zu vermeiden. Ein dritter prominenter Weg ist der sogenannte Kampf- oder Fluchtmodus. So oder so sind diese Ansätze unzureichend und ungeeignet, um mit nichtlinearen, komplexen Systemen fertigzuwerden.[26] Stattdessen müssen wir lernen, mit dem System zu »tanzen«. Dies könnte es erforderlich machen, dass wir eine Denkpause einlegen und fehlerfreundliche Verfahren einführen, die es uns erlauben, neue Gebiete zu erkunden und über Tag und Tellerrand hinauszublicken. Dadurch könnten Revision, kritischer öffentlicher Diskurs, die Einführung neuer Ideen und ein neues Paradigma zu den eigentlichen Spielregeln werden. Erst durch sie beginnen wir, uns mit bleibenden Dilemmata und Paradoxien auseinanderzusetzen. Wir werden anfangen zu akzeptieren, dass das Unbekannte Teil jeder Entscheidungsfindung ist und sich grundsätzlich von rein statistischen Wahrscheinlichkeiten unterscheidet. Dies wird uns vielleicht dazu befähigen, zwischen relevanten und weniger relevanten Fragen zu unterscheiden. So könnte es für die Bewertung von Risiken für uns rationaler werden, sogenannte Attraktoren zu identifizieren. Beispiele dafür sind unser Finanzsystem, die Digitalisierung und Veränderungen unseres Bewusstseinsschwerpunktes. Solche Attraktoren sind wie Trichter, die alle Basisvariablen eines Systems in die Zukunft ziehen, anstatt dass diese Variablen durch singuläre kausale Verbindungen aus der Vergangenheit geschoben, also linear verlängert werden.

Antifragilität: Verbesserung durch Scheitern

In unserer komplexen, vernetzten Welt dominieren nichtlineare, nichtsequenzielle Effekte, Wechselbeziehungen (Interdependenzen) und multiple Perspektiven. Wir operieren innerhalb planetarer Grenzen und sind mit unvollkommenen Informationen ausgestattet. Deshalb haben wir nicht nur ein kollektives Interesse daran, aus der gegenwärtigen Krise herauszukommen, sondern auch daran, die Probleme zu lösen, die die Krise überhaupt erst verursacht haben. Die Zeit nach einem asymmetrischen Schock ist im wahrsten Sinne des Wortes die Zeit vor dem nächsten asymmetrischen Schock. Wenn wir dies anerkennen, können wir sehen, dass komplexe Systeme ihr Optimum nicht durch ständig steigende Effizienz als Durchsatz pro Zeit, gemessen in globalen Wertschöpfungsketten, erreichen, sondern durch ein Gleichgewicht zwischen Effizienz und Resilienz, also Widerstandsfähigkeit, gemessen in der Menge an Vielfalt und Vernetzungsgraden. Dieses Optimum nennt man auch antifragile Zone. Sie beschreibt eine Situation, in der wir uns verbessern und aus Misserfolgen lernen können.[27]

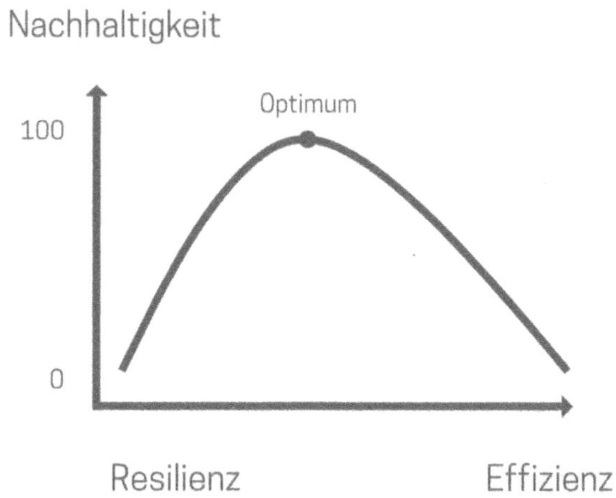

Abbildung 2
Resilienz, Effizienz, die antifragile Zone (Optimum) und Nachhaltigkeit

Wir werden beginnen, über neue Formen des Risikomanagements nachzudenken, bei denen die Gesamtkostenanalyse *(total cost analysis)*, die die Haftung der gesamten Wertschöpfungskette berücksichtigt, bedeutender wird. Dementsprechend würden wir zirkuläre Wirtschaftsformen bevorzugen. Wie in einem See mit eigenem Kreislauf müssten wir in unserer Wirtschaft potenzielle negative Externalitäten berücksichtigen. Wir könnten unseren Wertschöpfungsprozess von der Globalisierung abkoppeln und uns mehr auf lokale, regionale und nationale Kunden und Lieferketten stützen. Dieser Prozess der Regionalisierung hat eher unbemerkt bereits nach der Finanzkrise von 2008 begonnen. Chinas Handel erfolgt zu 50 Prozent nun mit Asien selbst, und 70 Prozent der Handelspartner der EU sind andere EU-Mitglieder. Ähnliches gilt für den amerikanischen Kontinent. Dieser Trend wird sich fortsetzen. In einer solchen Situation, in der weniger Effizienz und mehr Resilienz erforderlich sind, werden wir die Konzentration und Größe privater Unternehmen sehr sorgfältig prüfen müssen. Denn scheitern sehr große Unternehmen, könnten sie den öffentlichen Sektor und die Steuerzahler zwingen, sie zu retten. Darum werden wir kleine, aber leistungsstarke Unternehmen (von KMUs bis zu *hidden champions*) bevorzugen.[28] Dazu könnten auch neue Formen von regulierten Credit Default Swaps (CDS) gehören, die privaten Unternehmen helfen, ihre Risiken besser abzusichern. In der Verlängerung könnte dies zu einer Renaissance von Governance, Verwaltung und Regulierung führen.[29] Diese Form der Renaissance würde die perversen Subventionen des Agrarsektors offenlegen und eine neue wirtschaftspolitische Agenda auf den Weg bringen. Mit ihr könnten systemrelevante Industrien – Gesundheitswesen, Pharmazie, regionale Landwirtschaft – und öffentliche Angelegenheiten (Forschung und Bildung, öffentliche Infrastruktur) zum Wohle der Bürger angemessen reguliert werden.

Konsequenzen des planetarischen Momentums

Dort, wo die Digitalisierung unser tägliches Leben, unsere Arbeitsplätze und unsere Unternehmen weiter durchdringen wird, wo Millionen von Arbeitsplätzen potenziell durch Roboter und automatisierte Industrien ersetzt werden, müssen wir das soziale Gefüge auf intelligente Weise umgestalten, indem wir damit beginnen, ein bedingungsloses Grundeinkommen bereitzustellen. Dies würde die Botschaft aussenden, dass es keine »nutzlosen« Menschen gibt. Es würde sie zu denjenigen machen, die für ein neues Zeitalter und eine neue Gesellschaft gebraucht werden, die gewollt und gefordert sind. Wir werden uns mit dem Thema der Gemeingüter befassen müssen: Was ist ein privates Gut, und was sollte besser als öffentliches Gut verwaltet werden? Gesundheitsversorgung, Bildung und Infrastruktur sind Beispiele für Letzteres. Dazu würde eine Verlagerung unseres Energiesektors weg von der zentralisierten fossilen Industrie hin zu stärker dezentralisierten und regionalisierten erneuerbaren Energien gehören. Soziales Unternehmertum wird gegenüber Big Pharma, Big Banking, Big Farming und Big Energy dort an Bedeutung gewinnen, wo die Verkleinerung ein Gefühl von *»small is beautiful«* erzeugt. Dies könnte sogar bedeuten, dass wir uns von einer produktionsbasierten zu einer »carebasierten« Wirtschaft verändern, in der menschenzentrierte Dienstleistungen (Krankenpflege, Sozialarbeit, Kulturbetrieb) gewürdigt und angemessen vergütet werden. Dies alles wird schließlich unseren Bewusstseinszustand verändern, sodass Achtsamkeit, Dankbarkeit, Demut, Empathie und Vergebung uns den Weg in eine gerechtere, grünere und nachhaltigere Zukunft weisen.

All dies sind keine leichten Aufgaben. Gelingt es uns aber, sie zu meistern, werden wir besser zwischen den parallelen, multiplen Welten, in denen wir leben und die unterschiedliche Formen von Verantwortung und Solidarität erfordern, zu unterscheiden wissen. Das ist das planetarische Momentum, vor dem wir jetzt stehen. Und es scheint, als wären wir schon keine Beobachter und Zuschauer mehr, sondern bereits zu unverzichtbaren Spielern im Wandel der Welt geworden.

2

Umgang mit Unsicherheit

Wir haben noch nie so viel gewusst wie heute. Zugleich müssen wir unter Zeitdruck und Unsicherheit weitreichende Entscheidungen treffen, die über den Horizont dessen, was wir sicher wissen, hinausgehen. Nur weil wir Daten, Information und Wissen produzieren, erlangen wir nicht zwangsläufig Weisheit. Zu dieser gehört auch, den Umgang mit der Unwissenheit zu erlernen. Wie gehen wir also mit Unsicherheiten und Unwissenheit konstruktiv und kritisch um?

Vom Wissen und von der Unvollständigkeit

In unserer Risikogesellschaft[30] müssen wir mit Unsicherheiten umgehen, die selbstgemacht und Ausdruck des Anthropozäns sind. Dies betrifft vor allem unsere Gemeingüter wie Kindergartenplätze, Zugang zum Gesundheitssystem oder saubere Luft. Aus einer Risikoperspektive sind wir nur dann sicher, wenn wir alle sicher sind. Die großen Risiken unserer Zeit sind aber durch drei Merkmale charakterisiert. Erstens sind sie entlokalisiert. Das heißt, sie betreffen uns alle und sind nicht mehr örtlich begrenzt. Zweitens sind sie nicht vollständig kalkulierbar. Die meisten Risiken, von Klimaveränderungen bis zu Cyberangriffen, akkumulieren, ziehen weitere Risiken nach sich und verstärken sich so gegenseitig. Dies führt in eine Situation der Unübersichtlichkeit. Drittens sind Risiken im Anthropozän nicht mehr hinreichend finanziell kompensierbar. Wenn wir auch weiterhin in Freiheit zusammenleben wollen, brauchen wir eine fehlerfreundliche Kultur, bei der nicht Menschen, sondern Theorien und Ideen sterben können. Wir werden lernen müssen, mit Fehlern, mit Rückschlägen und mit zunehmender Komplexität besser umzugehen. Mit dem Beginn dieses Phasenübergangs von einem Aggregatzustand in den anderen endet auch das allgemeine Konzept der Fortschreibung von Vergangenheit in die Zukunft. Der statistische Durchschnitt und der Normalfall sind Illusionen, eine repräsentative Kunstfigur mit geringem Aussagewert. Aus der Tyrannei des Kollektivs wird nun eine Tyrannei des Singulären und Unvorhersehbaren. Die Welt der Singularitäten, des noch nie Dagewesenen, ersetzt einfache Mehrheiten, und es entstehen viele Minderheiten. Den Eckrentner, den Durchschnittsverbraucher, den Durchschnittskonsumenten oder den durchschnittlichen Wachstumspfad gibt es nicht mehr. Manchmal kann man den Eindruck haben, dass uns die emotionale und intellektuelle Spannung abhandengekommen ist, die Dinge wirklich zu Ende zu denken. Wir sind an der Stelle zu wenig ehrgeizig. Disruption ist ein nichtlinearer Vorgang, was so viel heißt, wie: viele Postkutschen, hintereinander aufgereiht, machen noch kein Auto. Stattdessen fordert der Phasenwechsel hybride, provisorische Entscheidungen, mehr Resilienz, Auseinandersetzung mit Divergenzen und Polarisierungen, *fuzzy logic* und Widersprüchlichkeiten. Fast alles wird ergebnisoffen bleiben. Das alles hat dann mehr mit Freiheit als dem Versuch zu tun, die Welt unter Zwang zu kontrollieren.[31]

Handlungsrelevantes Wissen in Freiheit und unter Zwang

Es ist nicht davon auszugehen, dass Behörden, Gebietskörperschaften, Parteien oder Religionsgemeinschaften automatisch einen höheren, exklusiveren oder privilegierteren Informations- und Wissensstand als normale Bürger haben. Auch ein Behördenleiter oder ein Parteifunktionär weiß nicht mehr als alle anderen. Selbst der Direktor eines Max-Planck-Instituts (MPI) oder ein CEO hat keinen privilegierten Zugang zu Information, wenn es um die Lösung von öffentlichen und allgemeinen Aufgaben geht. (Was solche Personen innerhalb einer differenzierten Gesellschaft haben, ist einen anderen Verantwortungshorizont.) Jeder Bürger kann also auf ein geteiltes, kritisch geprüftes und öffentlich diskutiertes Wissen zurückgreifen, welches in autokratischen Regimen so nicht zur Verfügung steht. Es ist der Prozess des Sich-Verständigens (Deliberation), Debattierens und der kritischen und angstfreien Diskurse, der Informationen dahingehend adelt, dass sie zu handlungsrelevantem Wissen werden und damit zu einem besseren Problemlösungsverhalten beitragen können. Diese informationelle Wertschöpfung beginnt bei Rohdaten und führt über persönliche Erfahrungen zu Information, Wissen und schließlich zu Weisheit. Weder Prozess noch Ergebnis stehen einem autokratischen Apparat in gleicher Weise zur Verfügung.[32]

Sachverhalte: Kontingent, kompliziert und komplex

Sachverhalte können kontingent, kompliziert oder komplex sein. Kontingent sind Vorgänge, wenn sie zufällig sind, wenn ihr Verlauf oder das Ergebnis so oder auch ganz anders hätte sein können. So ist etwa die Zugehörigkeit zu einer Nation, zu einem Geschlecht und häufig auch zu einer bestimmten sozialen Klasse kontingent. Das bedeutet: Sie ist weder vorherbestimmt, noch steht sie unter der Kontrolle des Einzelnen oder eines Kollektivs.

Kompliziert sind Sachverhalte, wenn für sie eine besondere Begabung, intellektuelle Anstrengung, viel Zeit oder auch ein besonderer logistischer Aufwand gebraucht werden. Die Ergebnisse sind dann rekonstruierbar, der Lösungsraum ist sichtbar und der Vorgang in Gänze nachvollziehbar. So etwa bei einer DNA-Sequenzierung, einem neurochirurgischen Eingriff oder einer klinischen Doppelblindstudie.

Bei komplexen Zusammenhängen ist das anders. Hier verbleiben Aspekte des Geschehens unbestimmt, unberechenbar, sind nicht vorhersehbar. Man kann bei komplexen Vorgängen nicht auf Reset drücken und alles noch einmal machen, weil beim zweiten Mal alles anders ist. Zahlreiche soziale Ereignisse und Systemzusammenhänge fühlen sich zwar kompliziert an, sind jedoch in erster Linie komplex. Sie sind multifaktoriell bedingt und lassen keine einfachen Ursache-Wirkung-Erklärungen (Kausalketten) zu. Der Versuch der Komplexitätsreduktion, etwa durch mehr Transparenz oder eine Vereinfachung von Abläufen durch Kontrolle oder Zwang, hilft wenig. Ein System bleibt auch nach solchen Maßnahmen komplex und unbestimmt. Der Umgang mit solchen systemischen Unbestimmtheiten und Unsicherheiten fordert aus diesem Grund psychologisch und politisch eine völlig andere Strategie als bei komplizierten Abläufen. Unbestimmte Zusammenhänge müssen wir nicht nur intellektuell verstehen; wir müssen Komplexität auch emotional aushalten können. Dafür brauchen wir Resilienz- und Präventivstrategien, um uns anpassen und mit unseren Ängsten vor Unsicherheiten, Wahrscheinlichkeiten und Unvollständigkeiten umgehen zu können.

Die Auseinandersetzungen im Anthropozän sind durchgängig komplex, da das System komplex ist. Es produziert immer Paradoxien und Widersprüche, die sich der Eindeutigkeit entziehen. Nur ein Teil der Unsicherheiten lässt sich technologisch kontrollieren, ein noch kleinerer Teil davon lässt sich politisch beherrschen, und ein weiterer Teil erfordert, dass wir staunen, zweifeln und bereit zur Veränderung sind.[33] Nur durch Neugier, Offenheit, Kreativität, ein neues und immer wieder sich erneuerndes Mindset können wir lernen, mit dem System zu »tanzen« – in Freiheit eben. Darum scheinen Offene Gesellschaften die bessere Antwort auf Komplexität zu geben. In Autokratien und populistischen Strömungen besteht der

Umgang mit Unsicherheit und Unvollständigkeit darin, dass sie vermutlich »wegerzählt« und unter Zwang »wegkontrolliert« werden. Aber sie verschwinden dabei nicht wirklich, sie sind nicht weg. Das Verständnis von Unsicherheit und Komplexität hat viel mit dem zu tun, wie wir Wissenschaft betreiben, und das wiederum damit, wie wir Probleme im 21. Jahrhundert lösen; und dies schließlich mit der Frage, ob uns dabei die Freiheit oder der Zwang weiterhelfen kann.

Wissenschaft und Politik: Denken, Deliberation und Dezision

Der Soziologe Max Weber hat die Idee entwickelt, dass Wissenschaft die Wirklichkeit entmythologisiert und damit rationalisiert. Dieses Verständnis hat erhebliche negative Folgen für die Rezeption des Wissenschaftsbetriebs, für politische Entscheidungen, für die Gesellschaft im Ganzen, vor allem jedoch ist sie eines: Sie ist schlicht falsch. Wissenschaft in all ihren Disziplinen entmythologisiert und entzaubert die Realität nicht. Sie verhilft dem Betrachter eines Gegenstandes zu einem immer tieferen Verständnis gerade dieses gegenstandsspezifischen Mysteriums.[34] Nicht ohne Übertreibung lässt sich sagen, dass jede wissenschaftliche Erklärung geheimnisvoller als das wissenschaftliche Phänomen ist, das erklärt werden soll. Die Physik begründet zum Beispiel das Phänomen fallender Gegenstände, indem sie zunächst auf die Beobachtung, danach auf das Fallgesetz, dann auf die Schwerkraft, schließlich auf die Gravitation und am Ende auf die Krümmung des Universums in Raum und Zeit verweist. Sie ersetzt damit eine Erklärung stets durch eine komplexere. Dieser Vorgang des Mysteriums trifft auch auf die Human- und Sozialwissenschaften zu und gilt in noch viel größerem Umfang für jede interdisziplinäre Auseinandersetzung. Etwa wenn es um nichtlineare Kippeffekte in den Umweltwissenschaften geht oder unvorhersehbare Ereignisse auf den Kapitalmärkten. Phänomene der Unregelmäßigkeit und Komplexität ersetzen wir dort durch Begriffe wie »Disruption«, »Black-Swan-Effekte«, »Fat-Tail-Risiken« und tauschen damit den ursprünglichen Gegenstand der wissenschaftlichen Analyse gegen einen komplexeren aus.

Wissenschaft und der Tanz mit dem (komplexen) System

In einer interdisziplinären Auseinandersetzung wird dieser Prozess noch weitergetrieben, weil sich nun an den Schnittstellen der einzelnen Disziplinen zusätzliche semantische Übersetzungsschwierigkeiten ergeben, die den Vorgang ein weiteres Mal komplexer machen. Gerade an diesen Schnittstellen zwischen Sektoren und Disziplinen jedoch explodiert das Wissen. Ihren Höhepunkt erreicht eine interdisziplinäre Auseinandersetzung, wenn von der Wissenschaft eine politische Beratung gefordert wird. Hier treffen Disziplinen dann auf die Logik der Politik.[35] Wir sollten uns von der Vorstellung verabschieden, dass dem Wissenschaftsbetrieb die Aufgabe zukäme, unsere komplexe Welt zu enträtseln. Stattdessen sollte Wissenschaft konkrete Probleme lösen. Sie kann die Widersprüche und Ambivalenzen unserer Wirklichkeit aufzeigen und uns mit den Mitteln und Werkzeugen der Erziehungswissenschaften und klinischen Psychologie helfen, mit Komplexität und Unsicherheit besser umzugehen. Wissenschaft wird es folglich weniger darum gehen, die Welt zu kontrollieren und sie durch Algorithmen gefügig, berechenbar, vorhersehbar zu machen, die Welt gewissermaßen zu unterwerfen. Wissenschaft wird vielmehr zur Lehrmeisterin, die uns beibringt, mit den Systemen der Welt zu tanzen.

Freiheit der Wissenschaft

Wir haben vergessen, dass die Welt instabil ist. Wir unterliegen der Illusion und Täuschung, alles wissen und alles kontrollieren zu können. So entstehen Kontrolle und Zwang. Freiheiten bilden sich nur heraus, wenn solche Täuschungen und Illusionen manifest, also offenkundig werden.[36] Freiheit der Wissenschaft bedeutet Freiheit in der Wahl des Gegenstands, der Methoden und der Verbreitung der damit verbundenen Ergebnisse. Kontrollieren kann und sollte man das nicht. Zugegebenermaßen wird die Freiheit der Wissenschaft durch äußere (exogene) Faktoren wie Machtstrukturen, Politik und ökonomische Anreize sowie durch innere (endogene) wie Publikationsdruck, Vermarktungszwang, Anwendungsorientierung und schul- bzw. traditionsspezifische Selektion immer eingeschränkt sein. Aber wirklichen Erkenntnisfortschritt gibt es nur, wenn die Freiheit besteht, auch diese exogenen und endogenen Faktoren immer wieder auf den Prüfstand zu stellen. Wissenschaft wird hier zu einer pluralistischen, vergleichenden (komparativen) Suchbewegung, um Probleme zu lösen und die Welt besser zu begreifen.

Wenn wir Wissenschaftsfreiheit so verstehen, beinhaltet sie einen klaren Wettbewerbsvorteil gegenüber jeder Form von autokratischer Repression und Manipulation. Mehr noch: Durch Kontrolle beraubt sich eine Gesellschaft der Instrumente, die sie braucht, um die Probleme im Anthropozän zu lösen: Mut, Kreativität, Out-of-the-box-Denken, freier Diskurs, rigorose Methodenkritik, Widerspruch, öffentliche und angstfreie Debatten, maximale Chancen für Falsifikation.[37] Wenn wir Meinung vorsortieren und selektieren, was gesagt werden kann und was nicht, entsteht kein Erkenntnisforschritt und keine wirklichen Problemlösungen. Eine Gesellschaft, die auf Kontrolle setzt und die Freiheit im Keim erstickt, eine solche Gesellschaft amputiert sich selbst.

Wissenschaft und Politik: Offen versus (ab-)geschlossen

Hier wird ein wichtiger Unterschied zwischen Wissenschaft und Politik deutlich: Der wissenschaftliche Diskurs des Abwägens und Diskutierens von Befunden und Ergebnissen ist ein niemals abgeschlossener Vorgang. Kritik und Erkenntnisfortschritt leben gerade von einer ständigen Pendelbewegung zwischen evidenzbasiertem Expertenwissen *(top down)* und dezentraler Anwendung *(bottom up)*. Beide sind miteinander verschränkt. Mit Kontrolle und Zwang hat das nichts zu tun. Der Vorgang kann nicht durch einen Mehrheitsbeschluss oder die Meinung einer Partei beendet werden. Im Gegenteil. Wissenschaft lebt davon, dass Ergebnisse ständig falsifiziert und damit hypothetisch und revisionsoffen bleiben müssen, damit sie ein Maximum an Erkenntnisgewinn ermöglicht. Peer-Review-Verfahren, Buchpublikationen, Anhörungen und Konferenzen kanalisieren diesen Prozess, beenden können sie ihn jedoch nicht. Die Situation im politischen Diskurs ist anders. Hier wird der Prozess des Abwägens und des Meinungsaustausches mit einer Entscheidung abgeschlossen (allerdings auch dort nur vorläufig). Interessenausgleich, machtpolitische Erwägungen, Proporz und Ausschüsse bestimmen das Geschehen. In einem politischen Liberalismus folgt die gesellschaftliche Entwicklung nicht einem anonymen Weltgeist oder einem dialektischen Gesetz, sondern der Entscheidung und Präferenz von Gruppen und Einzelpersonen.

Geschichten als verbindendes Narrativ: Das Schweigen der Lämmer und die Wasserscheide

Was ist der Selektionsvorteil des Menschen? Nicht der aufrechte Gang, die Stellung des Daumens, die Sprache, Emotionen und der Werkzeuggebrauch, auch nicht seine Fähigkeit, in Gruppen zu leben. Das können andere Spezies auch, einige sogar besser, wie Ameisen oder Bienen etwa. Was den Menschen einzigartig macht, ist seine Fähigkeit, fiktive Geschichten zu erzählen, meist über etwas, das es in der natürlichen Welt nicht gibt. Da wir an diese Geschichten glauben, bewegen sie uns dazu, in großen Gruppen (Kohorten) koordiniert zu handeln. Deshalb gibt es in unserer Welt Rechts- und Wirtschaftssysteme, die Idee des Nationalstaats, Religionskriege, Gott, Geld und wissenschaftliche Narrative, die einen Bezug zur wahrnehmbaren Welt haben, aber ständig korrigiert werden müssen.

Narrative: Offene Gesellschaft versus Autokratien

Auch die Geschichten, ob wir in einer Offenen Gesellschaft oder in einer Autokratie leben wollen, gehören dazu. Das Ganze begann vor circa 70 000 Jahren mit einer kognitiven Revolution. Durch sie gab es plötzlich zwei Realitäten für den Menschen, eine äußere Wirklichkeit (Kultur), die er wahrnehmen, und eine innere Wirklichkeit (Lernfähigkeit, Gedächtnis, kommunikative Kompetenz), mit der er die äußere Realität immer wieder neu erklären und ausdeuten konnte. Je besser diese innere Welt ist und je mehr Menschen daran glauben, umso stärker ist die Kraft des Narrativs. Mit dieser kognitiven Revolution ging die Menschheit allerdings noch einen weiteren Schritt. Es gibt Narrative, die von Mitgliedern einer Gruppe handeln, die in einem geordneten und geregelten Verfahren eine selbstgemachte gemeinsame Geschichte verfassen mit dem Ziel, möglichst viele Freiheitsgrade für jedes Mitglied zu ermöglichen. Dabei schreiben alle an der Geschichte mit, ähnlich wie bei einem interaktiven Tagebuch. Heraus kommt dann eine Ordnung der Freiheit, in der Kritik, Selbstermächtigung und Verantwortung vorrangig sind. In anderen Narrativen delegiert die Gruppe diese Deutungsarbeit an einen Führer, Religionsvorsteher, Parteigenossen oder Experten. Oder aber sie liest einfach in einem Buch oder einer Parteibroschüre nach. Ob aus Angst vor der Freiheit, aus Konformismus oder aus purer Bequemlichkeit: In diesem Fall entsteht eine Autokratie. Ungefähr die Hälfte der Weltbevölkerung lebt in Offenen Gesellschaften, die andere Hälfte in sogenannten gescheiterten politischen Systemen (Failed States) oder Autokratien.[38] Wir stehen folglich an einer Weggabelung. Wählen wir die Erzählung der Freiheit oder die der Knechtschaft?

Exit: Historischer Zyklus und repräsentative Demokratie

Bereits bei den Klassikern lässt sich nachlesen, dass Demokratien der Gefahr ausgesetzt sind, in Anarchien, Autokratien und Tyranneien abzugleiten. Es sind dann Gesellschaften, die auf Stimmungen bauen und riskieren, dass kurzfristige Lösungen, geringer Sachverstand, Korruption und Misswirtschaft sowie der Missbrauch von politischer Macht die Folgen sind. Man spricht hier von einem Zyklus, der sich zu wiederholen scheint, wenn es nicht gelingt, durch das schmale Fenster einer repräsentativen Demokratie den Ausweg in eine Offene Gesellschaft zu finden.[39]

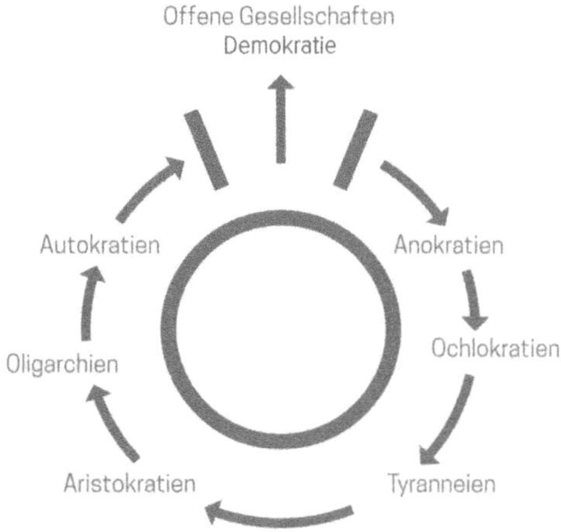

Abbildung 3
Historischer Zyklus von Regierungsformen

Wenn man diesen historischen Zyklus ins 21. Jahrhundert übersetzt, ergibt sich ein neuer Zyklus, der sich entlang der Frage bewegt, wie Gesellschaften auf externe Schocks, die typisch für das Anthropozän sind, reagieren.

Abbildung 4 Zyklus: robust – resilient – fragil – antifragil

Resiliente Gesellschaften reagieren auf Schocks mit einer verstärkten Widerstandsfähigkeit. Robuste Gesellschaften verharren dagegen in ihrer gegebenen Form und können in fragile Gesellschaften münden, die wiederum zu Failed States führen. Lernerfahrungen und Korrekturen sind nicht vorgesehen. Antifragilen Gesellschaften dagegen gelingt es, nicht nur widerstandsfähig (resilient) zu sein. Sie können aus der Erfahrung serieller und sich wiederholender Schocks lernen und sich zum Besseren verändern. Ermöglicht wird ihnen das durch ihr institutionelles Arrangement. Es sind Offene Gesellschaften, die durch die von ihnen geschaffenen Bedingungen diese sogenannte Antifragilität erhöhen.[40]

Wir stehen an der Wasserscheide zwischen Freiheiten und Verantwortung einerseits und Kontrolle und Zwang andererseits – und wenn wir nicht aufpassen, werden wir zu schweigenden Lämmern, denen die Entscheidung abgenommen wurde, ohne dass sie es gemerkt haben.

3

Die zwei Kontrahenten

Die beiden Kontrahenten im Systemkonflikt sind scheinbar bekannt: Autokratie tritt an gegen Offene Gesellschaft. Woran allerdings erkennen wir sie? Was macht die jeweilige Gesellschaftsform aus, was sind ihre Schwächen, was ihre Stärken? Die nachfolgende Spurensuche soll Antworten liefern, damit sie uns helfen können, bei der Wahl unserer Zukunft aufs richtige »Pferd« zu setzen.

(Äußere) Fallen und (innere) Feinde

Wie bereits erwähnt, leben 50 Prozent der Weltbevölkerung nicht in Offenen Gesellschaften. Hinzu kommt, dass es die Gegenspieler der Offenen Gesellschaft auch innerhalb von Staatsgrenzen gibt: Bei über einem Drittel der Bevölkerung in OECD-Ländern lässt sich empirisch eine autoritäre Reaktionsbereitschaft nachweisen. Gemeint ist damit weder ein stabiles Persönlichkeitsmerkmal noch ein typisches Wählerverhalten. Dieses Drittel der Bürger neigt vielmehr dazu, auf Entwertungen, Status- und Kontrollverlust mit dem Ziehen von Grenzen nach außen und einer Homogenisierung nach innen zu reagieren.[41] Meist geht beides Hand in Hand und steht für ein Unbehagen gegenüber Freiheit und Verantwortung, Vielfalt und Kritik, verbunden mit einer geringeren Bereitschaft zu Risiko und

Veränderung. Das heißt, die eigentliche Bedrohung für eine Ordnung der Freiheit kommt hier von innen und weniger von außen.[42] Ignorieren Offene Gesellschaften diese autoritäre Reaktionsbereitschaft aber oder reden sie schön, laufen sie Gefahr, die Entwicklung gerade den Kräften zu überlassen, die es zu vermeiden gilt. Wie also kann man diese »abtrünnigen« Bevölkerungsgruppen wieder zurückgewinnen? Nur durch die Aussicht auf eine Ordnung der Freiheit. Denn letztlich führt die Gleichförmigkeit der äußeren Lebensformen zu einer Gleichschaltung der Überzeugungen. Das Individuelle, Singuläre und Einzigartige geht dabei verloren.[43] Bei einer solchen Geisteshaltung ist Zusammenhalt bedeutsamer als Unabhängigkeit und Sicherheit, Konformität besser als Veränderung. Hierarchien und Zwang wird der Vorzug vor Offenheit gegeben. Hinter vermeintlichen Annehmlichkeiten und einer vordergründigen Übersichtlichkeit stehen jedoch oft andere Beweggründe.[44]

Unfreie Solidarität und Inklusion

Autokratien zeichnet aus, dass die Staatsgewalt uneingeschränkt einigen wenigen oder einem Herrscher zugesprochen wird. Man unterscheidet zwischen kommunitären Autokratien mit einem Einparteiensystem (China), paternalistischen Autokratien mit einer stärkeren Betonung von Personen gegenüber Institutionen (Russland), tribalen oder feudalen Autokratien mit ausgeprägten erbrechtlich verbindlichen Familienbanden (Golfstaaten) sowie militärischen und religiös-fundamentalistischen Autokratien (Iran). Für alle gilt, dass Sicherheit, Zwang und Kontrolle – gepaart mit ökonomischen Mindeststandards – wichtiger sind als politische Mitbestimmung und personale Freiheiten. Interessanterweise sind die Zustimmungswerte in der Bevölkerung für diese politischen Verfassungen in der Regel höher als in westlichen Demokratien.[45] In Autokratien wird der normative Kern von verschiedenen personalen Freiheiten und Verantwortung durch vermeintliche kollektive Solidarität und soziale Inklusion ersetzt. In der Folge sollen Menschen in Unfreiheit solidarisch miteinander sein. Anstatt autonome und selbstbestimmte Entscheidungen treffen zu können, wird ihnen angetragen, in inklusiven Gesellschaften miteinander zu leben.[46] Mit »Die offene Gesellschaft und ihre Feinde« schrieb Karl Popper gegen den Nationalsozialismus und gegen den Stalinismus als den beiden verheerenden sozialen Erfindungen des 20. Jahrhunderts an. Die Freunde der Offenen und der Geschlossenen Gesellschaft sind sich allerdings nicht nur im ausgehenden Zweiten Weltkrieg begegnet, sondern treffen sich ständig und immer wieder aufs Neue. Denn wahre Solidarität setzt immer einen Akt der freien Entscheidung voraus, und wirkliche Inklusion gibt es nur dort, wo Menschen dies in Freiheit auch wählen können.

Die inneren Feinde

Die geschlossenen Verhältnisse, die es in Teilen auch innerhalb offener, demokratischer, freier und egalitärer Gesellschaften gibt, sind sozusagen die Feinde in der eigenen Nachbarschaft.[47] Ich nenne hier drei: das Elend der Zwangsläufigkeit, der Historizismus und der Populismus.

Im Elend der Zwangsläufigkeit werden Ereignisse als nicht veränderbare Entwicklungsgesetze beschrieben. Digitalisierung, Finanzmärkte, Energie, Mobilität, Klimawandel laufen wie vorherbestimmt und scheinbar nach Naturgesetzen ab. Autokraten behaupten dann, die Gesetze richtig erkannt zu haben, und schon stehen sie auf der richtigen Seite der Geschichte. Die Reaktion auf dieses Elend der Zwangsläufigkeit sind oft technokratische Großlösungen: in Wissenschaft und Administration, bei Infrastrukturprojekten und als eine überproportionale Militarisierung.

Der Historizismus ist eine weitere Spielart solcher geschlossenen Verhältnisse.[48] Er identifiziert ein eisernes Entwicklungsgesetz, nach dem sich Geschichte von allein vollzieht. Wer dieses Gesetz kennt, kann utopische Voraussagen und Prophezeiungen treffen. Alles, was nicht in jenes Gesetz hineinpasst, gilt als Fehltritt, und alle, die nicht hineinpassen, als Abweichler oder Versager.

Der Populismus erringt dagegen seine Popularität weniger durch Fakten als durch Fakes und Stimmungen nach dem Motto: Fähnchen in den Wind und Meinung anpassen.[49] Allen drei Feinden verdanken wir zwei abwegige Ideen: zum einen, dass man die Realität verleugnen kann und dabei ungeschoren davonkommt; zum anderen, dass man vermeintlich unverrückbare Gesetze entdeckt hat und alles unter Zwang kontrollieren kann. Daraus wird unversehens eine Tyrannei, die im Regulieren und Zentralisieren einen Selbstzweck findet. Für die Bürger, die an die Freiheit gewöhnt sind, kann dergleichen sehr rasch den Eindruck erwecken, sie würden grundlos gegängelt oder bevormundet. Anstelle einer wirklichen Auseinandersetzung im öffentlichen Raum wird abgeschottet, abgespalten, getrennt. Aus der Vieldeutigkeit von Ideen entstehen die Eindeutigkeit einer Ideologie und eine Reinheit der Lehre. Zu diskutieren braucht niemand mehr, Kritik ist unerwünscht.[50] Mit Freiheit, realen Problemlösungen und Anpassungsstrategien hat das nichts zu tun. Das Ganze mutet an wie Zauberei, Märchenwelt, wie schamanisches Ritual oder ein Talisman, der metaphysische Ansagen macht.[51] Aber wir müssen noch genauer hinsehen: Gemeingüter und Privatisierung, öffentliche Verkehrsinfrastruktur oder Individualverkehr, fossile Brennstoffe oder erneuerbare Energien – all dies sind keine Naturprodukte, sondern es sind Konventionen und Entscheidungen, und sie zeigen: Es könnte alles auch ganz anders sein.

Mit Ausnahme Chinas, das explizit antidemokratisch und nicht offen ist, tragen eine Reihe von autokratischen Anwärtern wie etwa Polen, Ungarn, Russland oder die Türkei den Begriff »Demokratie« in ihrem politischen Programm. Wie lässt sich also erkennen, ob man wirklich in einer Offenen Gesellschaft lebt? Der bloße Verweis auf das Mehrheitsprinzip und das allgemeine Wahlrecht reichen hier nicht aus. Denn selbst wenn 99 Prozent ihren Volkswillen zum Ausdruck bringen können, aber 1 Prozent der Wahlberechtigten weggesperrt oder zum Schweigen gebracht würde, entspräche dies nicht den Verhältnissen einer Offenen Gesellschaft. Neben dem Minderheitenschutz und der Wahrung basaler humanitärer Grundrechte müssen eine freie und unabhängige Presse, ein kritischer Dritter Sektor und ein unabhängiger Wissenschaftsbetrieb zum unveräußerlichen Kernbestand einer Offenen Gesellschaft gehören (darauf werde ich in Kapitel 6 noch eingehen).

Kritik, Kreativität und Koexistenz versus Konformismus, Kopie und Kontrolle

Die Autokratien des 21. Jahrhunderts bieten in der Tat eine große alternative Utopie von einer anderen Welt und einem anderen Menschen. Doch diese Utopie hat Schwächen und bleibt in mehrfacher Hinsicht eine Illusion: eine Illusion der Kontrolle und Stabilität sowie eine Illusion über Wissen, Erkenntnis und die Natur des Menschen.[52] Autokratien scheinen die Tendenz zu haben, die Herausforderungen der Zukunft mit einem *freezing* zu beantworten. Es ist das Versprechen, dass eine Partei, eine Nomenklatura oder eine kleine Gruppe von Menschen an der Spitze der Gesellschaft alles notwendige Wissen zur Verfügung haben kann. Diese Minderheit habe so die Kontrolle, um für zukünftige Herausforderungen die notwendige Stabilität herzustellen. Zivilgesellschaftliches Engagement gilt es zu unterdrücken, zu vermeiden, denn es stört die politische Agenda von Autokratien. Deshalb sind Zivilgesellschaften in solchen Geschlossenen Gesellschaften auf den Rumpf informeller, nicht öffentlicher Nachbarschaftshilfe reduziert.

Offene Gesellschaften leben dagegen von der Überzeugung, dass es neben dem ersten Sektor (Politik), dem zweiten Sektor (Wirtschaft) unabdingbar einen Dritten Sektor (Zivilgesellschaft) geben muss. Er garantiert nicht nur Meinungsvielfalt, gesellschaftliche Teilhaben (Partizipation) und Pluralität, sondern verspricht wichtige Korrekturen und Kritik im politischen Entscheidungsprozess. Vieldeutigkeit und Vielfalt bleiben ein fester Bestandteil der hier beschriebenen Zwischenzeit. Zivilgesellschaftliches Engagement ist der Maschinenraum, ohne ihn funktionieren weder Wirtschaft noch Politik. Wirtschaft ohne kritische Konsumenten reduziert den Einzelnen auf einen bloßen Lohnempfänger, auf einen Kalorienverkoster. Dabei stellt der Einzelne als Bürger, Mitarbeitender, Kunde, Nachfragender von Produkten und Dienstleistungen eine notwendige Bedingung in der Gleichung dar. Politik ohne kritische und engagierte Bürger verkommt zur Folklore, der der Transmissionsriemen abhandengekommen ist, um ihre eigene politische Agenda auch sinnvoll umzusetzen. Ohne den Dritten Sektor werden Politik und Wirtschaft eine Einbahnstraße oder Sackgasse. Konstruktive Rückmeldungen und fehlervermeidende Korrekturen gibt es nicht. Aber zivilgesellschaftliches Engagement kann man nicht verordnen, es entsteht spontan, es entsteht aus freien Stücken – oder eben auch nicht. Am wichtigsten jedoch: Zivilgesellschaftliches Engagement kann man nicht wirklich kontrollieren.

Stärken und Schwächen von Konformismus und Kritik

Auf den ersten Blick sieht es tatsächlich so aus, als könnten geschlossene Verhältnisse in Form von digitalen Autokratien die Oberhand gewinnen. So zeigen sie eine besondere Qualität, wenn es darum geht, Neuerungen schnell und effizient umzusetzen. Anders als bei Produktinnovationen, die eine große Portion an Mut, Kreativität *(out of the box thinking)* und individuellem Eifer, Talent und Disziplin voraussetzen, geht es bei Prozessinnovationen um eine rasche Umsetzung. Sobald 6G entwickelt ist oder neue Batteriemodule die Produktionsreife erreicht haben, geht alles schneller. Aber erst dann. Prozessinnovationen bergen die Gefahr, dass ohne Rückkopplungsschleifen, Kritik und Korrektur von außen auch Falsches optimiert wird. Eine Null-Covid-Strategie mit hundertprozentigem Lockdown ohne wissenschaftliche Evidenz, in dem die Bürger ganzer Metropolregionen zu Hause eingesperrt werden, ist hierfür ein Beispiel. Auch wenn eine Nomenklatura entscheidet, Preise festzulegen, und gleichzeitig Milliarden an Staatsgeldern in einen Immobiliensektor versenkt, den gar niemand haben will, setzt sie auf Kontrolle und Zwang.[53]

Es ist sicherlich richtig, dass Offene Gesellschaften nach außen fragil, träge und unbeholfen wirken. Richtig ist auch, dass sie von Voraussetzungen abhängig sind, die sie selbst nicht schaffen können, nämlich von kritischen und mündigen Bürgern, die bereit sind, an einer besseren Welt mitzuwirken. Gibt es diese Bürger nicht, dann gibt es auch keine Offene Gesellschaft.

Entstehung Offener Gesellschaften

Offene Gesellschaften haben sich aus geschlossenen Verhältnissen entwickelt. So hatte Rom mehr Sklaven als Bürger, und im 19. Jahrhundert hatten Frauen keinen Zugang zu einem Jura- oder Medizinstudium. Bis Mitte des 20. Jahrhunderts hatten Frauen oft kein universelles Wahlrecht, und noch 1980 konnte ein Schwarzer Mann in Südafrika in einem Bus nicht ungestraft neben einer weißen Frau sitzen. Und 2023 gibt es noch immer Staaten, in denen Wikipedia verboten ist, die Gewaltenteilung aufgehoben wurde und das öffentliche und private Leben durch digitale Algorithmen kontrolliert wird. Dennoch geht die Entwicklung insgesamt von einer am Kollektiv ausgerichteten Gesellschaftsform hin zu einem personenzentrierten, individuell organisierten Zusammenleben.[54]

Kritik versus Schwarmintelligenz

In diesem Zusammenhang ist es wichtig, zwischen Kritik und Schwarmintelligenz zu unterscheiden. Erstere benötigt mehr Kreativität und autonomes, individuelles Denken. Zweitere führt häufig in den Konformismus. Wenn alle im Kreis gehen, dann neigen wir ebenfalls dazu, im Kreis zu gehen, obwohl unser kritischer Verstand uns womöglich sagt, wir sollten geradeaus gehen. Durch kollektive Schwarmintelligenz vermeiden wir in Gruppen zudem extreme Out-of-the-box-Lösungen und unbekannte Wege und schlagen einen (vermeintlichen) Mittelweg vor. Diesen Effekt nennt man Regression zum Mittelwert. Zugegebenermaßen liefern kollektive Anstrengungen und Gruppeneffekte einen Vorteil, wenn es darum geht, in einem arbeitsteiligen Vorgang einzelne Schritte zu erledigen. Etwa wenn wir uns entscheiden, ein Auto zusammenzubauen oder in einem unkontrollierten Brainstorming möglichst vielen, auch gegensätzlichen Ideen Raum zu geben. Das entbindet jedoch nicht von eigenständigem, kritischem Denken. Konformismus und die Regression zum Mittelwert führen dann eher zur Knechtschaft als in die Freiheit.

Zwei Formen von Kollektivismus

Ich unterschiede hier zwischen zwei Formen des Kollektivismus, die dieses Dilemma auflösen können: einem primären und einem sekundären Kollektivismus. In der ersten Form sind individuelle Freiheitsrechte, kritisches Denken und öffentlicher, demokratischer Diskurs noch nicht ausgebildet. Die Gemeinschaft bleibt in diesem Sinne eine homogene, harmonisierte, gleichgeschaltete und kontrollierte Kohorte. Manche gehören dazu *(in-group)*, manche nicht *(out-group)*.[55] Im primären Kollektivismus sind Ich-Funktionen, die Würde des Individuums und der Respekt vor der Unantastbarkeit der Person noch nicht hinreichend ausgebildet oder zumindest unwichtig. Er erinnert deshalb an Kolchosen oder Kommunismus. Das Einzige, das zählt, ist das Kollektiv.

Ein sekundärer Kollektivismus liegt vor, wenn eine Gesellschaft erst dann auf gemeinsame Werte stößt, wenn sie durch die Entwicklung von Einzelpersonen hindurchgegangen ist. In dieser zweiten Spielart gehen kritischer Verstand, Individualität (mit allen Stärken und Schwächen) und persönliche Freiheitsrechte nicht verloren, sondern sind in einen größeren gesellschaftlichen Zusammenhang eingebettet, geehrt und gesichert. Mehr noch: Sie werden ständig eingefordert.[56] Für den sekundären Kollektivismus geht es dann um Werte wie Demut und Dienen, Dankbarkeit und Empathie, Toleranz und Respekt. Sie entwickeln sich nicht von selbst, sondern setzen ein personales Bewusstsein voraus. Dabei ist unstrittig, dass es Rückschläge und Stillstand geben kann, aber die Richtung ist dennoch klar: immer ein Mehr an personaler Freiheit und ein Weniger an kollektivem Zwang.

Der Parasit oder die Voraussetzungen für Autokratien

Richtig ist auch, dass moderne, digital gestützte Autokratien sich nicht automatisch zu Offenen Gesellschaften wandeln. Sie benötigen die Errungenschaften Offener Gesellschaften, um sich selbst zu stabilisieren. Das sind beispielsweise die Informationen durch eine freie Presse und einen investigativen Journalismus; die Preisbildung auf geregelten Wettbewerbsmärkten; der Diskussionsstand des Dritten Sektors; die emanzipative Kraft einer personenzentrierten Erziehung, die auf Selbstwirksamkeit und kritisches Denken setzt; ein freier Kunst- und Kulturbetrieb; ein Wissenschaftsapparat, der nicht einer Parteiräson und nicht allein Industrieinteressen folgt, sondern einer rigorosen Methodenkritik, einer öffentlichen Debatte und der Wahrheit verpflichtet ist.[57] Nur Offene Gesellschaften können solche

Errungenschaften hervorbringen. Und nur sie können Institutionen ins Leben rufen, die Diversität, Vielfalt und Unterschiede aushalten, nutzen und damit einen Mehrwert für alle schaffen.[58] Das bedeutet im Umkehrschluss: Auch Autokratien nutzen Voraussetzungen, die sie selbst nicht bereitstellen können. Eine Autokratie ist im Wesen aber ein sich selbst schadender Parasit, der seine eigenen Kinder frisst und nur deshalb überlebt, weil es Offene Gesellschaften gibt.[59] Eigentlich paradox, aber doch richtig. Oder anders formuliert: Stellen wir uns eine Welt vor, in der es gar keinen Systemkonflikt zwischen Freiheit und Zwang mehr gäbe, sondern nur noch digitale Autokratien. Wäre diese Welt ärmer oder reicher als unsere heutige?

Die Überlegenheit von Autokratien gibt es allenfalls auf den ersten Blick, auf den zweiten ist sie eine Illusion. Aber den Wahn erkennt bekanntlich nur der, der ihn nicht teilt. Und als Vertreter einer Ordnung der Freiheit teile ich diesen Wahn nicht. Rationalität wird dort totalitär und autokratisch, wo sie allmächtig, mechanisch, fundamentalistisch und zweckrational wird und wo die Angst beider – der Regierenden und der Regierten – sich in einem Teufelskreis von Zwang, Kontrolle und Paranoia selbst verstärkt. Dann werden individuelle Meinungen einer Massenbildung, dem Konformismus und dem Zwang zum Kollektiv geopfert.[60] Die Einsicht, dass das Leben sich nicht vollumfänglich kontrollieren lässt, ohne es zu zerstören, geht dann verloren. Es ist wie ein Fiebertraum, der sich aus sich selbst erhält, aber mit der Realität nichts mehr zu tun hat.

Bei genauerem Hinsehen wird eine wichtige Dialektik sichtbar. Eine Dialektik, welche sich zwischen Kritik, Kreativität und Koexistenz auf der einen und Konformismus, Kopie und Kontrolle auf der anderen Seite auftut. Aber es gilt immer noch: Jede Kopie setzt Kreativität voraus. Wer diesen Zusammenhang zu erkennen verweigert, hat bereits jetzt das Nachsehen. Die folgende Grafik verdeutlicht den Zusammenhang der Systemgegner: Autoritäre Strukturen bedürfen offener gesellschaftlicher Verhältnisse, um zu überleben.

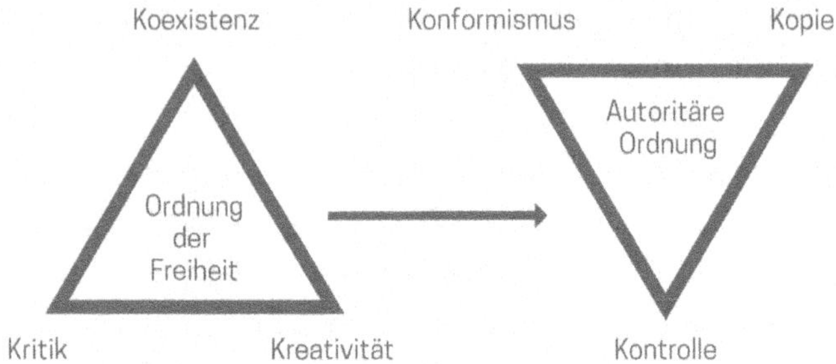

Abbildung 5 Zum Verhältnis von Freiheit und Kontrolle: Autokratien leben von Voraussetzungen, welche es nur in Offenen Gesellschaft gibt.

Von dem Biologen und Ameisenforscher O. Wilson stammt der Satz: »Autokratien sind eine interessante Sache, nur passen die Spezies und das Timing nicht.« Dem ist an dieser Stelle nichts hinzufügen.

Sicherheit und Kontrolle

Ich möchte hier explizit zwischen Sicherheit und Kontrolle unterscheiden. Sicherheit im Sinne von Schutz *(protection)* and Selbstermächtigung *(empowerment)* ist ein menschliches Grundbedürfnis wie Schlafen und Essen. Sicherheit ist damit mehr als das, was nationale Regierungen und der UN-Sicherheitsrat darunter verstehen. Ihnen geht es vor allem um militärische und verteilungspolitische Fragen des nationalen Interesses. Der Begriff umfasst allerdings auch Energie- und Nahrungsmittelsicherheit und vor allem die Sicherheit der Person. Wenn drei Milliarden Menschen nicht hinreichend gesunde Nahrungsmittel zur Verfügung stehen, dann sind wir als Menschheit in einer unsicheren Situation. Umweltveränderungen wie Klimawandel, Arten- und Humusverlust, Extremwetterlagen und Zoonosen beinhalten ebenfalls Sicherheitsrisiken, etwa forcierte Migrationen, Hunger, Arbeitslosigkeit und vieles mehr.

Die vorzeitige Sterblichkeit, bedingt durch Luftverschmutzung, extreme Einkommensungleichheiten, Fehlernährung, toxische Umweltbelastungen oder Gewalterfahrungen, ist ebenfalls eine Frage der Sicherheit. Das Entscheidende ist: Niemand ist sicher, bis alle es sind. Aber Sicherheit in diesem erweiterten und integralen Sinne lässt sich nicht durch nationale und bilaterale Abkommen allein herstellen. Sie braucht multilaterale und globale Kooperationen. Sicherheit, auch die der Unversehrtheit der Person, der Achtung der Integrität und Würde, ist immer eine Funktion der Freiheit, niemals eine des Zwangs und der Kontrolle.[61]

Zeitenwende und Liberalisierung

Die vergangenen Jahrtausende waren vor allem durch sogenannte Malthus-Zyklen geprägt: Kriege, Seuchen, Missernten, Hungersnöte und Bevölkerungszu- und abnahmen bestimmten das welthistorische Auf und Ab in bedeutendem Ausmaß. Eine Entwicklung von Wohlstand und Wohlfahrt, im Zuge derer Kapital angehäuft, Lebenszeit verlängert und Kindersterblichkeit reduziert wurde, war auf breiter Basis über Jahrtausende nicht möglich.[62] Das alles änderte sich mit dem Beginn des 19. Jahrhunderts. Für diese Zeitenwende sind vier Faktoren entscheidend. Erstmals entstanden Institutionen des Rechtsstaats, die individuelle und persönliche Freiheit möglich machten. Hierzu gehörten die Gewerbefreiheit, Niederlassungsfreiheit, Investitions- und Eigentumsschutz, steigende Mobilität sowie eine umfassende Bodenreform, die es erlaubte, Land zu vermarkten. Hinzu kamen Versicherungs- und Haftungsabkommen unter Gemeinwohlvorbehalt sowie eine erleichterte private Kapitalakkumulation und Kontoführung. Zweitens fand eine umfassende Bildungsreform statt. Kindergärten und eine tiefgreifende Universitätsreform in Verbindung mit Forschung und Entwicklung führten dazu, dass Humankapital aufgebaut werden konnte. Daraus resultierten drittens zahlreiche Innovationen und Erfindungen. Dieser ersten industriellen Revolution verdanken wir beispielsweise die Glühbirne, den Verbrennungsmotor, Beton oder die Pasteurisierung. Und schließlich wurde viertens eine Reihe von sozialmedizinischen Maßnahmen flächendeckend umgesetzt, die die Lebenserwartung und Lebensqualität nachhaltig verbesserten, Badeanstalten etwa, die Kanalisation, Hygienemaßnahmen, verbesserte Wasserqualität. Das alles war nun nicht nur für die Eliten, sondern für große Teile der Bürgerschaft zugänglich. Rechtshistorisch betrachtet, liefen diese vier Faktoren unter der allgemeinen Agenda eines politischen Liberalismus zusammen. Alle Maßnahmen setzten auf Mut, Kritik, Kreativität, Vielfalt, Anrechte und Angebote, und das alles auf dem Boden eines personenzentrierten Ansatzes, um mehr Wohlstand in Freiheit zu schaffen. Diese Zeitenwende bedeutete auch eine Abgrenzung von den vergangenen aristokratischen, feudalen, autoritären und kollektiven Gesellschaftsformen.

Vorzeichen für eine liberale Agenda 2.0

Vor einer ähnlichen Herausforderung stehen wir heute wieder. Wie sieht eine liberale Agenda 2.0 aus, die den sozialökologischen Herausforderungen gerecht wird, die mehr an Freiheitsgrade für mehr Menschen, auch für zukünftige Generationen, ermöglicht? Wie sehen die Rechtsstaatsmechanismen aus, denen es gelingt, ein neues Verhältnis von privatem Eigentum und Gemeingütern zu vermitteln, mehr Forschung und Entwicklung zuzulassen, eine erneute Bildungsexplosion freizusetzen und Wertschöpfungsketten neu zu organisieren? Die liberale Agenda des 21. Jahrhunderts entsteht unter anderen Vorzeichen als jene vor 200 Jahren: Triple-Krise, neue Risiken, eine Vervielfachung der Gesamtbevölkerung, globale Vernetzungen, planetare Grenzen und multiple asymmetrische Kriege, die alles mit allem verbinden. Deshalb muss sie eine Agenda sein, die Freiheit und Verantwortung, Rechte und Pflichten neu ausrichtet, Selbstentfaltung und Solidarität ermöglicht. Eine Agenda, in der Medizin immer Sozialmedizin ist und Politik Sozialmedizin im Großen meint (Robert Virchow). Mehr noch: Es ist der Ort, wo Politik zur Biopolitik wird und dabei biophysikalische Realitäten abbildet. Hier nimmt sich der Staat nicht zurück, sondern bezieht aktiv Stellung: für mehr Freiheit und gegen Zensur, Knechtschaft und Kontrolle.

Zivilgesellschaft als Fundament

Es sind Offene Gesellschaften, die am anpassungsfähigsten sind, die Fehler korrigieren können, die ihre Mandatsträger und Entscheider weitgehend friedlich wechseln und abwählen können. Autokratien können dies nicht. Ich hänge hier der These an, dass der Grund für das Erstarken von Autokratien weniger in deren Stärke liegt als viel eher in der Schwäche der Mitglieder einer Offenen Gesellschaft. Solange wir uns nicht im Klaren darüber sind, für welche Freiheiten wir kämpfen, so lange werden die Feinde einer Offenen Gesellschaft als stärker wahrgenommen. Denn zur Natur der Freiheit gehört, dass sie immer dann auffällt und zum Problem wird, wenn sie abhandengekommen ist oder Gefahr läuft, verloren zu gehen. In autokratischen Regimen macht man diese Erfahrung nicht, da personale Freiheiten nicht zur politischen Agenda zählen. Was können wir aus all dem lernen? Geschlossene Gesellschaften sind wie der größere oder ältere, aber unreifere Bruder, der zugleich rigider, weniger adaptiv, unbeholfen und abhängig ist. Er ist nicht wirklich autonom, sondern bedarf seiner jüngeren Schwester. Autokratien als Gegenspieler der Offenen Gesellschaft sind ein fehlgeleitetes Experiment. Sie stützen sich auf die Illusion der Kontrolle und des Wissens. Autokratien sind unterkomplex, nicht hinreichend antifragil und nicht wirklich anpassungsfähig, um mit den Herausforderungen des 21. Jahrhunderts angemessen umzugehen. Sie setzen auf Errungenschaften, die sie aus sich heraus gar nicht bereitstellen können. In diesem Sinne sind sie selbstlimitierend und parasitär. Die eigentliche Frage, die wir uns hier stellen müssen, ist dann nicht: Wie werden Autokratien zu Offenen Gesellschaften? Sondern viel bescheidener: Wie gewinnen wir jenes Drittel an Bürgern zurück, das für eine autokratische Reaktionsbereitschaft anfällig ist? – Nur durch die Aussicht auf mehr Freiheit, auch für zukünftige Generationen. Jede Anpassung geht einher mit Lernerfahrungen und mit einem veränderten Bewusstsein über die Welt und uns selbst. Da man freie, mündige Bürger nicht erzwingen kann, sie aber die Grundlage für Offene Gesellschaften sind, leben auch diese von Voraussetzungen, die sie selbst nicht schaffen können. Das scheint zirkulär, stimmt aber trotzdem. Denn letztlich zeigt sich, dass die gesamte Zivilisation des 21. Jahrhunderts, Offene wie Geschlossene Gesellschaften, auf der Innovations- und Leistungskraft, auf dem Lernvermögen der Zivilgesellschaft in Offenen Gesellschaften auflastet. Sie erst bilden die Effekte, die Autokratien sich zur eigenen Stabilität internalisieren, sich sozusagen einverleiben. Man kann ohne Übertreibung sagen: Als die Zivilgesellschaft einst in die Welt kam, durch den Übergang von der Geschlossenen zur Offenen Gesellschaft, entstand eine neue Phase der Menschheitsgeschichte.[63]

Teil II

Wie es anders geht

4

Ein neuer Aggregatzustand für die Kritik

So wie sich unsere Gesellschaft in der Phase des Wechsels von einem Aggregatzustand in einen neuen befindet, so unterliegt auch das kritische Denken einer fortwährenden Evolution. Da Kritik eine der Grundvoraussetzungen für das Ent- und Bestehen Offener Gesellschaften ist, will ich diese Entwicklung nachvollziehen und der Frage nachgehen, unter welchen Bedingungen eine Aufklärung 2.0 möglich wird.

Datafizierung, Mustererkennung und die Verdopplung der Welt

Alle zwei Tage wird heute die Datenmenge global erzeugt, die während der gesamten Menschheit bis ins Jahr 2003 geschaffen wurde. Der Vorgang ist seinerseits hyperexponentiell: Will man den Berechnungen glauben, verdoppelt sich die Datenmenge alle zehn Jahre. Diese Datafizierung[64] bedeutet, dass die Welt vollständig quantifiziert werden soll. Während die Naturwissenschaften und die empirischen Sozialwissenschaften die Welt immer schon numerisch und metrisch vermessen haben – etwa in Experimenten oder statistischen Modellen –, um unser Leben in Zahlen abzubilden, kommt bei diesem Prozess Weiteres hinzu, und es hat erhebliche Auswirkungen auf unsere psychosoziale Realität.

KI und Big Data als Lückenschließer

Im Gegensatz zu Tieren ist der Mensch eine Defizitspezies.[65] Er ist nie vollumfänglich an die Natur angepasst, immer bleibt eine Lücke, und immer wird er diese Lücke schließen müssen. Dies tut er zunächst, indem er auf tradierte Kulturprodukte, auf Institutionen und Technologien zurückgreift, um zu überleben. Reichen diese nicht aus, versucht er die Lücke mithilfe anderer, besserer Produkte zu schließen. Mit dem Mikroskop sehen wir beispielsweise mehr als mit bloßem Auge. Digital gestützte Werkzeuge wie künstliche Intelligenz (KI) oder Big-Data-Korrelationen zeigen uns Zusammenhänge auf und erweitern unser Bewusstsein um Dimensionen, die mit dem nativen, also angeborenen Verstand, der sich Bleistift und Excel-Tabellen bedient, nicht zugänglich sind.[66] So wurde mittels KI das seit 3 000 Jahren bekannte Go-Spiel um unzählige Spielzüge erweitert, auf die die Menschheit in all der Zeit nicht gekommen ist. Mit einem Teleskop konnten wir bisher nur 100 Milliarden Galaxien sichtbar machen. KI konnte dagegen zeigen, dass es mindestens 1 Billion solcher Galaxien gibt (1012).[67] Ähnliche Erweiterungen lassen sich bei der dreidimensionalen Faltung von Proteinen erkennen. KI-Programme können nicht nur mit einer Exaktheit von 1,5 Ångström innerhalb eines Konfidenzintervalls von 98,5 Prozent eine Faltung vorhersagen,[68] sondern das Erkennen von Proteinen weiter beschleunigen. 2020 wurden 43 Proteine identifiziert, 2021 waren es schon 20 000, was dem gesamten Bestand an menschlichen Proteinen entspricht. Ende 2021 waren es dann bereits 350 000, und im Jahr 2022 konnten mittels künstlicher Intelligenz 100 Millionen solcher Faltungen nachgebildet werden. Dies entspricht allen Proteinen aller Lebewesen auf diesem Planeten. Ein wahrlich exponentieller Vorgang.[69]

Man stelle sich nur das Potenzial vor, welches sich für die Entwicklung neuer Medikamente gegen Krebs oder Alzheimer ergeben könnte.[70] Unser nativer und kritischer Verstand wird durch diese digitalen Technologien also verbessert. Sie vergrößern unseren Bewusstseinsraum und erhöhen unsere Anpassungsleistung. Es ist wie eine Torte, die immer größer wird und mit ihr die Tortenstücke, um die anwachsende Lücke füllen zu können. Aber mit der Datafizierung wird die Welt gleichzeitig verdoppelt, beim Teleskop nicht. Diese Verdopplung führt zu zahlreichen sozialen Rückkopplungen, die unser Zusammenleben so grundlegend verändern.

KI versus menschlichen Verstand

Künstliche Intelligenz funktioniert nur unter der Annahme einer stabilen Welt. Das heißt, sie funktioniert hervorragend beim Go- oder Schachspielen, da sich dort die Randbedingungen nicht verändern. KI generiert zudem nur Korrelationen, erklärt aber keine Kausalzusammenhänge. Das wird häufig übersehen.[71] Der menschliche Verstand hat sich hierbei als Selektionsvorteil in einer instabilen und nichtlinearen Umwelt erwiesen, in der unter Unsicherheit und Zeitdruck und mit unvollständigem Wissen Entscheidungen getroffen werden müssen. Waren Menschen vom Untergang bedroht, haben sie diese Entscheidungen delegiert. So ist es auch heute. Wenn wir diesen autonomen Denkvorgang einer anderen Instanz übertragen, einem Parteibeschluss, einem Führer oder einem Kalifen, und diesen Vorgang durch digitale Technologien stützen und kontrollieren, dann verkommt unser Leben und Denken zu einem betreuten, stumpfsinnigen Dasein. Es verspricht dann eine Sicherheit, die es nicht gibt und in Zukunft auch nicht geben kann. Die Vorstellung, dass KI, künstliche neuronale Netze (Deep-Learning-Algorithmen) und Gehirn-Computer-Schnittstellen (Brain-Chip-Interfaces) alles automatisch besser machen würden und wir dann unseren Verstand ausschalten können, bleibt notwendigerweise eine Illusion. Denn wie bereits erwähnt: Die Welt ist nicht stabil, sie ist chaotisch, sie ist komplex, und sie ändert sich ständig. Wir steigen niemals zweimal in den gleichen Fluss: Sowohl Gewässer als auch Schwimmer verändern sich fortwährend. Um in einer solchen Welt überleben zu können, bedarf es darüber hinaus einfacher Heuristiken,[72] und das können nur Menschen, die ihren freien, kritischen Verstand in Stellung bringen. Es bleibt immer ein besonderes Phänomen: Nur innerhalb einer solchen unvollständigen Nische können wir überleben und benötigen hierzu auch noch eine Krücke, die uns die Anpassung sichert. Aber gerade in dieser Nische könnten wir in Freiheit miteinander leben und das Zusammenleben organisieren. Erstaunlich, nicht?

Datafizierung des Wettbewerbsmarktes

Schauen wir auf das Beispiel des Wettbewerbsmarktes. Er ist ein großer sozialer Koordinationsmechanismus, der über relative Preise effizient und dezentral das Verhalten seiner Teilnehmenden steuert. Märkte bleiben gegenüber den Zielen, das heißt gegenüber der Effektivität, gleichgültig. Durch die Datafizierung ändert sich das Marktgeschehen jedoch grundlegend. Mit ihr können mehr Aussagen zum Markt getroffen und so Entscheidungen für die Marktteilnehmenden erleichtert und verbessert werden. Je komplexer die Zusammenhänge sind, umso wichtiger sind solche Informationen, die in der traditionellen Preisbildung noch nicht enthalten sind. Das spielt vor allem beim Einberechnen von Kosten (Internalisierung), bei Risikobewertungen und Investitionsentscheidungen eine Rolle. Dezentrale Märkte entgehen dem Effekt eines einzelnen Ausfallpunktes *(single point of failure)*: Statt Daten zentral über eine Firma oder ein Amt zu sammeln und über sie zu entscheiden, sie also zu kontrollieren, stehen solchen Märkten mehr Daten und Mustererkennung mithilfe von Machine Learning, also künstlich generiertem Wissen, zur Verfügung. Sind diese Informationen dezentral für alle zugänglich, müssen nicht alle irren, das Kollektiv kann so dem Fehler durch eine einzelne Instanz entgehen. Dies erhöht in sehr hohem Ausmaß Resilienz, Effektivität und Effizienz von Märkten. Wenn etwa ein Investor beim Erwerb einer Brauerei die Informationen über die Entwicklung der Wasserqualität, der demografischen Entwicklung in der Region mit einpreisen kann, verändert sich die Investitionsentscheidung. Amazon macht ein Drittel seiner Umsätze durch Empfehlungen aufgrund seiner Algorithmen. Die können auch falsch sein. Eine dezentrale datenreiche Marktkoordination kann dies vermeiden.[73]

Komplexität, Datafizierung und Mustererkennung

Je komplexer die Welt wird, umso mehr benötigen wir KI, Big Data und IT, um dieser Komplexität hinreichend Rechnung zu tragen. Sie erlauben uns, Muster und Korrelationen zu entdecken, die wir mit dem bloßen Auge und dem reinen, »unbewaffneten« Verstand, einem Erkenntnisapparat aus unserer Evolution, nicht wahrnehmen können. Solche Muster sind dem rationalen kritischen Individuum nicht zugänglich.[74] Wir benötigen folglich Substitute, um wiederholungsstabile Muster zu erkennen, um durch sie die Kontrolle und unsere Selbstwirksamkeit wiederzuerlangen. Analoge Komplexität wird dann quantifiziert, messbar, in Teilen (besser) vorhersehbar und (allzeit) verfügbar. Das ist gut, kann aber auch schlecht sein. Gut ist es, weil wir damit Kriminalität und Pandemien vorhersehen können. Man nennt das eine prädiktive Codierung. Gut auch deshalb, weil wir knappe Ressourcen effizienter einsetzen können, etwa bei in der Landwirtschaft *(precising farming)*, bei neuen Mobilitäts-, Müllabfuhr- und Entwässerungskonzepten wie Smart

City oder auch beim Drohneneinsatz während humanitärer Aktionen, etwa beim Medikamententransport in entlegene Regionen.

Verdopplung der Welt

Im Ergebnis verdoppeln wir online die ganze Welt – täglich, 24 Stunden lang. Dabei erfahren wir mehr über sie und über uns. Was wir mit der digitalen Verdopplung anfangen, hängt allerdings von uns ab. Die digitale Kopie der realen Welt ist eine Kopie, sie ist nicht die reale Welt. Manchmal gelingt die Kopie, manchmal jedoch nicht. Und mitunter wandelt sich die Welt, die digital kopiert wurde, ohne dass die digitale Kopie davon Wind bekommt. Das ist besonders für all diejenigen fatal, die sich mehr auf die verdoppelte als auf die reale Welt verlassen.

Digitale Autokratien nutzen diese Technologie zu mehr Staatskontrolle, in den USA stehen private Gewinne und Kommerz im Vordergrund, und in Europa besteht mithilfe der Digitalisierung die Möglichkeit, den Menschen mit seiner Fähigkeit zur Kooperation in den Mittelpunkt zu stellen. Der jeweilige Fokus ändert das Narrativ, den Algorithmus, die Zuständigkeits- und Verantwortungsbereiche und damit auch die Nutzung. Wir müssen uns also fragen: Wie soll sie aussehen, und wohin führt uns die Datafizierung?

Der Preis digitaler Monopole

Durch den Übergang von der Industriewirtschaft zur Digitalwirtschaft haben sich viele Geschäftsmodelle grundlegend geändert. Mit der Einführung von digitalen Plattformökonomien kommt ein zweiteiliger Prozess in Gang, der in der konventionellen Industrieökonomie mit seinem verarbeitenden Gewerbe, Anlagenbau, mit Chemie und klassischer Dienstleistung bisher fehlte. In einem ersten Schritt kommt es zum Austausch von persönlichen Daten auf der einen Seite und dem Zugang zu einem digitalen Marktplatz auf der anderen. Beides ist kostenlos und hat praktisch keinen Preis, es bildet scheinbar keine Kosten ab. Allerdings nur auf den ersten Blick. Ökonomisch spricht man von einem bilateralen P2B-Bartergeschäft: persönliche Daten (P) im kostenlosen Austausch (Barter) mit einem privaten Geschäftsmodell oder Business (B). Da hier keine wirklichen Preise und Kosten abgebildet werden, entsteht auch kein wirklicher Markt und daher auch keine klassische Wertschöpfungskette mit anschließender Wohlstandsentwicklung. Es ist, auf dieser ersten Ebene, nur ein Tauschhandel, vergleichbar mit einem Teilnehmenden, der seinen Kugelschreiber gegen einen Sack Kartoffeln eines anderen Teilnehmenden tauscht. Volkswirtschaftlich bleibt das Wohlstandsniveau das gleiche, nur die Eigentumsverhältnisse und die Zugriffsrechte wechseln. Im zweiten Schritt beginnt der private Anbietende seine Marktposition auszunutzen: Er schafft über asymmetrische, also ungleich verteilte Informationen hohe Monopolgewinne, da ein erheblicher Teil des Marktgeschehens nur noch über die digitalen Plattformen abgewickelt werden kann. Bekanntermaßen führen Monopole zu einem höheren Preis und niedrigerer Qualität als in einem funktionierenden Wettbewerb zwischen einer hinreichenden Anzahl von Anbietenden. Es gibt aber einen grundlegenden Unterschied zwischen analogen und digitalen Monopolen: Im analogen Fordismus der Nachkriegszeit waren privilegierte Teilnehmer auf den Märkten, heute sind die digitalen Monopole der Markt. Sie schaffen proprietäre Marktsegmente. Das führt zum Beispiel dazu, dass Google einen 90-prozentigen Anteil am Markt besitzt, bei Facebook sind es vielleicht 60 Prozent. Durch exklusive Zugangsbedingungen, Nutzungsregelungen, Zweitverwertungen und Drittanbietende sowie sogenannte Lock-in-Effekte, die den Kunden an die Plattform binden und einen stetigen Datenstrom gewährleisten, sind Unternehmensgewinne nicht mehr allein vom Umsatz und der Nachfrage abhängig, sondern werden über eine Provision gesteuert und gesteigert. Das heißt, auch auf gesättigten Märkten kann man das Angebot künstlich knapp halten und so sogar bei rückläufigen Umsätzen Gewinne erzielen.[75] Hinzu kommen weiterreichende, ungewollte soziale, politische und ökonomische Kosten, die sozialisiert, also gesamtgesellschaftlich getragen werden. Etwa wenn wir uns über die Zunahme der Polarisierung in der Gesellschaft beschweren, die Destabilisierung unserer Gemeinwesen konstatieren oder feststellen müssen, dass die Digitalwirtschaft mittlerweile einen höheren Energie- und Ressourcenverbrauch erzeugt als der Flugverkehr. Während die Monopolgewinne privatisiert sind, werden Verluste durch uns alle getragen. Wirklich inklusive und nachhaltige Wohlfahrtseffekte entstehen in modernen Gesellschaften erst durch eine wettbewerbsförmige, faire und transparente Preisbildung. Wenn die relativen Preise die ganze Wahrheit über die Wertverhältnisse abbilden, werden die Funktionsfähigkeit und Allokation, also die Verteilung von Gütern und Dienstleistungen auf Märkten, zur vollen Geltung kommen. Vorher jedoch nicht. Dies erklärt in Teilen auch, weshalb wir seit 20 Jahren eine florierende Digitalwirtschaft haben, die Produktivität in den Volkswirtschaften jedoch nicht nennenswert zugenommen hat.[76]

In den vergangenen 50 Jahren haben zwei Entkopplungen stattgefunden: eine zwischen der Realökonomie und den Kapitalmärkten und eine zusätzliche durch die Plattformökonomien. Jede reale Dienstleistung und jedes Gut muss seit fünf Dekaden durch zwei Filter laufen: durch unregulierte Spekulation und den zweiteiligen Prozess der digitalen Plattform. Hierbei wird die Dienstleistung oder das Gut in der jeweiligen Wertschöpfung mannigfaltig verzerrt.[77] Unfreie, kontrollierte, nichtdemokratische Verhältnisse werden also unmittelbar vom Bildschirm aus betrieben. Es wird Zeit für eine Korrektur.

Die Dritte Kultur und die zweite wissenschaftliche Revolution

Alles begann mit der Erfindung des Kalenders. Menschen fingen an, regelbasiertes Wissen und wiederholungsstabile Ereignisse mit der bloßen und rigorosen Beobachtung der Außenwelt in Verbindung zu bringen. Sinne allein vermitteln keine letzten Wahrheiten. Regelmäßigkeiten und Muster erkennen wir erst mit unserem kritischen Verstand. Darüber gelangen wir zu einem Verfügungswissen und einer vorübergehenden und korrigierbaren, immer jedoch unvollständigen Orientierung. Mit der von Karl Jaspers beschriebenen Achsenzeit entstand solches Wissen. Immer unvollständig und revisionsoffen, fehlerfreundlich und falsifizierbar, deduktiv und induktiv, approximativ und akkumulativ, aber immer und ohne Ausnahme vermittelt durch den kritischen Verstand.[78] So entstand aus purer, »unbewaffneter« Beobachtung und Denken in Verbindung mit einer kritischen Öffentlichkeit das, was wir heute Wissenschaft nennen. Und es war immer die eine unteilbare Wissenschaft. Diese historische Ausgangslage hat sich nun grundlegend geändert.

Zwei Wissenschaftskulturen

Der britische Wissenschaftler C. P. Snow hat 1959 in einem aufsehenerregenden Artikel und in einer Rede[79] darauf hingewiesen, dass sich innerhalb des Wissenschaftsbetriebs über die Jahrhunderte hinweg zwei grundlegende Kulturen herausgebildet haben[80]: die Naturwissenschaften *(science)* und die Geisteswissenschaften *(humanities)*. Beide haben eine eigene Sicht auf die Welt und verfolgen vollständig verschiedene Formen von Rationalität. In der naturwissenschaftlichen Welt geht es vorrangig um quantitative und experimentelle Aussagen. Die Welt wird zur Zahl. Es gilt, Kausalzusammenhänge in der Wirklichkeit zu entdecken. Rationalität ist hier erläuternd, erklärend, instrumentell und interventionell. Man greift durch eine spezifische, regelbasierte Methodik oder durch Messinstrumente in die Natur ein. Dabei erkennt der Wissenschaftler Zusammenhänge, die sich dem unbedarften Auge verschließen. Man rechnet, zählt, vergleicht, bestimmt. Biohumane Grundlagenforschung, Umweltwissenschaften, empirische Sozialforschung, Material- und Maschinenbau und Physik sind Beispiele hierzu. Konkret meint dies: Petrischale, Fernrohr, Mikroskop oder Röntgenapparat.

Daneben, gleichsam wie in einer anderen Galaxie, stehen die Geisteswissenschaften. Ihnen geht es nicht um das Erklären, sondern um das Verstehen der Welt. Es ist eine kommunikative, hermeneutische und semantische Form von Rationalität, in der die Innenwelt oder auch soziale Interaktionsformen zum Erkenntnisgegenstand werden. Dieser Vorgang ist immer sprachbasiert und kontextspezifisch. Hier wird gelesen, interpretiert, gedeutet, formuliert und beschrieben. Philosophie, Literatur- und Geschichtswissenschaften sowie Teile der Psychologie gehören hierher. Konkret heißt das: diskutieren, sich verständigen, beobachten, lesen und denken.

Elfenbeinturm Wissenschaft versus kollaborative Kulturen

Die Wahrheiten und Weisheiten, zu denen diese Wissenschaftsformen beitragen, beziehen sich auf zwei völlig unterschiedliche Welten. Beiden Wissenschaftskulturen fehlt es am wirklichen Verständnis für die jeweils andere Disziplin. Es findet kein Austausch darüber statt, was sie einander zu sagen hätten. Gleichzeitig entfernt sich all dieses Wissen immer stärker von unserer Wirklichkeit. Diese Form der Spezialisierung hat bis heute exponentiell viele, statistisch signifikante, aber in Teilen auch irrelevante Informationen produzierte (nach dem Motto: Wer hat diese Studie wirklich gebraucht?), die gleichzeitig nicht mit dem Wissen und der Information anderer Disziplinen verschränkt waren (nach dem Motto: Wissen Sie wirklich, was wir hier machen?). Deshalb dürfen wir getrost davon ausgehen, dass eine weitere Spezialisierung uns den Blick auf das Ganze des Systems umso mehr versperrt. Aber, so C. P. Snow, wenn sich beide Kulturen (wieder-)träfen, wäre dies der Beginn einer sehr produktiven, einer äußerst kreativen Phase der menschlichen Zivilisation.[81]

Anbahnung eines Paradigmenwechsels

Der Wissenschaftstheoretiker Thomas Kuhn publizierte sein vielzitiertes, einsichtsreiches Werk über die Struktur der wissenschaftlichen Revolution[82] drei Jahre nach C. P. Snow, im Jahr 1962. Kuhn unterscheidet darin zwischen zwei Phasen von Wissenschaft. In der normalen Wissenschaft werden mithilfe von Experimenten und vorgegebenen Regeln Probleme gelöst und Erkenntnisse gesammelt. In dieser Phase ist Wissenschaft wie Schachspielen. Die Wissenschaftsgemeinschaft arbeitet nach einem anerkannten Paradigma. Davon abzugrenzen sind Phasen des Paradigmenwechsels: Hier geraten die Fundamente ins Wanken, die Methodik, das Weltbild, die Spielregeln, innerhalb derer sich normale Wissenschaft vollzieht, werden überarbeitet, umformuliert, erweitert, revidiert, neu geordnet. Entdeckungen und repetitive Anomalien, die innerhalb des gegebenen Paradigmas nicht hinreichend erklärt werden können, leiten einen solchen Paradigmenwechsel ein. Die Restrātsel des Paradigmas sind der Ausgangspunkt für das Hinterfragen der Fundamente. Von ihnen geht das Neue aus. So etwa bei der kopernikanischen Wende, der Evolutionstheorie oder der Psychoanalyse und Entwicklungspsychologie. Dabei verläuft der Wechsel der Paradigma nicht linear, kumulativ und durch bloße Falsifikation von Hypothesen durch neue Daten und eine Neubewertung von Ergebnissen: Auch dieser Prozess ist nichtlinear, (zeitgeistig ausgedrückt) disruptiv, nicht vorhersehbar und damit unbestimmt. Der wissenschaftliche Paradigmenwechsel ist dabei auf weiten Strecken ein sozialer Prozess, bei dem mindestens drei Dinge zusammenkommen müssen: Zum einen braucht es eine veränderte Methodik und Praxis, mit der Erkenntnisse gewonnen werden. Zweitens muss sich auf die Theorie und Weltsicht, die disziplinäre Matrix, wie Ergebnis aus den Daten zu interpretieren und wie Befunde einzuordnen sind, geeinigt werden. Drittens müssen traditionelle Meinungsführer in den Ruhestand gehen und Platz machen für neue Koryphäen. Eine solche Phase des Paradigmenwechsels scheint nun wieder vorzuliegen.

Die Dritte Kultur

In den vergangenen 20 Jahren ist eine neue Disziplin ins Spiel gekommen, die weder den Naturwissenschaften noch der Hermeneutik zugeordnet oder auf sie rückgeführt werden kann. Eine Disziplin, die es in dieser Form in der Menschheit noch nie gab. Die Digitalisierung mit der Datafizierung der Welt, künstlicher Intelligenz und dem Deep Learning ist angetreten, den gesamten inneren und äußeren Kosmos in Einsen und Nullen (1–0) abzubilden. Dies verändert das wissenschaftliche Schlachtfeld grundlegend. Beide Kulturen – Natur- und Geisteswissenschaften – sind nun mit einer weiteren Kultur konfrontiert. Sie folgt einer eigenen Rationalität, wirkt jedoch auf beide etablierten Wissenschaftskulturen zurück und ist zugleich auf keine der beiden reduzierbar. Digitalisierung und Datafizierung ergänzen das bisherige Duo. Aus einer binären Beziehung wird ein Dreiecksverhältnis.[83]

Zu den Besonderheiten dieser Dritten Kultur zählt, wie oben erwähnt, dass sie die gesamte analoge Welt verdoppelt. Sie hat das Potenzial, die wissenschaftlichen Grundlagen dafür zu legen, dass alles, was wir tun, vernetzt und wechselseitig abhängig ist. Außerdem transzendiert, also überschreitet sie das Ausmaß und die Dimensionen an Erkenntniszugewinn in ungeahnt exponentieller Geschwindigkeit und Weise und verfügt schließlich über einen eingebauten

Mechanismus des Selbstlernens, der allen bisherigen wissenschaftlichen und technologischen Errungenschaften fremd ist.[84]

Eine zweite wissenschaftliche Revolution

So wie Wissenschaft immer als die eine und unteilbare Wissenschaft begann und sie nun in Wissen und Weisheit, Naturwissenschaften und Hermeneutik sowie eine Dritte Kultur weiter ausdifferenziert wird, so bleibt sie im Kern immer eine Wissenschaft. Alle drei werden immer aufeinander angewiesen sein. Denn die von den Wissenschaften betrachtete Wirklichkeit ist eine, die sich um die Denkmodelle und Sichtweisen, die Disziplinen und Kulturen des Menschen wenig kümmert. SJede Big-Data-Korrelation ist an ihre hermeneutische Ausdeutung und zugleich an reale, empirische Bedingungen geknüpft. Wenn wir etwa durch große Datensätze prädiktive Korrelationen für einen Ausbruch einer Viruspandemie erkennen sollten, dann gilt es immer auch, diese Datensätze richtig zu interpretieren. Oder wenn ein Sprachprogramm den Turing-Test für menschliche Intelligenz besteht, sind und bleiben es immer wir Menschen, die diese Beurteilung vornehmen.

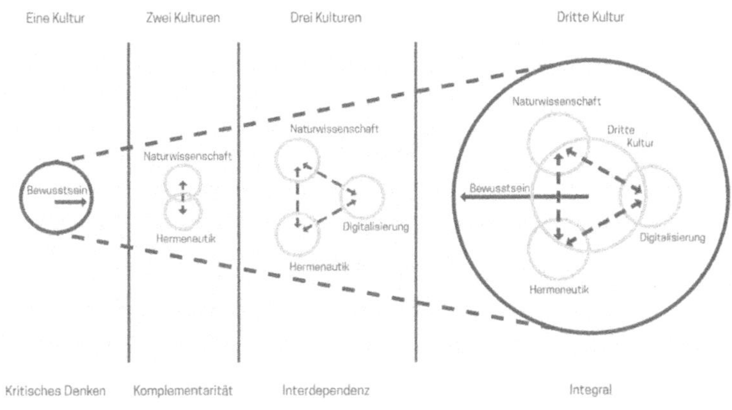

Abbildung 6 Eine Dritte Kultur und eine zweite wissenschaftliche Revolution

Der Unterschied heute, am beginnenden 21. Jahrhundert, ist jedoch, dass die Deutungsarbeit im Vergleich zum 19. Jahrhundert in einem erweiterten Bewusstseinsraum und mit tieferem Verständnis der Welt stattfindet. Und deshalb ist es nicht völlig abwegig, von einer zweiten wissenschaftlichen Revolution und einer Dritten Kultur zu sprechen.

Der größer werdende Kreis zeigt, wie sich unser Bewusstseinsschwerpunkt erweitert hat, seit das kritische Denken in die Welt gekommen ist. Durch die Größe ist er jedoch nicht weniger kritisch, sondern immer kritischer geworden. Zugleich war das kritische Denken immer an die Entwicklung individueller Freiheitsrechte gebunden. Was bedeutet dies für unsere Diskussion um Freiheit und Zwang?

Deutungshoheit der Daten

Die Datafizierung ermöglicht es, unsere Welt digital zu verdoppeln und damit einen tieferen Einblick und ein besseres Verständnis über sie zu erlangen. Einblicke, die mit dem bloßen Auge nicht wahrzunehmen sind und uns darum verborgen blieben. Aber der Vorgang der Digitalisierung ist nicht neutral: Er repliziert unsere Welt nicht nur, er verändert sie zugleich. Besonders im Bereich der sozialen Realität erzeugt die Digitalisierung eine Wirklichkeit, die ohne diese Technologie nicht möglich wäre. Es kommt folglich noch etwas hinzu. Zahlen werten unsere soziale Welt aus und machen sie vergleichbarer. Ranking, Scoring, soziale Algorithmen wie Social Bots und Ähnliches verändern die gesellschaftliche Reputation und die Stellung im sozialen Raum. Es entstehen neue soziale Hierarchien und Ungleichheiten, die sich selbst wiederum verstärken können und neben der analogen Welt eine neue, zweite Wirklichkeit schaffen. In digitalen Autokratien wird dieser Mechanismus genutzt, um Bürger besser kontrollieren, zensieren und manipulieren zu können.

Auf kommerziellen, profitorientierten Märkten dient die Datafizierung hingegen dazu, private Monopolgewinne zu erwirtschaften. Nicht selten kommt beides zusammen.[85] Diese Quantifizierung der Welt verändert schließlich unseren Selbstbezug. Wir stehen in zunehmendem Maß über Daten und Zahlen mit uns und anderen in Beziehung: Bewegungsprofile und Blutzuckermessung, Schlafqualität und Sozialkontakte unterliegen einem Scoring, das uns einen Vergleich zu uns selbst und zu anderen ermöglicht. So geraten nicht mehr nur soziale Klassen, sondern einzelne Individuen in einen ständigen Leistungsvergleich zueinander. Unsere soziale Welt wird verstehbarer und in Teilen auch vorhersehbarer. Das gilt absurderweise auch dann, wenn die Datafizierung kaum mehr zur Wahrheit beiträgt oder uns nicht wirklich optimiert. Gleichwohl prägen die Folgen der Datenbetrachtung und der sozialen Vergleiche unser Leben.

Datafizierung: »Bösewicht« oder »Held«?

Das Thema ist aber noch grundlegender. Digitalisierung ist wohl einer der zukünftigen Integratoren, der die vielfältigen Disziplinen wieder zusammenbringen kann. Es gibt eben nur die eine Wissenschaft – weil es nur eine Realität gibt, die heute durch die Datafizierung zu einer anderen sozialen Realität wird. Aus den *»two cultures«* wird eine *»third culture«*.[86] Datafizierung, Mustererkennung, die neue Kultur sowie die Neuauflage einer Revolution der Wissenschaft sind zentral für das Spannungsfeld von Freiheit und Zwang und ihren Bezug zur Nachhaltigkeit. Wenn es darum geht, der Komplexität des 21. Jahrhunderts gerecht zu werden und die damit verbundenen Herausforderungen zu meistern, werden wir vor allem diese Dritte Kultur benötigen, die es uns ermöglicht, ein Mehr an personaler Freiheit, institutionalisierter Ordnung und konstruktiver und angstfreier Kritik zu erreichen. Denn sie zeigt uns, dass unsere Realität eine Realität ist, in der alles mit allem vernetzt ist. Big-

Data-Korrelationen können uns dies in Teilen zumindest sichtbar machen. Wenn wir weiter davon ausgehen, dass sich der Kosmos seit 5 Milliarden Jahren entwickelt und seit mehreren 100 000 Jahren die Menschheit mit ihm, wäre es schlicht kontraintuitiv, davon auszugehen, dass dies nun zu Ende sei.[87]

Das alles kann uns zeigen, dass unser Denken und Schlussfolgern in einen völlig neuen Modus Operandi geraten, der zu mehr Freiheit, jedoch auch zu mehr Zwang genutzt werden kann. Wir könnten so ziemlich alles an einen Roboter mit Deep-Learning-Algorithmen delegieren, der zudem (fast) alles besser machen kann als wir, außer eines: unsere psychosoziale Gesundheit.[88] Hierzu gehört auch die Fähigkeit, unseren kritischen Verstand zu gebrauchen.[89] Kurz: Gesunde und kritische Menschen machen weniger kaputt. Aber was meinen wir denn, wenn wir von kritischem Denken im 21. Jahrhundert sprechen?

Aufklärung 2.0

Wenn man das bisher Gesagte zusammennimmt, so kann man nicht umhin, davon auszugehen, dass kritisches Denken in einen neuen und anderen Aggregatzustand gerät, der uns alle erfasst, ob wir nun in Freiheit oder unter Zwang unser Zusammenleben organisieren. Der Vorgang des kritischen Denkens beschreibt ein spezifisches Denkvermögen, welches der Aufklärung zugerechnet wird.[90] Der Philosoph Immanuel Kant hat Aufklärung als einen Prozess verstanden, bei dem wir den Mut aufbringen müssen, uns unseres eigenen Verstandes zu bedienen. Der Ausgang aus der selbstverschuldeten Unmündigkeit, so schreibt er, geschieht nicht durch den Verweis auf Institutionen, Parteien oder eine Religion und auch nicht durch den Rückgriff auf Experten wie Ärzte, Wissenschaftler oder Pfarrer. Nicht einmal das Lesen von Büchern helfe hier, sondern nur der

Einsatz des eigenen kritischen Denkens.[91] Das heißt nun, dass dieser Vorgang nicht an Autoritäten delegierbar oder auch nicht auf ein Kollektiv übertragbar ist, sondern immer ein individueller, reflexiver Vorgang bleibt.[92] Die Welt wird dadurch nicht entzaubert, sondern allein durch den Gebrauch des kritischen Verstandes nachvollziehbarer, in Teilen vorhersehbarer und im günstigsten Fall: besser. Wir fangen dann erst an, die richtigen Fragen zu stellen, und übernehmen entsprechend auch die Verantwortung für das, was wir gedacht und gesagt haben. Der kritische Verstand verstärkt dieses nie endende Entdeckungsverfahren. Und es ist ein Verfahren, das für jeden, unabhängig von seiner Herkunft und seiner Bildung, immer erfahrbar bleiben soll. Es fällt nicht schwer, diesen Anspruch in die heutige Zeit zu übersetzen. Digitale Medien, Experten, Interessenverbände, Kirchen und Politiker übernehmen zumindest teilweise die Funktion, die Kant ursprünglich dem Einzelnen zugewiesen hat. Diese Autoritäten entscheiden darüber, was in Bildung und Gesundheit, politischer Meinung, Klima und Umwelt zu geschehen hat. Was aber kann der Einzelne mit seinem kritischen Vermögen in der jeweiligen Position, die er innehat, für das Gemeinwohl und für das eigene Leben tun? Und wie geht das? Um ein solches Vermögen flächendenkend für ein Gemeinwesen zu gewährleisten, bedarf es weiterer Voraussetzungen. Denn der Mut, sich seines eigenen Verstandes zu bedienen, bedeutete im 18. Jahrhundert, gleichsam in seiner Rohfassung, etwas anderes, als er es im 21. Jahrhundert tut.

Kriterien zur Weiterentwicklung des kritischen Denkens

Während Kant offenbar den reinen Verstandesgebrauch als ausreichend ansah, um sich von Tradition und Geschichte zu emanzipieren und universelle moralische Standards zu erkennen, hat sich der kritische Vernunftgebrauch weiterentwickelt.[93] Je besser wir verstehen, was kritisches Denken im 21. Jahrhundert ist und wie wir es steigern können, umso wahrscheinlicher ist es, dass wir uns auch als Gesellschaft fortentwickeln.[94] Wenn wir diesen Fortschritt wollen, so sind für eine kritische Position im 21. Jahrhundert mindestens sechs weiterführende Kriterien zu fordern:

(a) Kritik wird szientistisch, das heißt, sie muss den Ergebnisstand des Wissenschaftsbetriebs würdigen. Die reine Reflexionsleistung des Einzelnen, wie sie Kant noch fordern konnte, wird durch eine Vielzahl von wissenschaftlichen Daten und empirischen Ergebnissen vermittelt, die sich dem reinen Nachdenken entziehen. So lässt sich das Coronavirus nicht sehen, genauso wenig, wie man aus der Tagestemperatur allein die verheerenden Konsequenzen der globalen Erhitzung ableiten kann. Kritische Wissenschaft mit ihrem Arsenal an Methoden und Instrumenten kann das.

(b) Kritik stellt sich dem Theorie-Praxis-Dilemma. Wirkliche Kritik muss seine lebensweltlichen Konsequenzen mitdenken und Möglichkeiten der Umsetzung berücksichtigen können. Jeder kritische Beitrag wird sich an der Frage messen lassen müssen, inwieweit es ihm gelungen ist, eine praxis- und veränderungsrelevante Aussage zu treffen. Kritik nur um der Kritik willen ist kindisch, wenn sie gesellschaftspraktische Konsequenzen, Umsetzungspotenziale, reale machtpolitische Interessen, Irrationalitäten nicht berücksichtigt. Frei nach Richard Rory, der darauf verweist, dass jede Theorie, die keinen hinreichenden Praxisbezug hat, Gefahr läuft, zur Halluzination zu werden. Etwas zu kritisieren, ohne mitzudenken, was die vorgeschlagenen Veränderungen in der Praxis bedeuten, bleibt zu wenig kritisch.

(c) Kritik erkennt, dass nicht Konkurrenz und Wettbewerbsverhalten, sondern die Fähigkeit zur Kooperation besser und damit kritischer ist.[95] Kritik verweist hier auf die Notwendigkeit eines Gegenübers, das auch recht haben und somit korrigierend einwirken kann. Kritik ist keine singuläre und individuelle Kraftanstrengung, sondern mindestens ein Dialog, in dem zugehört und gestaunt wird im Wissen, dass man selbst immer danebenliegen kann.

(d) Wahrlich kritisches Denken ist immer an einen performativen, sprich illokutiven Sprechakt gebunden. Es geht nicht nur darum, ob ein Argument logisch und nachvollziehbar ist, sondern ob eine Absicht und ein Zusammenhang erkennbar sind. Kurz: Kritik ist immer Sprechen und Handeln zugleich.[96] Wenn wir kritisch denken, handeln wir implizit bereits.

(e) Kritik ist selbstreferentiell. Dies zeigt, dass Denken, ohne auf die Grenzen des eigenen Denkens hinzuweisen, nicht hinreichend kritisch ist. Der umfangreiche Diskussionsstand um gedankliche Rahmenkonstrukte *(frames)* und mentale Befangenheit *(bias)* zeigt, dass bloßes kritisches Denken und selbst eine metakognitive Position auf sich selbst hin naiv bleiben.[97] Kurz: Der, der in der Flasche sitzt, kann das Etikett nicht lesen. So wird Kritik zu einer fehlerfreundlichen, fehlbaren, selbstkritischen und revisionsoffenen Verfahrensweise, die der Komplexität und Unvollständigkeit unseres Wissens Rechnung tragen. Das heißt wiederum: Jede kritische Äußerung muss anerkennen, dass sie sich ihrerseits durch die Kraft des besseren Arguments widerlegen lässt.

(f) Schließlich ist kritisches Denken das Ergebnis eines offenen evolutionären Vorgangs. Der kritische Verstandesgebrauch ist von der Einsicht getragen, dass selbiger Denkvorgang wiederum Ergebnis eines evolutionären Vorgangs ist, der mit dem momentanen kritischen Niveau zwar seinen aktuellen Höhepunkt, nicht aber seinen evolutionären Endpunkt erreicht hat.[98] Mehr Philosophie braucht man nicht, um in einer Offenen Gesellschaft leben zu können.[99]

Sind diese Kriterien erfüllt, entsteht eine Aufklärung 2.0. Sie hat nichts mit Wissenschaftsgläubigkeit oder Rationalisierung der Welt zu tun. Aufklärung 2.0 beschreibt die Fähigkeit, richtige Fragen zu stellen, Ambivalenzen besser auszuhalten und produktiv zu wenden,

Polaritäten zu erkennen, mit Ungewissheiten umzugehen und fehlerfreundlicher zu sein. Es heißt, sich auf dieses Abenteuer einzulassen, die Geheimnisse und Widersprüche der Welt zu erkunden. Das war bei der Entdeckung der elektromagnetischen Wellen durch Tesla, der Krümmung des Lichts durch Einstein, der Relativität durch Heisenberg oder der Decodierung der DNA nicht anders. Und dies ist bei der Beschreibung von sozialen und psychologischen Zusammenhängen ähnlich. Etwa wenn es um den Gegensatz von Spiritualität und Säkularität, von Gemeingütern und privatem Eigentum, von öffentlichem und privatem Leben, von Kultur und Technik, von Staat und Markt oder von Ökonomie und Ökologie geht. Völlig auflösen lassen sich diese Gegensätze nicht. Aber der kritische Verstand kann sie in Freiheit immer wieder neu ausbalancieren, um schließlich in der nächsten Runde erneut auf Gegensätze zu stoßen, die es zu überwinden gilt.

Soziale Dimension von Kritik

Kritik heißt im griechischen κριτική und meint nicht bekritteln, nörgeln oder ständiges Dagegensein. Kritik bedeutet letztlich die Kraft der Unterscheidung. Es gehört zu den zentralen Einsichten einer Offenen Gesellschaft, dass Kritik eine grundlegende Voraussetzung für Freiheit, Wohlstand und Wohlbefinden ist. Gesellschaften, die Kritik nicht dulden, sie sogar unterdrücken, können auf das Potenzial an Problemlösungen, Korrekturen und Kreativität nicht zurückgreifen. Jedoch ist die Fähigkeit zu einer kritischen Auseinandersetzung ein anspruchsvolles Programm, das sich nicht im ständigen Nörgeln und pauschalen Infragestellen von allem und jedem erschöpft. Kritik ist keine isolierte psychologische Fähigkeit oder reine wissenschaftstheoretische Kategorie. Kritik hat eine fundamentale soziale Dimension. In einer Offenen Gesellschaft wird der Prozess dieses Entdeckungsverfahrens generell institutionalisiert. Wenn man diesen Befund weiterdenkt, benötigen wir Institutionen, die uns ein Maximum an Kritik ermöglichen und garantieren. Das ist alles andere als trivial und voraussetzungslos. Denn es geht eben nicht nur darum, dem Andersdenkenden zuzuhören, ihn zu tolerieren, ihm Raum für sein Argument zu geben, um dann darauf zu antworten. Ein wahrhaftig kritischer, öffentlicher und angstfreier Diskurs erfordert die Fähigkeit, sich in die Lage des Andersdenkenden zu versetzen, seine Perspektive einzunehmen und zu verstehen, warum dieser nicht der gleichen Meinung ist wie wir.[100] Erst dann können wir davon ausgehen, dass wir als Mitglieder einer Offenen Gesellschaft das immanente kritische Potenzial voll ausgeschöpft und seine Ergebnisse in Bezug auf Wahrheitssuche, ökonomischen Wohlstand und subjektives Wohlbefinden auch maximiert haben. Und erst dann können wir vermuten, dass wir auf neue Erkenntnisse treffen und unser Problembewusstsein erweitert haben.[101] Falsifikation kann nicht nur zwischen Fakten und Fakes unterscheiden, sondern lässt uns auch den flüchtigen Charakter von Fakten erkennen. Dies hilft uns dabei, die Problemlösungsstrategien zu formulieren, die wir brauchen, um die Herausforderungen des Anthropozäns zu meistern. Kritik ist demnach eine Grundvoraussetzung für das Leben in Offenen Gesellschaften. Die Grundlage für das Bestehen und das Weiterentwickeln von kritischem Denken ist Freiheit. Deshalb müssen wir klären, was wir meinen, wenn wir von Freiheit sprechen.

5

Das Prinzip Freiheit

Die Freiheit ruft immer dann, wenn sie fehlt. Allerdings hört man diesen Ruf der Freiheit in Geschlossenen Gesellschaften und Autokratien oft nur gedämpft, weil sie von Anfang an nicht bestanden hatte. Doch was heißt es, wenn wir von Freiheit sprechen, und wie übersetzt sich diese Erfahrung in eine Gesellschaftsform für das 21. Jahrhundert? Eine These dieses Buches ist, dass die Frage, wer Nachhaltigkeit und damit Zukunft besser kann, gar nicht von den Stärken von Autokratien und Geschlossenen Gesellschaften entschieden wird. Letztlich ausschlaggebend wird hier die Schwäche Offener Gesellschaften sein in Form von Bürgern, die die eigene Position und ihre Vorteile, ihre Freiheit nicht sehen. Wir müssen folglich klären, was wir meinen, wenn wir von Freiheit sprechen.[102] Es geht schließlich darum, wirklich frei zu sein und damit grundsätzlich auch alles anders machen zu können (Hannah Arendt). Das unterscheidet uns nicht nur von Geschlossenen Gesellschaften, sondern auch vom Tier.

Die vielen Spielarten der Freiheit

Wie bereits ausgeführt ist der Mensch ein Mängelwesen. Er ist, im Gegensatz zum Tier, nicht gut an seine Umgebung angepasst, sondern entlassen in die Offenheit. Dort kann er die Passungslücke wie kein anderes Geschöpf selbstbestimmt füllen. Tradierte Kulturleistungen, Governance und Regeln, Technologien und soziale Interaktionsformen bestimmen die Krücke, die wir als Menschen benötigen, um diese Lücke zu schließen. Es sind also nicht mehr die biologische Ausstattung und Genetik, nicht sozioökonomische Schicht, soziale Herkunft, Einkommen und Erbe, nicht der Bildungsgrad und der geografische Standort, nicht einmal die erlebte Individualität, die das spezifisch Menschliche ausmachen, sondern es ist die Fähigkeit, sich in Freiheit mit all diesen Faktoren auseinanderzusetzen. In diesem Sinn ist die individuelle Freiheit wohl das höchste Gut des Menschen. Sie charakterisiert ihn in Abgrenzung zu anderen Spezies. Vielleicht muss man sogar so weit gehen und festhalten: Freiheit ist die Natur des Menschen. Geht sie verloren, verliert der Mensch einen Teil seiner Natur und damit auch einen erheblichen Teil seiner Anpassungsfähigkeit. Zu dieser Natur der Freiheit gehört die Fähigkeit »Nein« sagen zu können, Wege eigenverantwortlich zu beschreiten, sich zu korrigieren, Fehler zu erkennen, sich diese einzugestehen und immer wieder neu und besser zu werden, sich ein- und anzupassen. Das gilt für Individuen ebenso wie für Gesellschaften. Ein erheblicher Teil der Entfremdung, die wir im Umgang mit uns selbst, dem Anderen und der Natur tagtäglich erleben, hängt auch damit zusammen, dass wir in einigen Fällen diese unsere Freiheit bereits aufgegeben haben – ohne es zu merken. Wenn man zu einer Generation gehört, die in eine Ordnung der Freiheit hineingeboren wird, dann ist man sich der Errungenschaften nicht wirklich bewusst. Sie scheinen selbstverständlich und naturgegeben. Mehr noch: Die Feinde der Offenen Gesellschaft werden stärker, weil die Freunde der Offenen Gesellschaft als selbstverständlich gelten.

Verlust von Freiheit und die Folgen

Typisch für die menschliche Freiheit ist, dass sie leichter verloren geht, als sie errungen wird. Die unterschiedlichen Ausdrucksformen der Freiheit, seien sie nun ökonomischer, psychologischer oder politischer Natur, sind nur Facetten der Freiheit. Sie hängen miteinander zusammen und müssen ständig gegeneinander abgewogen werden.[103] Der Verlust von Freiheit zeigt sich schnell und deutlich. Erste Symptome sind: ein eingeschränkter öffentlicher Debattenraum, der ständige Verweis auf politische Alternativlosigkeit, eine Empörungskultur gegenüber anderen Lösungsvorschlägen oder auch das Beharren auf Tradiertem, die Behauptung von letzten, unumstößlichen wissenschaftlichen Wahrheiten oder auch die Proklamation des Endes der Geschichte. Sie weisen den Weg zur Knechtschaft. Kontrollverlust und eingeschränkte Selbstwirksamkeit, wenn es um systemische Risiken wie globale Erwärmung, Artenschwund und Pandemien geht, all die Einschränkungen in der Autonomie, im Handeln und Denken von alternativen Möglichkeitsräumen gehören ebenfalls zu solchen Warnsignalen. Das Ganze lässt sich als ein Verlust an experimenteller Varianz deuten: Lösungsräume, die, reduziert auf einzelne Teildisziplinen, den Blick auf andere Disziplinen vernachlässigen; ein nicht korrigierbarer quantitativer Wachstumspfad, der alles niederwalzt, was nicht mehr kurzfristige Effizienz und Produktivität verspricht. Sie sind Ausdruck von Bevormundung und Knechtschaft, sie sind Ausdruck der Delegation von Freiheiten an andere. Jedes Mal geht ein Stück der politischen Urteilskraft, des Denkens in Richtung alternativer Lösungen, der kritischen Selbstkorrektur und – in letzter Konsequenz – des Wohlstands, der Nachhaltigkeit und des Friedens verloren. Und wir merken es nicht.

Wir könnten auch anders, denn wir können stets wählen. Wir könnten eine eigene Zukunft entwerfen. Wir könnten es wagen, Projekte in Angriff zu nehmen, die es noch nie gegeben hat, und Gedanken in Taten umsetzen, die bisher in unserer Lebenswelt nicht gedacht wurden und für welche es noch nicht einmal eine hinreichende empirische Evidenz gibt.

Vier Wege des Denkens und Handelns

Vielleicht muss man dies weiter differenzieren. Es lassen sich hier vier Formen der Herangehensweise unterscheiden. Beim analogen Denken wird der repräsentative Einzelfall zu einem anderen Einzelfall in Beziehung gesetzt, nach dem Motto: So wie gestern, so auch heute und morgen. Beim zweiten, einem induktiven Vorgehen dienen deskriptive Einzelfälle der Formulierung eines allgemeinen Gesetzes. Man sieht und denkt, aber immer nur das, was man zuvor gesehen und gedacht hat. Beim pragmatischen Ansatz machen wir das, was geht, und das möglichst gut. Beim deduktiv-kritischen Vorgehen schließlich denken wir die beste aller möglichen Welten. Das Maximum des bestmöglichen kritischen Denkens ist handlungsweisend. Alles andere folgt dann fast automatisch. Nicht der Kunde, nicht der Wettbewerber, nicht der Chef und nicht die Partei, nicht einmal die empirische Evidenz allein bestimmten dieses Neu-Denken *(first principle thinking)*; nur das kritische Denken in Freiheit und Verantwortung bestimmt das Resultat. Das heißt, wir machen in einem dunklen Raum zunächst einmal das Licht an und werden zum Testlabor und nicht zum Museum. Es ist nie zu spät, sich eine solche Welt vorzustellen. Freiheit und Vernunft fallen dann im Optimum zusammen, und Freiheit ist dann kein Zufall, sondern wird zu einer Praxis, einer Kunst, gleichsam zu einer Wahl und damit zu einer Entscheidung.[104]

Ordnung von Spielarten der Freiheit

Alles hängt an der Freiheit, die sich in viele geteilte und gestufte Formen und Grade personaler Freiheit übersetzt. So gibt es große und kleine Freiheiten, nachgeordnete und übergeordnete, solche, die in Widerstreit zueinander stehen, und solche, die sich ergänzen, welche, die in einer Rangordnung zueinander stehen, und welche, die wichtiger sind als andere. Immer aber geht es um personale und individuelle Freiheiten, und immer geht es um eine Ordnung, nämlich eine all dieser Freiheiten. Das Programm dazu heißt politischer Liberalismus. Er tritt vor allem dann auf den Plan, wenn es darum geht, vorübergehend Freiheiten einzuschränken oder gegeneinander abzuwägen und ihre Schattierungen zu erkennen. Freiheit bedeutet zunächst einmal nur Optionsvielfalt und Wahlfreiheit, Spielräume und Bewegungsmöglichkeiten im Gegensatz zu Bevormundungen, Beschränkungen, Zensur, Knechtschaft und Kontrolle. Und dennoch gilt, dass wir stillschweigend immer schon verschiedene individuelle Freiheitsrechte und damit korrespondierende Pflichten gleichermaßen akzeptiert haben: indem wir jemandem mit Respekt begegnen, andere nicht bestehlen oder beleidigen, indem wir die Verkehrsregeln einhalten, indem wir regelmäßig und vollständig unsere Steuern zahlen oder indem wir uns in der Warteschlange nicht vordrängeln. Denn im Umkehrschluss gilt: Wirkliche Pflichten gibt es nur, wenn sie Freiheitsgrade voraussetzen. Wir haben also einer irgendwie gearteten Ordnung der Freiheit immer schon implizit zugestimmt, bevor wir uns im Einzelnen explizit ihrer bewusst geworden sind. Wir wissen folglich, dass Freiheitsgrade mit Pflichten, Zumutungen und Verantwortungen einhergehen und zusammen erst eine Ordnung der Freiheit ergeben.

Aus der Sicht eines aufgeklärten politischen Liberalismus bleibt unsere Zukunft immer unsicher, nicht vorhersehbar und jede Planung unvollständig, nicht vollständig kontrollierbar.[105] Wir sind nur dann wirklich frei, wenn wir uns von der Vorstellung vollständigen Wissens verabschiedet haben und anfangen, mit diesem Unwissen konstruktiv umzugehen. Wir haben uns auch dann von einer Illusion getrennt und sind frei, wenn wir uns eingestehen, dass wir keine hinreichende Kontrolle über die Geschehnisse haben, und vermeintliche Kontrolle durch eigenes Handeln ersetzen. Freiheit beginnt mit dem Neinsagen und dem Hinterfragen des Status quo.[106] Der Fortschritt, den wir in der Geschichte erkennen, entsteht demnach durch eine unendliche, sich selbst korrigierende Suchbewegung einzelner Menschen. Schließlich denken Gesellschaften nicht, nur Menschen können das, und (selbst-)kritische Menschen können das besser. Dieser Vorgang der kritischen Urteilskraft ist, wie bereits ausgeführt, nicht delegierbar. Und er ist an die individuelle Freiheit jedes Einzelnen gebunden.[107] Diese individuelle Freiheit wiederum gibt es nur mit individueller Verantwortung. Nichts gibt es ohne das andere.[108]

Freiheit und Verantwortung

Will man individuelle Freiheit, muss man personale Verantwortung in Kauf nehmen. Und beide gibt es nur in einem relativen, in einem abgestuften Sinne. Man spricht hier auch von reziproker Verhältnismäßigkeit. Niemand hat Anspruch auf absolute Freiheit, weil diese immer auf die Ansprüche anderer, auf naturgesetzliche Zusammenhänge oder auf gesellschaftliche Realitäten trifft.[109] Wer das leugnet, bleibt unfrei, denn er verfällt einer Illusion. Genauso wenig lässt sich davon ausgehen, dass die Verantwortung allein auf dem Einzelnen lastet. Etwa wenn es um die personale Gesundheit geht, denn auch erbliche Faktoren sowie nicht vorhersehbare Umweltfaktoren beeinflussen den Verlauf der Gesundheit jedes Einzelnen, auch jenseits der individuellen Verantwortung. Dennoch lässt sich die Verantwortung für autonome Entscheidungen nicht ohne Weiteres an andere delegieren. Verantwortung bleibt Teil der Freiheit jedes Einzelnen, und diese Beziehung ist immer verhältnismäßig.[110] Folglich erwerben wir mit den Freiheitsgraden immer auch

Pflichten. Gehen diese verloren, wird aus Freiheit Willkür.[111] Je mehr Freiheit wir fordern, desto größer wird unsere personale Verantwortung. Pocht etwa ein radikaler Impfgegner darauf, seine Kinder wegen möglicher Impfreaktionen nicht impfen zu lassen, muss er im Falle einer Erkrankung nicht nur die Verantwortung für seine schutzbefohlenen Minderjährigen, sondern auch für die Folgen einer möglichen Ansteckung Dritter (etwa die gesundheitlichen Folge- und Langzeitschäden von betroffenen Kindern im gleichen Kindergarten) übernehmen. Die Forderung nach mehr Freiheit und mehr individuellen Handlungsspielräumen ohne die Bereitschaft zur Übernahme größerer Verantwortung infantilisiert alle Betroffenen. Umgekehrt frustriert Verantwortung ohne Freiheit, da man für etwas in Haftung genommen wird, das man nicht grundsätzlich frei mitentschieden hat.

Freiheit: differenziert und ausbalanciert

Im Kern geht es um die Frage: Ist der Mensch im Grunde gut oder böse? Thomas Hobbes vertrat die Meinung, dass ohne einen staatlichen Leviathan menschliches Zusammenleben im Krieg endet, da der Mensch prinzipiell schlecht sei.[112] Jean-Jacques Rousseau dagegen vertrat die Position, dass der Mensch im Kern gut sei und nach kooperativen Lösungen suche.[113] Karl Popper sah es differenzierter, also kritischer: Wir schaffen die Freiheit nicht ab, und wir verzichten auch nicht auf Institutionen, sondern wir schaffen solche, die uns ein Maximum an personaler Freiheit und Eigenverantwortung ermöglichen und sichern.

Bei Hobbes geben wir unsere personalen Freiheiten an eine Institution ab, bei Rousseau laufen wir Gefahr, in einen Naturzustand zurückzufallen. Folgen wir also lieber Poppers Rat und fangen an, Institutionen zu schaffen, die vom Guten, aber Fehlbaren ausgehen. Das würde fast alles ändern. In diesem Zusammenhang lässt sich zwischen positiven und negativen Freiheiten unterscheiden. Positive Freiheiten versetzen Menschen in die Lage, ihr Leben eigenverantwortlich zu leben. Dem Staat kommt hier eine wichtige Rolle zu. Er soll individuelle Selbstwirksamkeit ermöglichen oder den Menschen hierzu ermächtigen. Bei negativen Freiheiten steht die Abwehr von Ein- und Übergriffen Dritter im Zentrum der Überlegung, beispielsweise wenn es um die Wahrung der Privatsphäre oder den Schutz von Menschenrechten geht. In einer Ordnung der Freiheit geht es um die richtige Balance beider Formen.

(Falsche) Widersprüche und (echte) Gegensätze

Auf dem Weg in die Freiheit sind wir ständigen Widersprüchen und Gegensätzen ausgesetzt.[114] Mit Bezug auf den Staat kann beispielsweise die öffentliche Hand nicht alles regeln. Staatliche Gebietskörperschaften verfügen allein aufgrund ihrer Größe oder Position nicht grundsätzlich über andere Information, und sie haben – bis auf Geheimdienstinformationen – auch nicht mehr Wissen als die Bürger eines Staates. Dem Staat steht eine totale Regulierung nicht zu. Er hat eine viel bescheidenere Funktion. Er muss Bürger ermächtigen, ihre der Person verhältnismäßigen, autonomen und eigenverantwortlichen Entscheidungen treffen zu können und damit ein selbstbestimmtes Leben zu realisieren. Damit bleibt zwischen Staat und Bürger immer eine Regulierungslücke. Kurz: Der Staat muss Freiheit und Eigenverantwortung ermöglichen. In einer Viruspandemie kann dies in Form von Masken geschehen, bei der Energiewende können es öffentliche Ladestationen oder ein ausgebauter ÖPNV sein und bei systemischen Krisen wie der Klimaerwärmung oder dem Artenverlust spezifische Finanzprodukte. Man kann, wie in Kapitel 6 ausgeführt wird, von einem aktiven oder einem »ermöglichenden« Staat sprechen. Eine Offene Gesellschaft sollte, wie wir ebenfalls noch sehen werden, gegenüber der Frage, ob wir mehr Markt oder mehr Staat benötigen, neutral bleiben. Bedeutsam sollte vielmehr die Frage sein, welche Interventionen und welche Sozialmechanismen ein Höchstmaß an personalen Freiheitsgraden möglich machen und nachhaltig garantieren.[115] Die traditionelle Gegensatzbeziehung von Staat und Markt verliert im 21. Jahrhundert an Bedeutung, sie stellt in Teilen einen falschen Widerspruch dar. Der eigentliche Gegensatz ist jener zwischen personaler Freiheit und kollektiver Knechtschaft.

Ähnliches gilt auch für die Beziehung von Ökonomie und Ökologie. Für eine marktförmige und damit privatisierte Lösung spricht immer die Möglichkeit eines komparativen Gewinns, ansonsten entsteht kein wirkliches Marktgeschehen. Für die öffentliche Hand ist das Interesse ein grundlegend anderes. Hier geht es nicht primär um einen monetarisierten Mehrwert, sondern um die Frage, durch welche Maßnahmen sich systemische Risiken abfedern und wie sich Gemeingüter bereitstellen lassen. Und in beiden Fällen geht es darum, ein Optimum an Freiheitsgraden für die Mitglieder zu gewähren.[116]

Die Fähigkeit, positive und negative Trends gleichzeitig zu berücksichtigen, also Gegensätze auszuhalten, nennen Psychologen Ambivalenztoleranz.[117] Und solche Polaritäten gilt es in einer Ordnung der Freiheit ständig auszuhandeln. Ähnlich wie in einer Batterie muss die Spannung ausgehalten werden. Gibt es kein Plus und kein Minus, fehlt Spannung. Die Batterie ist tot. Das bedeutet: Das Mindset bestimmt den weiteren Verlauf der Geschichte, im Guten wie im Schlechten, im Richtigen wie im Falschen, und die vielen, kleinen Geschichten, die wir uns dabei erzählen, bestimmen auch den weiteren Verlauf unserer Geschichte.

Der Trichter und der Schlauch

In einer Ordnung der Freiheit verläuft die politische Entscheidungsfindung wie in einem Trichter. Am Anfang stehen wissenschaftliche Auseinandersetzungen innerhalb einer Disziplin, etwa der Atmosphärenchemie, der klinischen Virologie oder der volkswirtschaftlichen Statistik. Häufig gibt es kontroverse Ergebnisse, aber dennoch gibt es bestimmte Grundannahmen, die die jeweilige Disziplin konsensfähig teilt. Dieser Diskussionsstand trifft nun auf andere Disziplinen wie die empirische Sozialforschung. Hier entsteht ebenfalls eine kontroverse Debatte, zum Beispiel über die Kosten einer Pandemie oder des Klimawandels. Dieser Diskussionsstand wiederum stößt auf eine zivilgesellschaftliche Debatte, an der sich Medien, Kirchen, NGOs und engagierte Bürger beteiligen. Auch hier trifft der ursprüngliche Konsens immer wieder auf Widersprüche und Kontroversen. Das alles ereignet sich häufig simultan und führt zu ständigen Korrekturen, Lernerfahrungen eben. Im parlamentarischen Rahmen wird dieses heterogene Meinungsbild kontrovers diskutiert, bis im zentralen politischen Entscheidungssystem eine Alternative ausgewählt und allgemeine Verbindlichkeit hergestellt wird. Hier endet die Debatte. Wir sind am schmalen Ende des Trichters angelangt.[118]

Der koordinierte Konsens ist in einer Offenen Gesellschaft aber immer nur das vorübergehende Ergebnis eines regelgeleiteten, kritischen Streitgesprächs. Nur so entsteht gesellschaftlicher Fortschritt. Die jüngste Innovation ist nicht unbedingt die beste, der Stärkere nicht das Nonplusultra.[119] Fortschritt ist kein Naturgesetz, sondern bedarf einer fortwährenden mentalen Anstrengung. All dies kann nur das Prinzip Freiheit klären.

Schlauch versus Trichter: Kontroverse, Konsens und Entscheidung

Zwei Dinge lassen sich hier festhalten. Erstens gilt häufig: Je höher der Konsens innerhalb eines Sektors oder einer Disziplin ist, desto mehr ist zu erwarten, dass er in einer anderen Disziplin oder einem anderen Sektor kontrovers aufgenommen wird. Und zweitens gilt, dass die politische Entscheidungslogik in einer Offenen Gesellschaft nicht identisch ist mit der gesellschaftlichen Debatte. Hier muss die Komplexität der Debatte einer realen Entscheidung zugeführt werden. In Autokratien ist der Vorgang prinzipiell anders organisiert. Entscheidungsfindungen verlaufen hier schlauchförmig: Beschlüsse werden nach unten durchgestellt. Es ist zu erwarten, dass dieser autokratische Entscheidungsstil unterkomplex bleibt, vor allem wenn es darum geht, auf die (komplexen) Herausforderungen des (komplexen) Anthropozäns angemessene Antworten zu finden. Das ist wohl der wichtigste Grund, weshalb Autokratien ein ungenügendes und perspektivisch marodes Gesellschaftsmodell darstellen.

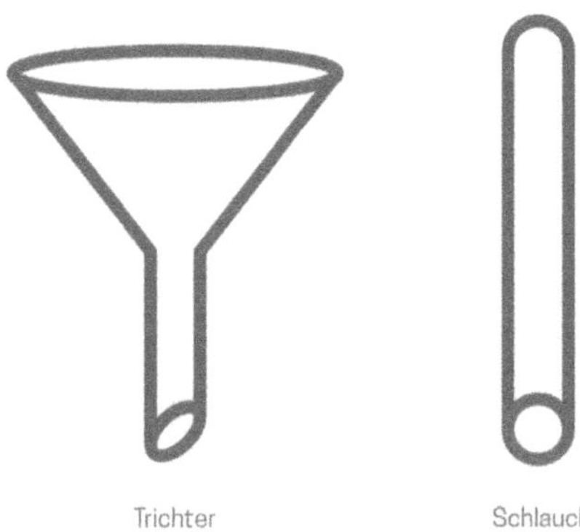

Abbildung 7 Der Trichter und der Schlauch – Meinungsbildung innerhalb einer Ordnung der Freiheit und innerhalb einer Ordnung der Kontrolle

Paradoxien und Dilemmata sind kein Problem für die Freiheit, sondern das eigentliche Programm des politischen Liberalismus und, wie wir noch sehen werden, der Kernbestand Offener Gesellschaften. In diesem Sinn ist der Liberalismus nicht teilbar. Widersprüche werden nicht »wegreguliert«, sondern genutzt. Sie sind erwünscht.[120] Aber wir alle sollten uns im Klaren darüber sein, dass, so kontrovers Positionen auch immer sein mögen, sie nur deshalb möglich sind, weil es eine Offene Gesellschaft gibt, die sie erlaubt. In Autokratien werden Minderheiten und Andersdenkende weggesperrt, einer Zwangserziehung unterworfen oder erschossen.

Kaskaden der Freiheit und der Kontrolle

Freiheit ist ansteckend. Wer sie einmal gekostet hat, gibt sie nicht ohne Weiteres wieder her. Freiheitsgrade wirken wie Kaskaden, die sich selbst verstärken: angefangen bei der freien Berufswahl über die Standortwahl des Lebensmittelpunkts, die Wahl des Lebenspartners, die freie Meinungsäußerung, die öffentliche Versammlungsfreiheit und ihr soziales Engagement bis hin zu globalen Lieferketten und dem Einsatz für die Freiheit zukünftiger Generationen. So entstehen immer neue Freiheiten, die Freiheiten in personaler Verantwortung treffen. Sie alle sind zumindest Indizien dafür, dass es auch anders gehen kann. Es sind erwünschte soziale Kipppunkte des Liberalismus.

Das Umgekehrte gibt es aber auch, denn an solchen sozialen Scharnieren können wir uns ebenso für die Kontrolle entscheiden. Einmal in Gang gesetzt, wirkt sie wie ein Brandbeschleuniger, der in einer Paranoia endet, in der keiner mehr dem anderen etwas zutraut und wir bis zur Besinnungslosigkeit unser Leben kontrollieren: den Einkauf in der Nachbarschaft, unsere Urlaubsziele und Berufswünsche, das, was wir sagen, meinen, wünschen und zu wissen glauben; die Religionsausübung, die Partnerwahl und politischen Entscheidung. So wie es nur Freiheiten in Verantwortung gibt, gibt es nur multiple Kontrollen in Misstrauen. Das Resultat ist ein betreutes Leben, in dem wir in selbstauferlegter und selbsterlernter Hilflosigkeit alle relevanten Entscheidungen delegiert haben. Zum Lebendigen gehören jedoch das Fehlermachen und die Korrektur, Möglichkeitsräume und Rückzüge, ein ständiges Abwägen oft gegensätzlicher Ziele. Deshalb kommt der Versuch vollständiger Kontrolle des Lebens einer Kriegserklärung an die Freiheit gleich.

Im Wesentlichen wird es also immer darum gehen, Menschen in ihre Individualität und in die Freiheit zu entlassen. Personale Freiheiten sind nichts, das wir haben, sondern ein instabiler Zustand, den wir immer wieder schaffen und verteidigen müssen. Mehr noch: Wir werden erst in der Abwägung der unterschiedlichen Ausdrucksformen der Freiheit wirklich authentisch.[121]

Am Anfang war die Freiheit

Zwischen Reiz und Reaktion sowie zwischen Befehl und Kontrolle entsteht der Raum, in dem wir die Macht der Wahl haben. Dies ist der Beginn von dem, was man Freiheit nennt. Wenn wir das nicht anerkennen, dann würde alles, was wir machen und fordern – Solidarität, Kreativität, Aufstiegsversprechen, Leistungsgerechtigkeit, Erziehung, Forschung, mediale Berichterstattung, unternehmerischer Einsatz, zivilgesellschaftliches Engagement, unser Kulturbetrieb, politische Entscheidungen und vieles mehr, immer in Unfreiheit geschehen. Das können wir nicht wollen. Das Prinzip der Freiheit muss folglich lauten:

> *Handle unter den Bedingungen von Unsicherheit ehrfürchtig, demütig, verantwortlich – und zwar so, dass die gewählten Freiheiten mit den Freiheiten aller anderen und alles Lebendigen verträglich sind.*

Dieses Prinzip Freiheit, das unseren Selektionsvorteil als Menschen darstellt und jene Lücke der Anpassung schließt, geht allem voran und war immer schon da, aber wir haben es manchmal vergessen oder vernachlässigt. Alle Hoffnungen, Sehnsüchte, Erwartungen, Talente, Wünsche und aller Mut gründen letztlich in den vielfältigen Formen diese Freiheit. Mehr Freiheit begünstigt mehr Neugier und Kreativität, größere individuelle Spielräume und Verantwortung sowie Autonomie und Selbstwirksamkeit.[122] Es ist eine solche Ordnung der Freiheit, in der ein Optimum an personaler Freiheit ein besseres Leben für jeden Einzelnen wie auch für die Gemeinschaft verspricht. Fortschritt ist charakterisiert durch Lernerfahrungen und Anpassungsleistungen und erzählt von einem Denken, Handeln und Zusammenleben, das unser Bewusstsein verändert.[123] Hierin liegt das Potenzial für die Lösung all der vor uns liegenden Probleme. Freiheit setzt am Einzelnen an und nicht an der Gesellschaft. Gesellschaften und Kollektive sind nicht frei, nur Menschen können frei sein. Aber freie Menschen können eine Gesellschaft schaffen, die wiederum personale Freiheiten ermöglicht oder verhindert.

Organisation von Freiheit in Offenen Gesellschaften

Es gibt in der Geschichte wohl nichts Wirkmächtigeres, als wenn Menschen in die Freiheit entlassen werden und dann anfangen, eine Gesellschaft zu erschaffen. Wir sind dann nicht nur Zuschauer, Betrachter, die passiv bleiben, und nicht nur konstruktive Mitspieler, die aufgerufen werden, sondern wir sind aktive Gestalter, die die Verantwortung übernehmen. Wir nehmen nicht nur teil, sondern sind für die Spielregeln selbst verantwortlich. Die Frage lautet: Wie muss eine Gesellschaft organisiert sein, damit sie ihren Teilnehmern ein Maximum an Freiheit ermöglicht, jetzt und in Zukunft? Denn eine Ordnung der Freiheit ist nicht naturgegeben, sondern etwas von Menschen Geschaffenes, das immer wieder aufs Neue errungen und verteidigt werden muss. Immer dann, wenn das Engagement für die Freiheit nachlässt, wird der Platz durch andere, illiberale Kräfte besetzt. Und da es immer die Akteure selbst sind, die eine Ordnung (der Freiheit oder der Kontrolle) schaffen und verantworten, ändert sich das (liberale oder illiberale) Ordnungsgefüge, sobald sich die Akteure ändern.[124] Doch Freiheit ist Teil der Lösung, nicht Teil des Problems. Sie trägt uns immer. Mit Freiheit können wir fast alles erreichen: Glück, Freude, Gesundheit und Wohlbefinden, Geld, Wohlstand, Kreativität, Gerechtigkeit, Friede, Interesse, Ehrgeiz, innere Zufriedenheit und vieles mehr. Das Freisein ist die Befreiung von Not und Zwang, ist die Fähigkeit zur Beteiligung am öffentlichen Leben und schließlich auch die Ermächtigung eines jeden Einzelnen, von Gruppen und ganzen Gesellschaften, gemäß den biophysikalischen Bedingungen diese Freiheit leben zu können.[125] Man kann vielleicht sagen: In der Ordnung der Freiheit wird Fortschritt als konstruktive und revisionsoffene Problemlösung verstanden. Freiheit legt den Prozess fest und klärt die Spielregel, an die sich alle halten sollen, nicht aber das Ergebnis, das bleibt offen. In geschlossenen Gesellschaften ist das umgekehrt: Hier wird das Ergebnis festgelegt und vorweggenommen, weil alle schon zu wissen glauben, was herauskommen muss.

Teil III

Worauf es jetzt ankommt

6

Die Offene Gesellschaft im 21. Jahrhundert und die Nachhaltigkeitsfrage

Das 21. Jahrhundert beginnt als ein Jahrhundert der Unordnung. Von 179 Staaten tragen 117 die Merkmale von Failed States.[126] Gleichzeitig haben wir die Friedensdividende der 90er-Jahre des letzten Jahrtausends verspielt, weil wir auf einen Automatismus von Demokratie und dereguliertem Markt gesetzt haben. Frieden, Wohlstand und Nachhaltigkeit sind jedoch keine Selbstläufer, und der Liberalismus des ausgehenden 20. Jahrhunderts hat vielmehr in eine Überdehnung *(overstretch)* geführt, die offenlegt, dass Interventionen nicht nur wertebasiert, sondern vor allem interessengeleitet waren.[127] Da es keine übergeordnete Autorität gibt, die alles wieder richtet, gibt es auch keinen »ewigen Frieden«. Stattdessen lernen wir, dass Macht immer ein Nullsummenspiel ist. Wenn die einen stärker werden, sind die anderen schwächer.[128] Außerdem haben vor allem die jüngeren Geburtskohorten, jenseits der Babyboomer, ein ambivalentes Verhältnis zur Freiheit entwickelt. Je nach Studiendesign sind in OECD-Ländern mehr als die Hälfte der jüngeren Generation skeptisch gegenüber dem Modell einer Offenen Gesellschaft, mit Demokratie, Gewaltenteilung und Rechtsstaatsmechanismen.[129] Kein Wunder, denn der westliche Werteuniversalismus wird Propaganda bleiben, solange er nicht zeigen kann, dass die selbsteingesetzte Technologie und die selbstrealisierte Wirtschaftsform wirklich universalisiert werden können. Derzeit gehen sie auf Kosten des globalen Südens, der Natur und der Zukunft. Es gibt kein Menschenrecht auf einen SUV oder einen Pool, aber eines auf Unversehrtheit, Würde und Grundbedürfnisse. Jeder hat das Recht auf eine eigene Meinung, aber nicht auf eigene Fakten.

Zudem müssen wir feststellen, dass Information und Wissen im öffentlichen Raum prinzipiell anders organisiert werden und in einen anderen Entscheidungsprozess münden, als dies bei individuellen Entscheidungen der Fall ist.[130] In der Tendenz dominieren stets kleinere Gruppen das Geschehen. Es gibt keine einfache Verlängerung singulärer und individueller Erfahrungen ins Kollektive oder in die Sozialität hinein. Das Gesellschaftliche folgt einer anderen Logik. Der liberale Soziologe Ralf Dahrendorf hatte bereits 1997 davor gewarnt, dass im Zeitalter der Auseinandersetzung mit autoritären Regimen drei Zielsetzungen schwerlich gleichzeitig zu haben sind: gesteigerte globale Wettbewerbsfähigkeit, nationale soziale Integration und die freiheitliche Beteiligung am politischen Prozess. Nicht in dieser Rechnung berücksichtigt hatte Dahrendorf damals die Verwerfungen, die Nachhaltigkeitsfragen mit sich bringen.[131] Es sieht nun fast wie eine Quadratur des Kreises aus, will man diese vier Trends harmonisch zusammenbringen. Schnell sind soziale und ökologische Kipppunkte überschritten, die nicht mit den Instrumenten der Freiheit zu regeln sind. Was also ist zu tun?

Routenplanung in die Zukunft

Mehr Schocks, eine größere Durchmischung von Verantwortlichkeiten, stärkere autokratische Kontrolle und weniger Nachhaltigkeit sind das Ergebnis des Zusammentreffens zu vieler sozialer und ökologischer Kipppunkte. Aus Angst vor der Komplexität des vor uns liegenden Transformationsprozesses könnten wir versuchen, alles zu regulieren, aber die Komplexität bleibt bestehen. Lediglich der Blick auf sie wird (unzulässig) vereinfacht.

Eindeutigkeit versus Mehrdeutigkeit (Ambiguität)

Wir können auch einen anderen Weg wählen, einen Weg des Maßes, der Mitte und der Offenheit, auf dem Ambiguität gewollt ist und gefördert wird. Solche Offenheit in der Deutung ist allerdings ein Wagnis, denn wir könnten auch falschliegen. Das Hybride, Ambivalente, Ergebnisoffene und der damit verbundene Ambiguitätsüberschuss wird uns jedoch einen komparativen Vorteil gegenüber Autokratien verschaffen. Zugegebenermaßen wirken Eindeutigkeiten zunächst attraktiver, sind jedoch ein größeres Wagnis als Mehrdeutigkeiten. Denn wenn sie falschliegen, merkt es niemand (oder erst sehr spät), denn Kritik und Korrektur sind in solchen Verhältnissen nicht vorgesehen. Eindeutigkeit und Zensur sterilisieren das Potenzial zur Problemlösung, das Offene Gesellschaften auszeichnet. Die Feinde einer Offenen Gesellschaft sind somit weniger der Vatikan, eine Partei oder ein Chef, sondern die Vereinfacher, die Reduktionisten unter uns. Wer aber einen Fehler macht und diesen nicht korrigiert, der macht gleich den nächsten Fehler. Wir brauchen also einen liberalen »Aggiornamento«, eine Aktualisierung der Liberalität, die die Errungenschaften der Vergangenheit ehrt, ihre Fehler korrigiert und sie zugunsten einer liberalen Agenda für das 21. Jahrhundert hinter sich lässt.

Für die Nachhaltigkeitsagenda gibt es weder eine Blaupause noch ein festgelegtes Drehbuch. Offene Gesellschaften und ihre Gegenspieler betreten eine Terra incognita, ein unbekanntes Land. Historische und empirische Studien legen die Vermutung nahe, dass Offene Gesellschaften höhere Nachhaltigkeitsstandards hervorbringen als Autokratien.[132] Das ist die gute Nachricht. Unklar ist allerdings, warum das so ist. Die empirische Forschung kann diese Frage nur in Teilen klären. Die schlechte Nachricht ist, dass wir die uns gesteckten Ziele – Schutz von Biodiversität, sozioökonomische Ausgleichszahlungen und Kompensationen sowie weitere Reduktion des CO_2 in der Atmosphäre, der expansiven Landnahme und der Entwaldung – so nicht erreichen.[133] Nicht der ständige Wettstreit der Systeme, sondern die interne Verbesserung der gegebenen Verfassungen einer Offenen Gesellschaft sollte das Bild bestimmen. Wir haben in Kapitel 3 gesehen, dass Geschlossene Gesellschaften partiell parasitär sind und von den Ergebnissen, die nur in Offenen Gesellschaften geschaffen werden, abhängig sind. Das heißt, wir sollten unseren Schwerpunkt eher nach innen richten, als uns zu sehr in einer externen Auseinandersetzung mit unserem strategischen Gegner zu erschöpfen. Offene Gesellschaften bedürfen einer Runderneuerung. Vielleicht gibt es sogar Aspekte, die man von Geschlossenen Gesellschaften lernen und dann in einer angepassten Form für die Weiterentwicklung der Offenen Gesellschaft nutzen kann. Entlang der Nachhaltigkeitsagenda sollte sich zeigen lassen, dass Offene Gesellschaften jenseits der Unterschiede in der politischen Agenda einen Wettbewerb um eine bessere, gemeinschaftlichere und nachhaltigere Zukunft ermöglichen.

Offene Gesellschaften als Keimlinge für Nachhaltigkeit

Es müssen zwei Voraussetzungen erfüllt werden, damit Offene Gesellschaften ihr Potenzial entfalten können. Zum einen brauchen wir ein Update unseres Wissens, was Offene Gesellschaften eigentlich sind. Wir brauchen also ein Bewusstwerden unserer eigenen Stärken und Schwächen. Und zweitens müssen wir in einem Upgrade die Elemente einer Offenen Gesellschaft auf den neuesten Stand bringen und aufwerten, mit denen wir eine bessere Anpassung an die neuen Verhältnisse und Herausforderung des Anthropozäns zustande bringen. Wir müssen besser werden und uns dessen mehr bewusst werden. Es geht nicht um eine Missionsstation, die die Welt beglückt und Werte exportiert, sondern vielmehr um ein Kloster, innerhalb dessen wir unsere Hausaufgaben machen. Wir werden sehen: Offene Gesellschaften,[134] die auf eine Ordnung der Freiheit setzen, sind keine Weltregierung, kein Treffen des Club of Rome oder der Bilderberger; sie sind auch nicht identisch mit Nationalstaat,[135] Markt oder Rechtsstaat.[136] Offene Gesellschaften sind auch keine Negativkategorien, bei denen es nur darum geht, Nein zu sagen, die alles offenlassen und in denen bloße Willkür und Zufall herrschen. Offene Gesellschaften sind nicht der kleinste gemeinsame Nenner von linken und rechten Narrativen. Denn in den Extremen treffen sich häufig die politischen Positionen wieder: In manchen extremen linken Staatsformen wurde man getötet, weil man eine Brille trug und aussah wie ein Akademiker, in rechten Narrativen dagegen, weil man eine andere Augenfarbe und eine andere Hautpigmentierung hatte. Solches Lagerdenken von linken und rechten Narrativen definiert sich immer und in erster Linie über die jeweilige Gegenposition. Das verhindert nicht nur eigenständiges Denken, sondern fördert auch den Weg aus der Freiheit zur Knechtschaft. In der Offenen Gesellschaft geht es darum, wohin wir wollen.

Kennzeichen einer Offenen Gesellschaft

Offene Gesellschaften sollten sich folglich positiv und inhaltlich ausweisen können und darüber von ihren autokratischen Gegenspielern abgrenzen lassen. Zunächst einmal gilt, dass Offene Gesellschaften einen genuin europäischen Beitrag zur Menschheitsgeschichte darstellen und darüber hinaus eine Binnenstruktur haben.[137] Das alles entsteht aus der noch abstrakten Trias von Ordnung, Kritik und Freiheit. Kritikbegabte Menschen besitzen offenbar das Potenzial, die Welt zu verändern. Kritik jedoch macht nur Sinn, wenn wir davon ausgehen, dass wir auch etwas ändern können. Dies wiederum erfordert, dass wir frei sind. Dabei müssen wir ständig korrigierbar, überzeugbar und offen bleiben. Jedes kritische Denken sollte uns zu allgemeineren Gesetzmäßigkeiten verhelfen, also zu einer Ordnung. Im Folgenden soll ein »Sixpack« vorgestellt werden (sowohl im Sinne von Sechserpack als auch Kraftpaket), das an der Leitidee des Kritischen Rationalismus im Allgemeinen orientiert ist, Poppers Idee einer Offenen Gesellschaft,[138] ins 21. Jahrhunderts übersetzt und dabei die Beziehung zur Nachhaltigkeitsagenda aufzeigt. In der Lesart des Kritischen Rationalismus umfasst das Sixpack:[139]

(1) Institutionen der Freiheit, die Abwählbarkeit, Teilung der Herrschaft und An- und Abwehrrechte garantieren,
(2) integrierte Märkte, die auf ein neues Gleichgewicht von Gemeingütern und privaten Gütern setzen,
(3) einen Kulturbetrieb, der Kohärenz, Kohäsion und Kritik gewährleistet und den Ort des Heiligen kennt,
(4) eine Politik der kleinen Schritte und viele szientistische Imperative,
(5) die Mächtigkeit des Dritten Sektors und die Kraft emanzipativer Bildung und
(6) das Konzept des negativen Utilitarismus und die zwei Formen der Ungleichheit.

Es wird sich zeigen, dass keiner der Aspekte allein eine abschließende Antwort auf die Frage liefern kann, ob und warum Offene Gesellschaften Nachhaltigkeit besser können. Jeder Bereich für sich betrachtet bleibt unvollständig, zusammen jedoch entsteht eine Ordnung der Freiheit. Die vermeintlichen Schwächen der Offenen Gesellschaft werden sich als ihre eigentlichen Stärken herausstellen. Der eigentliche Kampf der Kulturen *(»Clash of Civilisations«)* besteht daher nicht im wiederholten Zusammenstoß von linken und rechten Narrativen, sondern im Zusammentreffen Offener Gesellschaften und ihrer Feinde. Und dies betrifft nahezu alle gesellschaftlichen Felder, in denen das Thema der Freiheit in Bezug auf Nachhaltigkeit neu ausformuliert werden muss. Es geht also um ein dreifaches Anliegen: Was ist eigentlich eine Offene Gesellschaft im 21. Jahrhundert? Wie sieht ihr Beitrag für eine nachhaltige Zukunft aus? Warum können offene Verhältnisse es besser als Autokratien?

Das Sixpack für die Freiheit: Was nicht verhandelbar ist

Schauen wir uns im Einzelnen an, was das Sixpack für die Freiheit konkret bedeutet und welchen Beitrag es zu unserer Zukunft leisten kann. Sie stellen gewissermassen das Endoskelett für mehr Nachhaltigkeit dar.

(1) Institutionen der Freiheit – Abwählbarkeit und Anrechte

Institutionen sind keine Gebäude oder Denkmäler, sondern Anrechte der Freiheit, auf die sich die Mitglieder einer Offenen Gesellschaft geeinigt haben. Ob Europäische Zentralbank, Parlament, Kirche oder NASA – es gibt keine Institution auf der Welt, der ein Selbstzweck anhängt. Richtig gemacht, stellen sie eine Entlastungsfunktion dar, bei welchem wir das Rad nicht immer wieder neu erfinden müssen, und sie wirken wie ein Wagenheber, der es uns erlaubt, Schritt für Schritt eine Ordnung der Freiheit zu schaffen. Selbst die Familie mit ihrer hohen emotionalen Bindung ist zunächst nur eine Hülle. Erst wenn sie wie alle anderen Institutionen einen Zweck erfüllt – hier ist es, die individuellen Freiheiten und Entwicklungsmöglichkeiten ihrer Mitglieder zu schützen bzw. zu ermöglichen, erhält sie einen Wert. Alle Institutionen sollten darauf achten, ein Maximum an Kreativität, Kritikfähigkeit, Neugierverhalten und Fehlerfreundlichkeit zu erlauben. Das institutionelle Design einer Offenen Gesellschaft gleicht hier einem regelgeleiteten Entdeckungsverfahren, bei dem wir ausgezogen sind, eine Ordnung der Freiheit zu sichern. In diesem Sinne hat die Offene Gesellschaft einen normativen Kern und ist nicht nur interessengeleitet.[140] Das alles muss hinreichend legalisiert werden. Für Offene Gesellschaften stellen solche kritischen Institutionen eine Garantie für Freiheit dar. Im Mittelpunkt stehen dabei ihr Verhältnis zur Demokratie sowie weiterführende Verfassungselemente.

Institution »kritischer Bürger«

In der Demokratieforschung unterscheidet man Input- von Output- und sogenannten Throughput-Demokratien.[141] Bei Input-Demokratien ist entscheidend, wer mitreden darf, bei Output-Demokratien, was herauskommt, und bei Throughput-Demokratien, wie das Meinungsbild entsteht und der Entscheidungsprozess geführt wird. Folgt man Popper, ist das Anliegen ein bescheideneres: Wie kann man einen inkompetenten, aber demokratisch gewählten Mandatsträger wieder loswerden? Es geht also um Fehlerkorrektur durch Falsifikation. Politische Mehrheiten werden in einer Offenen Gesellschaft erst dadurch geadelt, dass sie Minderheiten schützen und zugleich transparent machen, wie diese Minderheiten zu Mehrheiten werden. Wer soll also herrschen? Das Volk, der angeblich Beste oder Klügste, die Arbeit oder das Kapital? Wäre der Beste oder Klügste an der Macht, könnten wir glauben, das Problem des Missbrauchs von Herrschaft sei gelöst. Der Tyrann, der Experte, der Kapitaleigner sind jedoch selbst abhängig von Untertanen, Bürgern bzw. Arbeitnehmern. Solche Paradoxien lassen sich nicht auflösen. Was es braucht, sind Wege, die es den schlechten, inkompetenten und korrupten »Herrschenden« unmöglich machen, zu viele Fehler zu begehen. In einer Offenen Gesellschaft ist es nicht so wichtig, wer die Arbeit macht, sondern wie man diejenigen, die die politische Arbeit nicht zufriedenstellend tun, wieder loswird.[142] Dieses Beispiel beweist, dass es besser ist, mit Unvollständigkeit umzugehen, als auf einen idealen politischen Führer zu warten, der für uns die Arbeit erledigt. Man kann sagen, in einer Offenen Gesellschaft sind alle austauschbar bis auf einen: den kritischen Bürger. Eine lebenslange Führungsposition oder eine jahrzehntelange Stellung ohne demokratische Möglichkeit der Abwahl ist keine Stärke, sondern die Schwäche eines Systems. Sie zeigt, dass eine inhaltliche Debatte nicht mehr stattfindet. Entscheidungen unter einem solchen Regime können nur suboptimal ausfallen, da früher oder später der Anschluss an den aktuellen Diskussions- und Erkenntnisstand verloren geht.

Repräsentanz: Mehrheit in Offenen Gesellschaften

Demokratien in einer Offenen Gesellschaft sind allerdings durch die Wirkung des Mehrheitsbeschlusses, Gewaltenteilung und Repräsentation nicht hinreichend beschrieben.[143] So ist leicht vorstellbar, dass sich Wahlberechtigte für einen Mandatsträger mit einer anderen Bildungs- und Berufslaufbahn oder aus einer anderen sozioökonomischen Schicht als der eigenen entscheiden und sich dadurch besser repräsentiert sehen als durch einen Vertreter des eigenen Standes.[144] Repräsentation bedeutet hier nicht, dass in den Parlamenten der statistische Durchschnitt wiedergegeben sein muss, sondern dass der Einzelne sich hinreichend mit seiner Meinung vertreten sieht.[145] Eine Mehrheitsgesellschaft legitimiert sich also in einer Offenen Gesellschaft nicht durch ihre zahlenmäßige Überlegenheit, sondern durch Respekt, reziproke, also wechselseitige Toleranz, das Anhören der Minderheitenmeinung und der Teilhabe dieser Minderheiten am Entscheidungsprozess der Majorität. Das heißt nichts anderes, als dass Demokratien die hohe Kunst des Kompromisses darstellen, welche sich auf den kritischen Austausch von Sachargumenten stützt. Somit hängt der Meinungsbildungsprozess nicht nur an institutionellen Regeln, sondern auch an gemeinsam geteilten Kulturleistungen wie Respekt und Toleranz, Wahrhaftigkeit und rationale Diskursführung. In Autokratien ist Toleranz eine Schwäche, in Offenen Gesellschaften dagegen eine Stärke.

Mehrheitsbeschlüsse allein legitimieren folglich gar nichts. Ganz im Gegenteil. Wenn sich etwa in einer Gesellschaft eine absolute Mehrheit von 55 Prozent dafür entscheidet, die CO_2-Belastung der Atmosphäre und die damit verbundenen Auswirkungen nicht auf ihre Agenda zu setzen, führt das zu einer dauerhaften Missachtung der Position der anderen 45 Prozent. Zudem werden die Freiheitsgrade auch zukünftiger Generationen missachtet. Die betroffenen Minderheiten müssen also wissen, über welche Rechtsstaatsmechanismen sie zu Mehrheiten werden und die Agenda ändern können.[146] Nur so entstehen offene gesellschaftliche Verhältnisse. Die Freiheit des Einzelnen ist somit immer auch die Freiheit des anderen.[147] Die Meinungsfreiheit (§5 GG) schafft somit die Voraussetzung für den gesellschaftlichen Fortschritt. Sie inkludiert, statt zu polarisieren, sie ermöglicht Teilhabe durch öffentlich ausgetauschte Argumente, korrigiert Fehler und konstituiert so den Willen des Gemeinwesens. Der Weg der öffentlichen Debatte, des angstfreien Diskurses ist selbst konstitutiv und Teil des Ziels auf dem Weg zu offenen gesellschaftlichen Verhältnissen.[148] Meinungsfreiheit stellt gewissermaßen ein Etappenziel auf dem Weg in eine größere Offenheit dar. In Rede und Gegenrede honorieren Offene Gesellschaften verschiedene Meinungen und wirken so verbindend. In geschlossenen Verhältnissen erfolgt der Ausschluss des anderen. Hier bestimmen einige wenige, was gesagt werden darf und was nicht. Hier wird die Person diffamiert, wenn sie nicht dem richtigen Argument folgt. Denn Zensur und Kontrolle verhindern nicht den Konflikt, sondern unterdrücken ihn. Der Konflikt sucht sich dann andere Wege. Offene Gesellschaften sollten die Meinungsfreiheit, verwendet auch gegen ihre eigenen Institutionen, aushalten können. Würden sie sie einschränken, wäre dies ein Zeichen von Schwäche, nicht von Stärke. Die Korrektur von widersprechenden Meinungen sollte an anderer Stelle stattfinden. Die Grenzen der Meinungsfreiheit liegen vielmehr in der Abwägung gegenüber anderen Freiheitsrechten, etwa der Würde und dem Respekt der Person, der Übernahme der eigenen Verantwortung in Bezug auf die eigene Meinung und der Fähigkeit, Gegendarstellungen zuzulassen und zu fördern. Geschlossene Gesellschaften können das nicht.[149]

Bürgerräte als Vierte Gewalt

Diese Forderung nach Pluralität und Inklusion steht jedoch in einem größeren Zusammenhang. Die Forderungen einer Konsultativen[150] in Form von Bürgerräten sind ein aktuelles Beispiel, das den Komplexitätsgrad erhöht und uns zugleich hilft, politische Entscheidungen zu legitimieren und die Bevölkerung für das Modell der Offenen Gesellschaft zu mobilisieren. Offenheit geht hier mit mehr Verständigung und mehr Partizipation im Entscheidungsprozess einher. Demokratische Elemente der Mitbestimmung werden mit datengestützten Lösungsräumen des Wissenschaftsbetriebs zusammengebracht. Also mehr direkte Demokratie und mehr wissenschaftliche Evidenz. Kurz: mehr Schweiz und mehr Singapur zugleich. Mehr Empowerment und Beteiligung auf der einen Seite und mehr technokratische oder szientistische Imperative auf der anderen Seite. Als sogenannte Vierte Gewalt erhöhen Bürgerräte parallel zum offiziellen parlamentarischen und parteipolitischen Entscheidungsprozess die notwendige Revisionsoffenheit und Fehlerfreundlichkeit des Systems. Gleichzeitig können Bürgerräte einen Beitrag dazu leisten, gesellschaftliche Blockaden aufzulösen und dem Mandatsträger in seiner Entscheidungsfindung eine höhere Akzeptanz und Geschwindigkeit in der Umsetzung relevanter Themen zu gewährleisten. Der Zusammenhang von Freiheit und Nachhaltigkeit ist aber noch grundlegender.

Verhältnis von Mensch und Natur im Anthropozän

Das Anthropozän verweist auf den anthropomorphen Charakter aller Entscheidungen, die wir als Menschen treffen. Wir können gar nicht anders, als aus der Sicht des Menschen zu handeln und zu entscheiden. Trotzdem lässt diese anthropogene Sicht weitere Differenzierungen zu. Zum einen hat die Natur einen intrinsischen Eigenwert, den es zu bewahren und zu schätzen gilt: Alles Lebendige ist schlicht schützenswert. Zum anderen hat die Natur für den Menschen jedoch auch einen symbolischen Wert. Sie bedeutet etwas für ihn, zum Beispiel der Spaziergang in einer intakten Natur. Zudem wird die Natur instrumentell und kommerziell genutzt, etwa in der Landwirtschaft. Und schließlich tritt die Natur auch als Gefahr und Risiko für den Menschen auf, sei es bei Naturkatastrophen, einer Malariainfektion oder bei einem Übergriff eines Raubtiers. Alle vier Aspekte müssen zusammenkommen.[151] Wir sollten dann jedoch statt von einem Anthropozentrismus viel eher von einem relationalen Humanismus sprechen. Das heißt, die Spezies Mensch ist nicht allein aus sich selbst, sondern nur aus ihrer Beziehung zur Natur heraus verstehbar. Dieser Perspektivenwechsel ändert die Sicht auf das Verhältnis von Mensch und Natur grundlegend.[152]

Forderungen an einen neuen Umgang mit der Natur

Aus dieser relationalen Beziehung lassen sich nun weitere Forderungen ableiten. Die Natur verliert ihren Status als Objekt und wird zu einem Rechtssubjekt und damit zu einer juristischen Person mit einklagbaren Anrechten, wie wir das bei einer Aktiengesellschaft kennen. Sollte also ein Wal, ein Fluss oder ein Mangrovenwald einen Rechtsstatus haben, der vergleichbar ist mit dem eines Menschen?[153] Und welcher Vorteil würde sich daraus ergeben im Vergleich zu der gängigen Rechtspraxis der bereits üblichen Umweltverträglichkeitsprüfungen?[154] Über 20 Staaten haben hierzu bereits Initiativen in Gang gesetzt, um konkrete natürliche Entitäten, wie etwa ein Flussdelta, nicht nur als schützenswertes Objekt, sondern als Rechtssubjekt zu begreifen.[155] Auch wenn die Diskussionen gerade erst so richtig in Schwung kommen, sollten Offene Gesellschaften diesen Weg zweckmäßigerweise einschlagen. Um die Freiheitsgrade zukünftiger Generationen zu sichern, ist es sinnvoll, nichthumane, natürliche Bestände zu sichern und ihnen schon heute eine einklagbare Stimme für die Zukunft zu geben. Wir sollten also bereits jetzt unsere Freiheiten einschränken, um zukünftige Freiheiten zu sichern. Diese logische Weiterentwicklung unseres Rechtssystems reiht sich ein in eine historische Folge von Forderungen, wie sie für eine liberale Agenda charakteristisch sind: vom Verbot der Kinderarbeit über das Frauenwahlrecht bis hin zum Ruf nach einer Wahlrechtsreform für unter 18-Jährige. In der Substanz waren es immer Formen der juristischen Subjektivierung, die uns einen gesellschaftlichen Fortschritt ermöglichten. Die Forderungen, der Natur, deren Teil wir zugleich sind, diesen Rechtsstatus zu gewähren, zeigen in besonderer Weise, wie eng Freiheit und Nachhaltigkeit zusammengehören.[156]

Um nun den relationalen Charakter von Natur und Mensch gerichtsfest zu machen, können diese Lücke im Rechtsschutz und die damit verbundenen Vollzugsdefizite nur über ein juristisches Klagerecht behoben werden. Nach dem Motto: Wer vertritt den Wald? Die bloße Meinungsäußerung oder der Verweis auf eine Rechtsgüterabwägung durch den Staat reichen nicht aus. Es ist nicht davon auszugehen, dass Autokratien von sich aus die Natur als Rechtssubjekt anerkennen werden, da sie dadurch ihren politischen Handlungsspielraum einengen würden. Alternativ könnten sie eine solche Gesetzgebung zu ihren Gunsten instrumentalisieren. Vielmehr ist zu erwarten, dass Geschlossene Gesellschaften auf eine Top-down-Agenda setzen, wie etwa eine verbesserte Anpassungsfähigkeit oder kollektive Resilienz.

Ziviler Ungehorsam als Korrektiv

In Offenen Gesellschaften geht es immer um die Wahrung von Freiheitsgraden, auch jene zukünftiger Generationen. Ohne Zweifel schränken Klimafolgeschäden, Krisen und Kriege oder auch Pandemien die zu erwartenden zukünftigen Freiheitsgrade ein. In Bezug auf unser nachhaltiges Zusammenleben und all die Herausforderungen des Anthropozäns reichen dann demokratisch legitimierte Mehrheitsbeschlüsse zur Korrektur nicht aus.[157] Kritische Institutionen, die der Freiheit verpflichtet sind, sollten deshalb auch gegenüber einem zivilen Ungehorsam, der gegen sie selbst gerichtet ist, offen bleiben. Der Verweis, dass etwa Sachbeschädigungen und Straßenblockaden illegal sind, ist zwar richtig, doch Offene Gesellschaften müssen sich zutrauen, auch hier einen an der Freiheit orientierten Prozess mitzudenken und vorwegzunehmen. Die Bewahrung einer Ordnung der Freiheit steht und fällt gerade mit den biophysikalischen Bedingungen und Voraussetzungen dieser Freiheit.[158] Wenden sich demokratische Mehrheitsbeschlüsse gegen diese Bedingungen der Freiheit und verweigern entsprechende Maßnahmen, sollte der zivile Ungehorsam ein Mittel der Meinungsäußerung sein, den Offene Gesellschaften dulden und aushalten müssen. Das legalistische Argument, das heißt der Verweis auf die strafrechtliche Relevanz von Straßenblockaden, Hausbesetzungen oder Sachbeschädigungen, kann schnell autoritär werden und verliert dann sein kritisches Potenzial.[159] Solche Unterlassungen der Mehrheit können schnell selbst zu Rechtsbrüchen und -beugungen führen. Wenn also zukünftige Freiheitsgrade eingeschränkt werden und ein Mehrheitsbeschluss dem nicht Rechnung trägt, sollte ziviler Ungehorsam unter Berücksichtigung von vier Aspekten tolerierbar sein: Erstens darf keine Gewalt gegen andere Personen angewendet werden. Die Auseinandersetzung muss auf Sachen beschränkt bleiben, Leib und Leben der beteiligten Personen sind unantastbar. Zweitens muss der Inhalt des zivilen Ungehorsams rational-kritisch begründet sein. Bei Klimafragen steht dies außer Frage, Steuerhinterziehung oder Korruption gehören nicht zum zivilen Ungehorsam. Drittens ist zu fordern, dass sich die Beteiligten nicht der Strafe entziehen, sondern die Konsequenzen, die der liberale Rechtsstaat auferlegt, auch tragen. Viertens hat der Ungehorsam einen kritischen und öffentlichen Verweisungscharakter, der die Mehrheitsbevölkerung zum Umdenken drängt und so auf die generelle Fehlbarkeit von gesellschaftlichen Entscheidungen im Allgemeinen verweist.[160] Die Auseinandersetzung muss somit immer offen und korrigierbar bleiben, da auch jene ungehorsame Minderheit im Recht sein kann.[161] Ziviler Ungehorsam ist in diesem Sinne eine Extremform der Meinungsäußerung und so eine bürgerliche Tugend, die wir in Offenen Gesellschaften respektieren sollten.[162] Zugleich scheint es fast paradox, dass nur innerhalb einer Offenen Gesellschaft ziviler Ungehorsam möglich ist. Sie kennt den Unterscheid zwischen legal und legitim: Legal ist, was den gegebenen Rechtsstaatsmechanismen folgt, legitim ist, was der Logik des normativen Fortschritts gehorcht. Beide sind nicht immer deckungsgleich. In Geschlossenen Gesellschaften, die kritischen Protest gleichsam nötiger haben als Offene Gesellschaften, ist ziviler Ungehorsam häufig gefährlicher: Bei einem solchen Unterfangen wird man möglicherweise erschossen. Das sollten alle Beteiligten wissen.[163]

Aus gesellschaftlichem Fortschritt, welcher möglichst viele Stimmen und Anrechte inkludiert, werden so utopische Friedhöfe[164] oder eine Politik der Ewigkeit.[165] Schnell kann es passieren, dass eine schweigende Mehrheit die Meinung einer lauten Minderheit übernimmt, weil sie glaubt, dass sowieso alle dieser Meinung sind. Damit wird die Meinung der Minderheit verstärkt: Wer schweigt, stimmt zu.[166] Der Raum für legitime Kritik wird dann stetig enger. Plato hat diese Gruppe »die Idiotes« genannt, die, die nur noch über Privates und Nebensächliches sprechen können und alles, was uns als Gemeinwesen angeht, nicht mehr diskutieren. Statt zum Austausch von Sachargumenten kommt es nur noch zu Empörung und Diffamierung. Wenn aber die Zahl derer, die sich nicht mehr beteiligen, also die Zahl der Schweigenden, zunimmt und sie sich in die Innerlichkeit, den privaten Raum oder eine digitale Blase oder Echokammer zurückziehen, dann fehlt durch diese Spirale des Schweigens ein wichtiges Korrektiv der Offenen Gesellschaft.[167] Man kann wohl sagen, die Verteidigungslinie verläuft dort, wo sich die einen in die Privatheit zurückziehen und den öffentlichen Raum den anderen überlassen, welche keine Offenheit wollen. Man spricht dann von einer »freiwilligen Knechtschaft« *(servitude volontaire)*. Das können wir so nicht wollen.

Wir können festhalten: Es sind Institutionen der Freiheit, die Offene Gesellschaften ausmachen, und wir sollten uns ihrer bewusst sein. Und es sind Bürgerräte, Sunset-Klauseln, die Abwählbarkeit von politischen Mandatsträgern, ziviler Ungehorsam oder auch die Setzung der Natur als Rechtssubjekt, die diese Institutionen weiter ausbauen und auf diese Weise mehr Freiheit und mehr Nachhaltigkeit versprechen.

(2) Integrierte Märkte – Marktdesign und aktiver Staat

Nachhaltigkeit ohne Märkte wird es nicht geben. Die Preisfindung auf einem regelgeleiteten Wettbewerbsmarkt gilt als einer der besten Verteilungsmechanismen, man spricht auch von Allokationsmechanismen, den die Menschen jemals erfunden haben – besser als Kriege zu führen, administrative Verordnungen, bloße öffentliche Debatten, Mehrheitsbeschlüsse, autokratische Dekrete und Diplomatie.

Aber noch sind unsere Preisfindungsmechanismen nicht optimal: Oft haben Güter oder Dienstleistungen nur sehr geringe Preise, das heißt aber nicht, dass sie nichts kosten; es bedeutet lediglich, dass sie jemand anderer bezahlen muss. Meistens sind es Steuerzahler, unsere Kinder, die Natur oder der globale Süden. In einer Welt von relativer Knappheit und planetaren Grenzen kostet alles etwas. Wenn wir etwa die Kommodifizierung von Wasser verweigern, Wasser also nicht als »Ware« anerkennen, oder die Kosten eines Naturreservats nur ungenügend in Rechnung stellen, dann verschwinden diese Kosten nicht, sondern sind nur für den Augenblick unsichtbar. Umso wichtiger ist es, dass das Preissignal möglichst die realen Kosten abbildet, je exakter dies geschieht, desto besser. Total-Cost-Analysen können helfen, Gesamtrechnungen aufzustellen, um so dem wahren Preis näher zu kommen und eine optimale Verteilung von Gütern und Dienstleistungen zu gewährleisten. Das ist die Stärke des Marktmechanismus: effiziente, rasche, dezentrale Verteilung. Mit der Berücksichtigung aller Kosten verbessert sich gleichzeitig die Resilienz einer Gesellschaft, und die langfristigen Kosten sinken. Nicht etwa der Preis von Wasser ist das Problem, auch nicht seine Verteilungswirkung, sondern zwei andere Aspekte: die Effektivität und die Eigentumsfrage. Wofür wird wie viel Wasser ausgegeben? Für Tröpfchenbewässerung in der Landwirtschaft, für Entsalzungsanlagen, für Toilettenspülungen oder als Grundnahrungsmittel? Das kann im Kern nur ein Preismechanismus regeln.[168] Wem gehört das Wasser bzw. wer zahlt den Preis und erhält damit auch mögliche Gewinne und Verluste aus der Versorgung mit Wasser? Ist es folglich ein privates oder ein öffentliches Gut? Wir zahlen auch für gute Bildung, für Kindergartenplätze und für medizinische Dienstleistungen. Sie kosten alle Geld, so wie die Infrastruktur zur Müllbeseitigung, Abwasseraufbereitung oder die Autobahnen. Wir tun gut daran, den Marktmechanismus weiterhin wirken zu lassen, aber wir sollten klären, wem die Gewinne und Verluste zugeschrieben werden und wo das Geld herkommen soll, um private bzw. öffentliche Güter zu finanzieren.[169] Oder anders: Solange ein toter Baum mehr wert ist als ein lebendiger, so lange sind unsere Anreizstrukturen, die Effektivität und die Eigentumsverhältnisse irregeleitet. Das spricht nicht gegen den Markt, sondern für eine Verbesserung des Marktdesigns hin zu mehr Nachhaltigkeit.[170] Es ist letztlich eine Ordnung *für* den Markt durch mehr Antimonopolgesetze und mehr Produkthaftung, nicht *gegen* den Markt wie im Staatsinterventionismus und keine Ordnung *durch* den Markt wie im Neoliberalismus.

Marktdesign und Sozialmechanismus

Ein aktuelles und konkretes Beispiel hierfür ist der Markt für CO_2-Zertifikate. Der Emissionshandel in der EU umfasst circa 40 Prozent aller Emissionen. Um die Nachhaltigkeitsziele zu erreichen, wird der Deckel von zunächst 2,2 Prozent auf nunmehr 4,2 Prozent jährlich angepasst. Jede Tonne CO_2, die innerhalb dieses Ausgleichsmechanismus in die Luft geblasen wird, bekommt einen Preis von 70 Euro. Wenn man diese Tonne einsparen kann, dann geht die Nachfrage für solche Zertifikate zurück, der Preis fällt, und andere können günstigere Zertifikate aufkaufen, um ihre eigenen Emissionen zu finanzieren. Das ist der Mechanismus. Folglich werden die Zertifikate mit jeder Kilowattstunde Ökostrom, die wir erzeugen, günstiger, und andere fossile Energieträger können dann diese billigeren Zertifikate aufkaufen.[171] Dieser sogenannte Wasserbetteffekt ist Grundlage des Emissionshandels, und er beschreibt, dass die gesamte CO_2-Menge nicht durch individuelle Maßnahmen weiter reduziert werden kann. Schlussendlich handelt es sich hier um einen Sozialmechanismus, bei dem der Preis die Veränderung regelt.[172] Der Preismechanismus funktioniert besser als grünes Labeling, ESG-Standards, Stresstests oder Taxonomien – bzw. ergänzt diese. Einzelmaßnahmen überfordern jede Person und jedes Unternehmen. Wer überblickt schon die ganze Wertschöpfungskette und kann sie rekonstruieren? Woher kommen die Tomaten oder die Spielkonsole? Der Transformationsprozess wird hier nicht entpolitisiert, individualisiert und die Last dann auf jeden Einzelnen verlagert; der Prozess wird über den sozialen Mechanismen des Preises reguliert. Ein weiterer Vorteil ist, dass so die Kosten des Freiheitsgebrauches internalisiert werden, indem beispielsweise Verbrennungsmotoren nicht verboten, sondern Antriebsenergien schrittweise besteuert werden. Das ist weniger aufwendig.[173] General gilt: Externalitäten, also soziale und ökologische Schäden, die nicht im Preissystem abgebildet sind, entstehen etwa durch Landgrabbing, die Auslagerung von Müll bzw. die Rohstoffgewinnung unter Vermeidung von sozialen Mindeststandards (Extraktivismus). Sinnvollerweise sollten wir dann nicht von einem Marktversagen, sondern vielmehr vom Fehlen eines funktionierenden Marktes sprechen.[174] Passen wir den Sozialmechanismus richtig an, führt er zu mehr persönlicher Freiheit und nicht zu weniger.

Bedeutung eines aktiven Staates für integrierte Märke

Es geht folglich um integrierte Märkte, in denen das Verhältnis von Gemeingütern, privaten Gütern und ihre Beziehung zu individuellen Risiken und Unsicherheiten neu ausgehandelt wird. In Teil II habe ich davon gesprochen, dass sich Risiken quantifizieren und daher einpreisen, vermarkten und privatisieren lassen. Bei Unsicherheiten ist das anders. Sie sind systemimmanent und nur in einer gemeinsamen Anstrengung zu meistern. Der rein deregulierte Markt führt im Umgang mit systemischen Unsicherheiten in eine ungesunde Clusterbildung (Oligopole) und steht einer Ordnung der Freiheit entgegen. Der bloße Wettbewerbsmarkt wird parasitär, kurzsichtig und schafft unfaire Bedingungen mit unzähligen unerwünschten Externalitäten. Auch das spricht nicht gegen den Markt, sondern für ein zweckmäßiges Design, das all dies verhindert und dafür sorgt, dass Märkte ihre volle Effizienz und Effektivität entfalten. Wir müssen davon ausgehen, dass sich Unternehmen auf der ganzen Welt in den Startlöchern befinden, um den Transformationsprozess in Angriff zu nehmen. Was Ämter, Nichtregierungsorganisationen, Kirchen, Wissenschaftsbetrieb und Medien, so wichtig sie alle für eine nachhaltige Zukunft sind, nicht können, das können Start-ups, kleine und mittlere Unternehmen und internationale Großkonzerne, Investoren und Banken: Sie stehen bereit, um Billionen an Vermögenswerten und Kapitalanlagen (Assets), an unternehmerischem Engagement, Mut und Risikobereitschaft, an Know-how und Professionalität mit in eine gemeinsame nachhaltige Zukunft einzubringen. Was den privaten Wettbewerbsmärkten fehlt, ist nicht Geld für ihre Projekte, sondern ein aktiver Staat und eine öffentliche Hand, die systemische Unsicherheiten in Teilen absichern, damit der Privatsektor seine Billionen auch wirklich mobilisiert.[175] Unkontrollierte Währungsrisiken, die Investition in instabile Staatengebilde, asymmetrische Kriege, Gebiete, die von terroristischen Vereinigungen heimgesucht werden, die gesamte Themenpalette der Nachhaltigkeitsagenda oder auch die nächste Viruspandemie – keines dieser Risiken lässt sich vollumfänglich privat internalisieren.[176] Es ist bei ökologischen Externalitäten wie bei Zahnpasta und bei systemischen Risiken wie bei einem scheuen Reh: Ist die Paste einmal freigesetzt, lässt sie sich nicht ohne Weiteres wieder in die Tube bringen; und ist das scheue Reh erst einmal weg, dann kommt es so schnell nicht zurück. Und da wir alle gemeinsam die Zahnpasta aus der Tube gedrückt und alle gemeinsam das Reh verschreckt haben, sollten wir auch gemeinsam aus der Situation herausfinden.[177] Hier entsteht rasch eine Situation, die Sozialpsychologen Verantwortungsdiffusion nennen. Sie tritt immer dann zutage, wenn wir in Sektoren und Silos denken. Keiner will es gewesen sein, die heiße Kartoffel wird einfach weitergereicht.[178] Wenn wir allerdings anfangen, systemisch zu denken, dann fallen Akteur und Verantwortung zusammen. Die Zeitenwende, in der wir uns nun befinden, formuliert ständig Widersprüche: privates und öffentliches Leben, Gemeingüter und Privateigentum, kurzfristige Gewinne und langfristiger Wohlstand, Ökologie und Ökonomie.[179] Das Verhältnis von Staat und Markt wird ebenfalls als ein prominenter Widerspruch wahrgenommen. So ist die Staatsquote, also der Anteil von staatlichen Aktivitäten im Vergleich zum Bruttosozialprodukt, in OECD-Ländern seit 30 Jahren ständig gestiegen, im Durchschnitt circa um 1 Prozent pro Jahr.[180] Für Großbritannien etwa ergaben Berechnungen, dass allein die Umsetzung des Abkommens der Pariser Klimakonferenz (COP 21) bis 2050 die öffentliche Schuldenquote um 21 Prozent steigen lassen wird. Die Staatsquote wird so auch in Zukunft eher eine statistische Kunstfigur bleiben, deren Höhe keine hinreichende ökonomische Aussagekraft hat. Es gibt Länder mit hoher Staatsquote, hohem Wohlstands- und Nachhaltigkeitsniveau und einer hohen Lebenserwartung und umgekehrt. Wichtiger wird stattdessen, wofür das Geld ausgegeben wird. Der Staat wandelt sich im 21. Jahrhundert von einem neutralen Nachtwächterstaat des 19. Jahrhunderts, der repariert, reguliert, kontrolliert, Marktversagen wie soziale und ökologische Externalitäten kompensiert, hin zu einem aktiven Staat:[181] Er schafft, sichert und ermöglicht Lebenschancen und Freiheitsgrade für möglichst viele. Der aktive Staat ist engagiert, proaktiv und präventiv. Aus *»plumbing and fixing«* wird der *»enabling state«*.[182] Markt und Staat sind hier also kein Gegensatz. Der Gedanke, dass Interventionen und Eingriffe der Idee der Freiheit grundsätzlich zuwiderlaufen,[183] ist irreführend. Jede Intervention und jede Regel, ob nun einschneidend und lang andauernd oder nur oberflächlich und vorübergehend, muss sich daran messen lassen, ob sie mehr Freiheit zulässt bzw. wie Freiheitsgrade und verschiedene Formen der Freiheit gegeneinander abgewogen werden. Jede Einschränkung lässt sich nur durch den Schutz einer anderen Form von Freiheit vorübergehend rechtfertigen. Im Bereich einer liberalen Wirtschaftsordnung kann die Forderung nach mehr Deregulierung, Privatisierung und Liberalisierung nur mit einem Mehr an Übernahme der Produkthaftung und einer rationaleren und umfassenderen Risikoanalyse beantwortet werden. Wird dies verweigert, führt es zu den bekannten sozialen und ökologischen Externalitäten, die dann von einer übergeordneten Stelle, etwa dem Staat, gleichwohl übernommen werden müssen. Und wenn sich niemand zuständig fühlt, dann wird das Problem in die Zukunft, in Entwicklungsländer oder ganz einfach in die Natur verschoben – aber eben nicht gelöst. So entstehen keine Freiheiten. Einem aktiven Staat kommt folglich die besondere und exklusive Aufgabe zu, eine gestufte Ordnung zu ermöglichen, sodass der Einzelne eine Ordnung der Freiheit nicht mehr allein aus sich selbst schaffen kann, sondern nur im Rückgriff auf eine gesellschaftliche Ordnung. Der Zusammenhang ist folglich komplizierter, als er auf den ersten Blick wirkt.

Kompromiss zwischen Freiheit und Verantwortung

»To have the cake and eat it« gibt es in einem aufgeklärten Liberalismus des 21. Jahrhundert nicht mehr.[184] Das hat erhebliche Auswirkungen auf unser Zusammenleben. Freiheit ist nur mit Verantwortung zu haben, aber beide bleiben dem Idealzustand immer etwas schuldig. Sie müssen durch Einschränkungen von Freiheitsgraden bzw. die Übernahme von Verantwortung durch andere ausgeglichen werden. Alternativ braucht es einen Kompromiss durch das Abwägen einzelner Rechtsgüter, etwa zwischen Gesundheit und Mobilität, zwischen Meinungsfreiheit und der Gesundheit anderer, zwischen informationeller Selbstbestimmung und Datenschutz und Gesundheit. Im Zentrum bleibt dabei die personale Würde des Menschen als übergeordnetes Rechtsgut, entlang dessen sich andere Verhältnisse von Freiheit und Verantwortung orientieren müssen.

Der hier beschriebene Prozess kommt niemals an ein Ende, er wird immer wieder neu angeschoben, es muss immer wieder neu gerungen und verhandelt werden. Er ist unerlässlich, wenn wir in offenen gesellschaftlichen Verhältnissen leben wollen. Im Kompromiss spiegelt sich in jeder einzelnen Situation das Ausmaß an Offenheit wider, welches wir verteidigen und erreicht haben. In einer Offenen Gesellschaft muss immer der Staat begründen und offenlegen, warum er personale Freiheitsrechte vorübergehend einschränken will, und er ist es auch, der die Verantwortung für diese Einschränkung übernehmen muss. In Offenen Gesellschaften garantieren somit Rechtsstaatsmechanismen, dass die Beweislast für Einschränkungen von Freiheitsgraden in der öffentlichen Hand liegt. Der Staat muss die Bedingungen für Freiheit garantieren: durch Kartellgesetze für einen fairen Wettbewerb, wenn es um den Schutz der heimischen Industrie gegenüber unfairen Übernahmen durch ein ausländisches Unternehmen geht, oder durch Aufklärungskampagnen gegen das Suchtpotenzial von Drogen, Alkohol oder Social-Media-Plattformen; oder aber auch durch die Einpreisung von Risiken entlang der Wertschöpfungsketten (*upstream* und *downstream*) zur Vermeidung von Externalitäten. Es geht folglich um Regeln für die Bedingungen von Freiheit, nicht um konkrete personale Freiheit, und es geht um die Bedingungen von Verantwortung, nicht um konkrete Verantwortung. In diesem Sinne handelt es sich stets um Kompromisse der Freiheit und der Verantwortung. Sie sind kein Entweder-oder, sondern ein Sowohl-als-auch, und im erreichten Kompromiss spiegelt sich nicht nur das Ausmaß an Offenheit, sondern auch das Ausmaß an eingeforderter Freiheit wider. In Geschlossenen Gesellschaften läuft dieser Vorgang genau umgekehrt ab. Hier muss der Einzelne sich die personale Freiheit verdienen und gegenüber einer anonymen Öffentlichkeit beispielsweise rechtfertigen, weshalb er eine bestimmte Urlaubsreise machen will, an welcher Stelle er der gegebenen Staats- und Parteidoktrin widerspricht, welchen Beruf seine Kinder ergreifen wollen oder welchen Lebensstil oder Wohnort er bevorzugt. Frei nach Erich Fried: Freiheit herrscht nicht, sondern sie ermöglicht. Und: Kontrolle ermöglicht nicht, sondern sie herrscht.

Privatisierung und Liberalismus

An dieser Stelle macht die Unterscheidung zwischen Privatisierung, öffentlichem Sektor und Liberalismus Sinn. Privat beschreibt zunächst einmal nur den nichtöffentlichen Bereich, in dem ein Mensch unbehelligt von äußeren Einflüssen sein Recht auf freie Entfaltung der Persönlichkeit wahrnimmt. Das Recht auf Privatsphäre ist als Menschenrecht in allen modernen Demokratien verankert. Und Privatisierung im engeren Sinn bezeichnet die Umwandlung von öffentlichem Vermögen in privates Eigentum. Im weiteren Sinne wird mit Privatisierung die Verlagerung von bisher staatlichen Aktivitäten in den privaten Sektor der Wirtschaft verstanden. So heißt es bei Wikipedia.[185] Privatisierungsvorgänge sind nicht zwingend Befreiungsvorgänge, sie können genau das Gegenteil von Freiheit bewirken, etwa bei der Erfahrung häuslicher Gewalt, bei einem Insolvenzverfahren oder auch wenn man mit seinem privaten Automobil im Stau steckt. Der öffentliche Raum, die Agora, kann also auch Freiheitsgrade ermöglichen und sicherstellen, die die Privatisierung gerade nicht leisten kann, beispielsweise einen öffentlichen Marktplatz statt einer privaten Shoppingmall, eine Grundsicherung, die kollektiv finanziert wird, oder öffentliche Verkehrsmittel. Wir haben in den 1990er-Jahren den Fehler gemacht, Privatisierung und Liberalismus gleichzusetzen. Diesen Fehler sollten wir nicht noch einmal machen.[186] Für eine Ordnung der Freiheit, oder besser einen Liberalismus 2.0, sollte gelten, dass beide – Privatisierung und öffentlicher Sektor – dem Kernbestand personaler Freiheitsrechte verpflichtet sind und sonst nichts und niemandem.[187]

Ich darf zusammenfassen: Den Herausforderungen im Anthropozän treten Offene Gesellschaft mit einem Markt gegenüber, der die wahren Preise abbildet, und mit einem aktiven Staat, der sowohl die Finanzierung öffentlicher Güter ermöglicht also auch andere systemische Risiken absorbiert. Im Grunde genommen ist der Marktmechanismus die größte und umfassendste Form einer Kreislaufwirtschaft, in der dezentral, regional oder global, immer aber selbstorganisiert Angebot und Nachfrage milliardenfach jeden Tag zusammenkommen. Aber diese Kreislaufwirtschaft ist unvollständig, da sie zahlreiche Externalitäten schafft. Anstatt den Markt abzuschaffen, sollten wir sein Design verbessern.[188] Das schafft mehr Nachhaltigkeit und mehr Freiheit zugleich. Der *enabling state* ermächtigt zu mehr Freiheit, und das richtige Marktdesign sichert mehr Verantwortung. Beides führt dann zu mehr Nachhaltigkeit. Und Offene Gesellschaften kennen den Unterschied zwischen Privatheit und Liberalismus.

(3) Kulturbetrieb der drei Ks und der Ort des Heiligen

Offene Gesellschaften haben ihr eigenes Verhältnis zu Kunst und Kultur. Ob Kasino, Kino und Kabarett, Konzert, Museum, Theater, Literatur oder Journalismus – sie sind immer auch der Ort, in dem, ohne Angst, eine kritische Auseinandersetzung mit dem Status quo stattfindet. Kunst und Kultur haben eine dreifache Funktion: Sie sollen Zusammenhalt (Kohäsion) vermitteln, Sinnzusammenhänge aufzeigen (Kohärenz) und der Gesellschaft den Spiegel vorzuhalten, sie sollen Fragen formulieren, provozieren, ohne Antworten geben zu müssen (Kritik). Da gibt es beispielsweise den kritischen Journalisten, der nicht nur passiver Berichterstatter ist, sondern der komplexe Zusammenhänge erklärt, der Stellung bezieht, seine eigene Unsicherheit formuliert und als Integrationsinstanz erläutert, wie das Einzelne mit dem Gesamten zusammenhängt.[189] Wenn wir bedenken, dass nur 13 Prozent der Weltbevölkerung in einem Land mit freier Presse leben, dann kommt der kritischen Berichterstattung eine zentrale Rolle als vermittelnder Interpretationsinstanz zu: gründliche, wissenschaftlich basierte Recherchen, radikale Investigation, Kommentare, Erzählungen, Dokumentationen, Unterhaltung und vieles mehr. Journalisten werden zu Experten der Erklärung von Zusammenhängen und sind nicht Hofberichterstatter. Allerdings setzen sowohl kritisches Denken und Handeln als auch die Kraft des Zweifelns Freiheit voraus.[190]

Kultur als innerer Kritiker Offener Gesellschaften

Offene Gesellschaften schaffen sich bewusst immer wieder ihre eigenen internen Kritiker, die nicht durch die Mehrheitsmeinung bestimmt und gedeckt oder durch ökonomische Sachzwänge funktionalisiert sind. Kunst und Kritik sind nur einem verpflichtet: der Freiheit. Durch sie werden Kultur und Kunst kein ästhetischer Luxus, nur ein Überbau oder eine artifizielle Qualität eines Produkts – etwa eines Bildes, Buches oder einer Aufführung –, sondern ein Prozess, der offen bleiben muss. In diesem Prozess kommen Künstler, Gegenstand und Betrachter zusammen und schaffen so einen Beitrag für eine Ordnung der Freiheit.[191] Wenn es stimmt, dass menschliche Kreativität immer am Anfang steht und jede technologische Innovation, jede wissenschaftliche Entdeckung zugleich die Voraussetzung dafür darstellt, neue Lebensformen zu initiieren, dann sollten Mitglieder einer Offenen Gesellschaft großen Wert darauf legen, dieser Bereich innerhalb einer Ordnung der Freiheit immer wieder zu gewährleisten und zu sichern. Das Maß an Kunst und Kultur in einer Gesellschaft wird gewissermaßen zum Gradmesser für seine Offenheit. Bei Kunst und Kultur geht es gerade darum, Offenheit und Freiheit in ihrer radikalsten und unzensierten Form zuzulassen, weil sie es sind, die uns ein Höchstmaß an Fortschritt, an Fehlerfreundlichkeit, an Wissen und Zukunft ermöglichen. An den Stellen, an denen Künstler, Gegenstand und Betrachter zusammengebracht werden, kann es gelingen, das Nichtwissen, das Unausgesprochene und Nichtsichtbare, das Tabu anzusprechen und gesellschaftlich relevant zu machen. In diesem Sinne sind Kultur und Kunst politisch und Ausdruck der Offenheit einer Gesellschaft.[192] Es ist ihr eigener Lackmustest, den digitale Autokratien entweder nicht kennen oder in dieser Form grundsätzlich ablehnen. Kunst kann in dieser Radikalität eigentlich alles infrage stellen, testen, verwerfen und neu entwickeln und zu einer Offenen Gesellschaft beitragen. Wie im Fall des zivilen Ungehorsams sind Gesellschaften nur dann offen, wenn sie die Freiheit der Kunst und der kulturellen Positionierung auch gegen die Offene Gesellschaft selbst gewährleisten und sichern. Kunst darf dabei niemals mit Argumenten der gesellschaftlichen Teilhabe, kulturellen Bildung, von Rentabilität, Standortpolitik oder Nützlichkeit funktionalisiert werden, sondern sie muss sich als Element der Freiheit immer wieder aufs Neue beweisen.[193] Nur so können wir uns wechselseitig immer wieder unterstellen, dass wir überzeugbar bleiben, weil wir als Bürger mit der Begabung zum kritischen Verstand ausgestattet sind. Das ist die regulative und normative Idee der Offenen Gesellschaft. Und dieser Prozess bleibt weiterhin ergebnisoffen.[194]

Diversität und Mindeststandards in Kunst und Kultur

Diese Form eines aufgeklärten Multikulturalismus erfordert in einer Offenen Gesellschaft eine zweifache Differenzierung: Einmal geht es um Minderheitenschutz und die Wahrung kultureller Diversität; beide setzen den Konsens um eine gemeinsame Verfassung genau dieser freiheitlichen Schutzrechte voraus. Wichtig wird also eine Reihenfolge. Erst der Konsens, dann der Dissens und die Vielfalt. Wenn man diese Reihenfolge nicht einhält und zuerst auf Differenz setzt und hofft, dass sich daraus ein Konsens ergibt, dann kommt keine Offene Gesellschaft heraus. Vielmehr begibt man sich auf den Weg zur Knechtschaft. Zum anderen gibt es Mindeststandards, die in einer Offenen Gesellschaft mit dem Hinweis auf multikulturelle Integrität oder Milieuschutz nicht hinreichend legitimiert sind. Zugegebenermaßen wird es immer Grenzbereiche geben, die man im öffentlichen Diskurs mehrheitsfähig und revisionsoffen lösen kann. Zugleich braucht es kulturelle Mindeststandards, Regeln des Mit-, Für- und Gegeneinander, die nicht verhandelbar sind und die einen zivilisierten Umgang der Menschen miteinander garantieren.[195] Oder anders formuliert: Ein Multikulturalismus, der nur auf den wechselseitigen Respekt regionaler Besonderheiten setzt, wird unverbindlich, relativistisch und bedeutungsfrei. Er kann dann nicht mehr angeben, wo der Unterschied liegt zwischen einem pädophilen Sadisten und einem Jesuiten, zwischen Fakes und Fakten, zwischen Schwachsinn, Genie und Talentarmut.[196] Der wahre, kritisch aufgeklärte Multikulturalismus erkennt universelle Werte – so wie es Offene Gesellschaften tun.

Das Heilige in der Offenen Gesellschaft

Die Verfassung einer Offenen Gesellschaft ist nicht neutral, wenn es um religiöse Fragen geht. Wie viel Religion eine Offene Gesellschaft verträgt, hängt davon ab, wie viel Offenheit eine Religion verträgt. Religiöse Praktiken sind nur insoweit offen, wie sie tolerant sind, und sie sind nur insoweit falsch, wie sie unkritisch sind. Und dennoch gibt es das Heilige in der Offenen Gesellschaft, nämlich dort, wo es Individualität ehrt, wo es kritisch bleibt, sich zuweilen wissenschaftlich legitimiert; wo es die Tradition rezipiert und dem Einzelnen die Möglichkeit gewährt, sich in ein größeres Narrativ einzubinden; wo es ein Bewusstsein von Freiheit erfahrbar werden lässt, die jede Gesellschaftsform transzendiert. Ein Narrativ, das die individuelle Erfahrung der Vernetzung von allem und jedem zulässt und die Erfahrung der Endlichkeit gleichermaßen berücksichtigt. Offenheit bedeutet in diesem Kontext das Offensein für Transzendenzerfahrungen des Absoluten.[197] Offene Gesellschaften sind damit nicht völlig säkularisiert, aber sie kennen und diskutieren, ob etwas profan oder heilig ist.[198] Offene Gesellschaften haben keine Antworten auf metaphysische Fragen, wie sie uns die Mystik, die Musik und die Meditation geben können, sondern sie liefern Lösungen für soziale Probleme.[199] Aber das Heilige in einer Offenen Gesellschaft ist der Ort, an dem innerhalb einer Ordnung der Freiheit das Absolute sichtbar werden kann.[200]

So wird reziproke Toleranz zum Kernbestand einer Offenen Gesellschaft: Sie meint nicht Gleichgültigkeit, auch nicht Nachgiebigkeit oder Akzeptanz. Sie wird dann erforderlich, wenn Unterschiede nicht bereichernd, sondern belastend sind – also trotz der Unterschiede. Denn niemand liegt zu 100 Prozent falsch. Bei Michael Walzer findet sich der Satz: »Toleranz macht Differenz möglich, Differenz macht Toleranz notwendig.«[201] Toleranz, vor allem auch in religiösen Praktiken und Ansichten, wird nur notwendig, wenn eine Differenz wahrnehmbar ist. Toleranz ist kein Selbstläufer, sondern eine zivilisatorische Leistung, die wir nicht ohne Not aufgeben sollten. Toleranz ist Duldung, ist Respekt vor dem anderen. Toleranz beinhaltet einen eigenen inneren Widerspruch – sie muss intolerant sein gegenüber all denen, die Toleranz ablehnen, und daher ist ihr eine emanzipatorische Funktion eigen. Sie muss in jeder Gesellschaft immer wieder neu erworben werden. Sie hängt ab von der individuellen Belastungsfähigkeit, der Ich-Stärke oder dem, was man Ambivalenztoleranz nennt: Ich bin nicht deiner Meinung, aber ich werde weiterhin dafür kämpfen, dass du sie äußern kannst.[202] Wir lernen also am meisten, wenn wir uns Menschen aussetzen, mit denen wir nicht überstimmen. Denn die wahre Herausforderung besteht darin, mit dieser Differenz und Unterschiedlichkeit übereinzukommen. Das heißt, wir klären, wo und wie wir uns nicht verstehen.

Immer dann also, wenn es Gesellschaften gelingt, einen kritischen, kohärenten und verbindenden Kulturbetrieb zu schaffen, mehrt sich die Freiheit. Und wenn Gesellschaften einen Ort für das Heilige tolerant bereitstellen, entstehen ungeahnte Erfahrungen von – absoluter – Freiheit, die jede Offene Gesellschaft transzendiert. In diesem Fall können wir auf ein Mehr an Freiheit für zukünftige Generationen hoffen. Auch das kann man Nachhaltigkeit nennen.

(4) Politik der kleinen Schritte und viele szientistische Imperative

Wir sollten nicht auf die *eine* Transformation warten, sie wird nicht kommen. Es gibt sie nicht. Es gibt nur viele Formen von Veränderung. Sie stehen uns fragmentiert zur Verfügung, und wir können sie alle gemeinsam im Einzelnen angehen, immer unvollständig, aber doch machbar.[203]

Immanuel Kant hat uns vor über 200 Jahren vier Fragen aufgetragen: Was können wir wissen? Was sollen wir tun? Was können wir hoffen? Was ist der Mensch? Diese vier Fragen, die am Anfang der ersten Aufklärung standen, werden nun im Zeitalter der zweiten Aufklärung durch eine fünfte Frage ergänzt: Was müssen wir wissen? Damit beginnt der Prozess der Aufklärung 2.0 mit Priorisierungen. An die Stelle von unendlichem und unspezifischem Wachstum an Information, Bewusstheit oder Aufmerksamkeit tritt die Erkenntnis, dass es in all dem ein Wissen gibt, auf das wir auf keinen Fall verzichten sollten. Also noch mal: Was müssen wir im Anthropozän wirklich wissen? Und was kann warten? Dies ändert den wissenschaftlichen und politischen Diskurs vollumfänglich, es gibt ihm Richtung und Dringlichkeit zugleich. Brauchen wir noch weitere fünfzig Studien, die den Zusammenhang zwischen Erderwärmung und wirtschaftlicher Aktivität bestätigt? Nicht unbedingt. Das wissen wir alles bereits hinreichend genau, um im Zuge eines Risikomanagements Gegenmaßnahmen zu ergreifen. Eine weitere Differenzierung wäre schön, ist aber nicht unbedingt jetzt notwendig. Welches Wissen müssen wir jetzt besitzen, um im 21. Jahrhundert die Herausforderungen des Anthropozäns zu meistern? Auch wenn wir zu dem Ergebnis kommen, dass wir vieles in absehbarer Zeit nicht wissen werden, ist das ein Ergebnis.[204]

Piecemeal engineering – *kleine Schritte statt großer Utopien*

Karl Popper hat in diesem Zusammenhang das Konzept der Stückwerktechnologie[205] in die Diskussion eingebracht, die für eine Ordnung der Freiheit unverzichtbar ist. Der Begriff ist vielleicht unglücklich und sperrig, beschreibt jedoch den Umstand, dass wir als Einzelne und auch als Gemeinschaft zu wenig wissen, um rationale und sinnvolle Entscheidungen treffen zu können. Deshalb müssen wir auf Sicht, ohne den großen Wurf und die verheißende Utopie auf eine andere Zukunft, vorgehen. Im Kern geht es darum, wie viel Freiheit wir heute einschränken müssen, um auch in Zukunft auf eine Ordnung der Freiheit setzen und diese gleichzeitig erhalten zu können. Die Gefahr eines Endes Offener Gesellschaften ist nicht unrealistisch. Empirisch sind bereits bis zu zwei Drittel der Bürger in OECD-Ländern mit ihren demokratischen Verfassungen unzufrieden. Gleichzeitig geht dies mit einem bedeutenden Verlust an Vertrauen in die staatlichen Institutionen und Verfassungsorgane einher. Wir haben selbst als Mitglieder einer Offenen Gesellschaft zumindest in Teilen den Rückwärtsgang eingelegt. Demokratische Willensbildung und politische Entscheidungsprozesse sind jedoch kein Selbstzweck, sondern sollten Regieren effizienter und effektiver machen und dazu beitragen, die unterschiedlichen Freiheitsgrade aller Bürger zu steigern. Deshalb haben die Klassiker des politischen Denkens bereits für Wächter des Gemeinwesens geworben. Politische Entscheidungen sollen nicht auf großen Lösungen, Utopien und radikalen Entscheidungen fußen, sondern auf kleinen, überschaubaren und revidierbaren Schritten. Politik der kleinen Schritte meint also das Machbare, aber erkennbar Andere, welches in eine nachhaltigere Zukunft führt.

Szientistische Imperative

Statt von Stückwerktechnologie würde man heute eher von technokratischen oder szientistischen Imperativen sprechen. Gemeint sind damit vier Aspekte. Einmal geht es darum, der strategischen und langfristigen Entwicklung eines Gemeinwesens mehr Gewicht beizumessen, obwohl wir alle gerade über deren Zukunft zu wenig wissen. Zweitens sollten wissenschaftsbasierte Erkenntnisse jenseits jedweder Ideologie berücksichtigt werden, obwohl Erkenntnisse immer vorläufig und oft instabil sind. Drittens sollte das Gemeinwesen von anderen Gemeinwesen lernen und so effektivere Governance ermöglichen. Hierbei können wir auch von jenen lernen, die unser Wertesystem ablehnen. Schließlich fordert ein technokratischer oder szientistischer Imperativ, dass politische Entscheidungen öffentlich falsifizierbar und korrigierbar bleiben müssen, obwohl wir wissen, dass dies oft langwierig, mühsam und unübersichtlich wird. Geoengineering, Nuklearenergie, Global Governance[206] sind solche Kandidaten.[207] Der technokratische Imperativ fordert damit Problemlösungen ein, die flüchtige Stimmungen und populistische Strömungen verhindern sollen. Dieser Imperativ ist nur der Sicherung der Freiheitsgrade ihrer Mitglieder verpflichtet. Ein Drahtseilakt, der schlicht die Kosten der Freiheit widerspiegeln soll. Und obwohl es immer um einzelne Schritte auf Sicht geht, wissen Mitglieder einer Offenen Gesellschaft, dass sie immer viel zu wenig wissen und dieser kollektiven Ignoranz nur durch Demut, Korrektur und Fehlerfreundlichkeit begegnen können.[208] Es geht eben nicht ums Rechthaben, sondern darum, es richtig zu machen. Der technokratische Imperativ hat in einer Offenen Gesellschaft demnach den Zweck der konkreten Problemlösung unter Unsicherheit. Er muss sich ständig gegenüber einer kritischen Öffentlichkeit legitimieren und wissenschaftlich robust belastbar sein. Es ist der Staat – und nicht der Bürger –, der mögliche Einschränkungen individueller Freiheiten nicht nur gegeneinander abwägen, sondern Eingriffe, die den Raum der Freiheit temporär einschränken, rechtfertigen muss. In Geschlossenen Gesellschaften dagegen dient der technokratische Imperativ der Stabilisierung der Macht und der Steigerung von Kontrolle.

Der Aktivist in der Offenen Gesellschaft

Angesichts der dramatischen und schrecklichen Bilder von umweltbedingten Migrationsströmen und Hungersnöten, ausgetrockneten Flüssen, Sturzfluten, Versteppungen und vermüllten Meeren, hungrigen Eisbären auf Eisschollen und Schildkröten, die an Strohhalmen ersticken, und in Anbetracht der unzähligen exponentiellen Kurven, die uns vorgelegt werden und die zeigen, wie sich unser Handeln negativ auf die Umwelt auswirkt, erwacht weltweit bei Millionen von Menschen ein Umweltbewusstsein, ein Bewusstsein vom »Raumschiff Erde« (Buckminster Fuller). Menschen treten Umweltbewegungen bei, gründen Initiativen oder organisieren sich im Kleinen und im Großen für eine andere und bessere Zukunft. Wir werden alle zu Aktivisten. Medial wirkmächtig, rhetorisch stark und inhaltlich gut informiert, werden die zentralen Themen der ganzen Nachhaltigkeitsproblematik referiert. Als Aktivisten sind wir Idealisten der Tat,[209] die die gesamte Gesellschaft herausfordern, sich hier und heute neu auszurichten.

Wenn der Aktivist jedoch als Weltverbesserer und Erlöser auftritt, der all das formuliert, was der Welt gerade fehlt, läuft diese Sozialfigur Gefahr, messianisch und (sozial-)pädagogisch zu werden. Wenn wir dogmatisch und unkritisch kompromisslos und antidemokratisch werden, verspielen wir die Werte, die uns ausmachen. In der Regel sind wir in der Rolle der Aktivisten schwach, wenn es um die konkrete Umsetzung geht, und bleiben institutionell voraussetzungslos. Aktivisten müssen sich nicht um die Mühen der flachen und steinigen Ebene, nicht um den Marsch durch die Institutionen kümmern. Sie verweisen auf die Dringlichkeit des Augenblicks, weshalb demokratische Spielregeln kurzerhand auch mal nicht mehr gelten sollen. Geopfert werden dann die vielfältigen Vernetzungen und Rückkopplungen, Kollateraleffekte, die unzähligen kleinen Schritte und Kompromisse, das Eingeständnis, dass wir vieles bezüglich der praktischen Umsetzung gar nicht wissen, und die Fähigkeit, die Spannungstoleranz aufzubringen, um diese Unwissenheit auszuhalten. Wenn Aktivisten zum unkritischen Heilsbringer, zum inszenierten Helden und Erlöser werden, dann gefährden sie eine Ordnung der Freiheit: Als verändernde Akteure könnte eine Ordnung der Kontrolle und des Zwangs entstehen, in der die Verantwortung und die Umsetzung für genau diese Ideale an andere (die Aktivisten selbst) bereits delegiert wurden.

So edel, dringlich und richtig die Forderungen sind, die Umweltaktivisten aufstellen, so klar tritt das damit verbundene Dilemma zutage. Wir alle leben von den Voraussetzungen gerade der Errungenschaften, die jetzt zur Disposition stehen. Aus der Sicht des Kritischen Rationalismus würden wir dann nicht von einem Aktivisten sprechen wollen, sondern von einem *zoon politikon*,[210] der um die Begrenztheit des eigenen Denkens weiß, die Dringlichkeit der Stunde erkennt und sich dennoch für mehr Freiheit und weniger Kontrolle entscheidet. Wenn der US-Journalist Thomas Friedman also fragt, was wäre, wenn wir für eine Tag China wären, alle

Probleme administrativ und technokratisch lösen und dann wieder zu einer Offenen Gesellschaft werden würden, dann stellt er die falsche Frage.
In einer Offenen Gesellschaft sind es die vielen kleinen Schritte und Transformationen, die das Gegebene neu zusammenstellen. Politik in einer Ordnung der Freiheit ist ein Mosaik für eine bessere Welt, nicht die bessere Welt. Der gewaltfreie Widerstand gehört auch dazu. Jeder, der hier zum Aktivisten wird, sollte sich bewusst sein, dass er dies nur innerhalb einer Ordnung der Freiheit sinnvoll sein kann.

(5) Dritter Sektor und emanzipative Bildung

Der Dritte Sektor, auch Zivilgesellschaft genannt, gilt als besondere Ausdrucksform der bürgerlichen Freiheit. Die Logik der politischen Macht und die Regeln des Marktes sind bei ihm in Teilen außer Kraft gesetzt. Der Dritte Sektor folgt nämlich einer anderen Logik: Er ist selbstorganisierend und selbsterhaltend, er ist inklusiv und spontan mobilisierend.[211] Eine Gesellschaft ohne ein zivilgesellschaftliches Engagement führt in keine Ordnung der Freiheit.[212] Wirkliches zivilgesellschaftliches Engagement ist oft kontrafaktisch und transformativ. Es gibt sich mit dem Status quo nicht zufrieden, kennt Gefahren und Risiken und hat zudem ein Ziel. Diese Kraft der Verständigung, des Aushandelns und des Engagements wirkt oft subtil, geräuscharm, dabei jedoch nicht weniger mächtig: Meist treffen heterogene Allianzen in einer kollektiven Schwarmintelligenz aufeinander. Man engagiert sich häufig nicht nur für andere, sondern mit anderen, und dabei werden eigene Interessen skalierbar und verstärkt.[213] Ehrenamt, Denkmalpflege, Flüchtlingshilfe, Flurbereinigung, Lernpatenschaften, Bewährungshilfe, Krankentransport und Nachbarschaftshilfe sind solche Beispiele. Alles geschieht am besten in Freiheit.[214] Der Mutige hat bekanntlich Angst, weil er die Zerbrechlichkeit der Welt erkennt. Er gesteht sich die eigene Angst ein, hat jedoch die Freiheit, sich in Eigenverantwortung der Herausforderung zu stellen. Und der Mutige weiß, dass es jetzt auf ihn ankommt. Dieser Gemütszustand ist wahrhaft transformativ und kann nur in einer Zivilgesellschaft entstehen. Der Furchtlose dagegen kennt keine Angst und wird leicht übermütig oder gleichmütig.[215] Engagierte Menschen in einer Zivilgesellschaft sind häufig mutige Menschen.

Bildung in Zeiten von Transformation

Eng mit der Frage eines zivilgesellschaftlichen Engagements hängt die Frage zusammen, wie wir Bildung und Erziehung organisieren und welche Funktion ihr innerhalb eines freien Gemeinwesens zukommt. Bildung ist immer ambivalent. Es gilt, das Vergangene zu bewahren und gleichzeitig auf die Zukunft vorzubereiten. Bildung sollte Fähigkeiten *(skills)* und Wissen vermitteln, die persönliche Charakterbildung unterstützen und die Anpassungsfähigkeit und Resilienz in Zeiten von Unsicherheiten und Schocks erhöhen. Wenn wir davon ausgehen, dass die Halbwertszeit von Wissen unter fünf Jahren liegt, innerhalb von zehn Jahren über zwei Drittel der Firmen gar nicht mehr existieren werden, 40 Prozent der Arbeitsplätze durch Automation ersetzt werden können und der Umbau eines Bildungssystem in der Regel 30 Jahre dauert, kommt der Frage der richtigen Bildung eine zentrale Bedeutung für eine erfolgreiche Anpassung an die Umwelt des Anthropozäns zu. Bei keiner gesicherten sozialen Intervention sind die Kausalzusammenhänge empirisch so eindeutig wie bei den Bildungsanstrengungen. Glück und Lebenszufriedenheit, Lebenserwartung, Wohlstand, Wirtschaftswachstum, Demokratie, Nachhaltigkeit stehen nicht nur in einer statistisch positiven Korrelation zum Bildungsniveau, sondern sind direkt kausal an sie geknüpft.[216] Je mehr personalisierte Bildung, desto besser. Nebenwirkungen oder negative Übertragungseffekte *(spillover)* gibt es bei der richtig verstandenen Bildung keine.[217] Doch Bildung ist nicht nur ein rational ausgewiesenes Curriculum, sondern ein Vorgang, bei dem unser Neugierverhalten die Wunder der Welt zu entdecken weiß und bei dem nach jeder vorläufigen Antwort sofort wieder eine Frage steht. Der rationale, kognitive, quasi curriculare Anteil ist nur ein Zwischenprodukt dieses endlosen Vorgangs, der uns begrifflich langweilt, wenn wir dort verweilen würden. Der Nobelpreisträger Max Delbrück hat einmal gesagt: »Man kann die Welt stärker beeinflussen als Cäsar, indem man – ganz erstaunlicherweise – in einer Ecke sitzt und nachdenkt.«[218] Und eine solche kritische Erziehung und Bildung der Person ist wichtig, weil hier die nicht verhandelbaren Voraussetzungen für eine Offene Gesellschaft bereitgestellt oder auch verhindert werden. Sie entstehen nur mithilfe autonomer und kritischer Bürger, die diesen Wissens- und Erfahrungsaustausch auch wünschen. Man kann es auf einen einfachen Nenner bringen: Gibt es keine kritischen, kreativen Bürger, so gibt es auch keine Offene Gesellschaft. Kein Parteiprogramm, keine Nomenklatura, nicht einmal ein demokratisches Mandat garantiert offene gesellschaftliche Verhältnisse. Denn es ist leicht denkbar, dass auch unkritische, gelenkte und manipulierte Massen wählen gehen und dabei das Gefühl haben, ihre Meinung politisch ausgedrückt zu haben. Eine Offene Gesellschaft entsteht deshalb noch lange nicht. Diese – fast ontologische – Abhängigkeit Offener Gesellschaften vom kritischen und kreativen Bürger bedeutet, dass sich beide wechselseitig bedingen.

Bedingungen für eine Erziehung zur Kritik und Kreativität

Aber was ist eine kritische und kreative Erziehung, und wie gelingt es, sie zu etablieren? Das ist wahrlich ein Kunststück, das wiederum nur kritische Bürger können. Hier handelt es sich um eine positive Rückkopplung, die ihrerseits eine sich selbst tragende Architektur der Freiheit schafft. Das ist alles so lange zu begrüßen, solange dann wirklich offene gesellschaftliche Verhältnisse herauskommen. Eine kritische Erziehung sollte zur Selbstermächtigung jedes Einzelnen führen, zu mehr intrinsischer Motivation und Neugierverhalten, zu mehr Mut und Vertrauen in die eigenen Fähigkeiten des kritischen Denkens und Reflektierens und schließlich den Weg weisen in das, was man in der klinischen Psychologie Individuation nennt:[219] sich selbst zu erkennen und am Ende ein für sich kohärentes und sinnerfülltes Leben gelebt zu haben. Dabei spielen unkonditionierte Kreativität und existenzielle Grenzerfahrungen, die Fähigkeit zum Alleinsein, Humor, Verzicht und fortschreitende Spannungstoleranz eine Rolle. Hierher gehören auch die Fähigkeit zur reziproken Toleranz, Fehlerfreundlichkeit und ein gesundes Maß, andere aussprechen zu lassen und zuhören zu können; Selbstmanagement und Selbstkontrolle und die Ausbildung, Entscheidungen frei von neurotischen Versagensängsten zu treffen. Oder auch die Fähigkeit zur Metakognition. Der Mensch ist keine Mikrobe, die sich unendlich fortpflanzt und schließlich ihren eigenen Nährboden vernichtet. Der Mensch vermag es, über sein Denken zu reflektieren nach dem Motto: Ich denke, doch ich bin nicht nur meine Gedanken. Individuation bedeutet auch die Ausbildung reiferer Affektmuster wie Demut und Geduld, Vergebung und Dankbarkeit, Vertrauen und Gelassenheit, sodass die nächste Meinungsverschiedenheit nicht gleich mit einem präverbalen, empörten Geschrei die Diskussion beendet werden muss.[220] Wenn Bildung hin zu einer Offenen Gesellschaft das Potenzial zur Veränderung und Entfaltung jedes Einzelnen meinen soll, dann wird das ohne Kritik und Kreativität nicht gehen. Handelt es sich jedoch nur um eine vorauseilende Anpassung an die vermeintlichen Anforderungen der Wirtschaft, das Sammeln von Credit Points, das regelgerechte Abheften und die Aneignung von bekannten Kulturleistungen und Techniken, etwa Schreibmaschineschreiben, Malen nach Zahlen oder Kopieren von digitalen Textbausteinen in eine Magisterarbeit hinein, dann gehen die Potenziale zur Veränderung von Person und Gesellschaft gleichermaßen verloren.[221] Und mit ihnen all die Freiheitsgrade, die uns mehr Nachhaltigkeit versprechen sollen.

Kritische und emanzipative Bildung hat einen normativen Kern und sollte nicht völlig interessengeleitet sein. Interessengeleitet ist Bildung, wenn es darum geht, MBA-Programme nach den Vorgaben der Industrie maßgeschneidert zu etablieren, oder wenn es im Kindergarten um Gleichschaltung geht, damit sich das kritische Denken erst gar nicht entwickelt, oder aber wenn eine Partei oder eine Staatsreligion vorgibt, was man lesen darf und wie man den Text zu interpretieren hat. Jedes Mal geht es um eine sehr ähnliche Denkfigur: Bildung dient der Kontrolle. In jedem dieser Fälle führen alle noch so gut gemeinten Bildungsansprüche in geschlossene Verhältnisse und schließlich zur Knechtschaft.

Frei nach Popper geht es in einem Diskurs nicht ums Rechthaben, sondern um die hohe Kunst des Kompromisses. Darum also, dass durch das bessere Argument nicht Menschen, sondern Theorien und Gedanken sterben können und so erst wirklicher Fortschritt entsteht. Der andere könnte immer auch recht haben und man selbst danebenliegen. Dabei ist es unerheblich, ob man in Astrophysik, Architektur oder Akupunktur Kurse belegt, ob man Medizin, Management oder Mantragesänge studiert, sich für Ingenieurwissenschaften, indigene Völker oder indische Völkerkunde interessiert. Die hier genannten Grundfertigkeiten gelten immer. Die Liste ist bewusst nicht vollständig, und sie verweist auf Aspekte einer kritischen personalen Bildung, die jenseits jedes Curriculums liegen. Im besten Fall wird es innerhalb einer offenen und kritischen Bildungseinrichtung, egal ob Kindergarten und Postdoc-Seminar an einem Max-Planck-Institut, eben nicht nur um die Vermittlung von rationalem Wissen gehen, bei dem wir durch historische Analysen, Feldstudien, Experimente, das Lesen von Texten im Grunde immer nur in den Rückspiegel blicken, um die Zukunft zu verstehen.[222] Stattdessen sollten wir uns tief in die Augen sehen, wissend, dass wir viel zu wenig wissen, auf die in Freiheit und Verantwortung entlassenen kritischen Mitstreiter vertrauen, durch die Frontscheibe blicken und dann in eine gemeinsame nachhaltigere und freie Zukunft fahren.

Das Elend der Cancel Culture

Wir werden wieder lernen müssen unorthodoxe und unkonventionelle Fragen zu stellen. Denn es waren in der Vergangenheit immer wieder diese Out-of-the-box-Fragen, die die Wissenschaft und das Meinungsbild in der Gesellschaft weitergebracht haben. Die Cancel-Culture-Debatte ist hier der falsche Kampf. Sie verwechselt Zensur mit Kritik und endet meist in einer ungesunden Form der Selbstzensur, die niemandem weiterhilft. Die Identitätspolitik linker und rechter Narrative treffen sich hier in einer totalitären Spielart, wenn etwa Yogakurse durch eine weiße Frau mit westlicher Sozialisation wegen ungerechtfertigter postkolonialer Aneignung abgesagt werden müssen oder wenn weiße Männer keine Bilder gegen Rassismus malen dürfen. Diese identitätspolitische Blase verhindert gerade eine kritische Auseinandersetzung mit Machtverhältnissen, Tabus[223] und die wahrhaftige historische Aufarbeitung von unfairen und menschenrechtsverletzenden Vorgängen. Sie hat fast etwas Jakobinisches an sich. Wer nicht sofort mitmacht, wird entlassen, ausgegrenzt oder zumindest ausgeladen. Der Debatte gelingt es nicht mehr, zwischen Argument und Person zu unterscheiden. In all den Fällen, in denen das Sprechen dem Handeln vorausgeht, entstehen dann ein vorauseilender Gehorsam und ein unheilvoller Konformismus, eine Schere im Kopf, die das Verstehen und Widerlegen von Argumenten, das Verbindende und Sinnstiftende, das Widersprüchliche selbst disqualifiziert. Der Diskurspfad wird auf diese Weise immer enger und geschlossener.[224] Kritik verbietet sich selbst. Die Idee, dass Sprache eine emanzipatorische, kritische, gar revolutionäre Funktion hat, wurde in der Moderne vor allem durch den Poststrukturalismus[225] und Konstruktivismus[226] herausgearbeitet und spielt in der aktuellen Debatte um Gender und den richtigen Umgang mit dem postkolonialen Erbe eine zentrale Rolle: Das Sprechen über etwas verrät uns etwas über explizite und implizite Herrschaftsverhältnisse. Sprache dekonstruiert solche Verhältnisse und enttarnt sie als das Resultat sozialer, ökonomischer wie auch kultureller Gegebenheiten, die man auch ändern kann. So weit, so gut. Wenn wir aber anfangen, diesen kritischen Sprachgebrauch selbst zu reglementieren, indem etwa eine Behörde für das Ausfüllen von Bewerbungen oder Formularen vorgibt, dass zwingend ein Genderstern gesetzt werden muss, oder im Umkehrschluss dies gänzlich verbietet, dann sind wir auf dem Weg zur Knechtschaft. Solange die Würde der Person gewahrt bleibt, sollte es jedem selbst überlassen bleiben, ob er etwa bei einem Bewerbungsschreiben Gendersterne verwendet oder nicht. Die menschliche Sprache ist im Kern überfordert, wenn es darum geht, alles repräsentieren zu wollen. Darum gibt es schließlich auch die Sprachakrobaten und Dichter: Sie üben sich darin, die Grenzen des sprachlich Repräsentierbaren durch Stilinnovationen zu verschieben. Doch auch sie können die Grenzen nicht aufheben. Die ständige semantische Differenzierung schafft ihr eigenes Paradox: Sie grenzt aus und nicht ein.[227]

Sprache als spezifische menschliche Kommunikationsform ist an sich nicht diskriminierend, sondern immer universell. Die Inhalte dessen, was gesagt wird, dagegen schon. Und genau dagegen gilt es vorzugehen. Das Verbot von Worten wird dann dem unsäglichen realen Leid der jeweils Betroffenen nicht mehr gerecht. Es ist davon auszugehen, dass, wenn wirkliche Argumente ausgetauscht werden und nicht mehr Personen und ihre Erwerbsbiografie zu Schaden kommen, sich ein erheblicher Teil der Cancel Culture erübrigt. Wirkliches kritisches Denken im öffentlichen Raum ist transformativ und kann die Welt verändern, eingeschränkte Debattenräume, in denen festgelegt wird, was die einzelnen Teilnehmer sagen dürfen, sind dagegen repressiv. Wenn wir in der Nachhaltigkeitsdebatte einen wahrhaftigen Dialog über die Risiken und Chancen, über die eigenen Unsicherheiten und Perspektiven, über unfaire Verteilungsmuster und eine kontroverse Datenlage kritisch führen wollen und gleichzeitig den Anspruch haben, dass am Ende größere Nachhaltigkeit stehen soll, dann darf es keine Denkverbote geben. Alles muss auf den Tisch.[228]

Wie wir gesehen haben, entstehen Freiheit und Nachhaltigkeit dann, wenn es einen wirkmächtigen Dritten Sektor gibt, einen Bildungssektor, der personale Kreativität freisetzt und nicht einengt, und wenn ein öffentlicher Sprachgebrauch zugelassen ist, der die Dinge beim Namen nennt.

(6) Negativer Utilitarismus und zwei Formen der Ungleichheit

Umweltkrisen beginnen häufig am unteren Ende der Gesellschaft und werden dort am stärksten negativ wahrgenommen. Hohe Nahrungs- und Energiepreise, verschmutzte Luft, Lärm, schlechte Infrastruktur sowie Umweltkatastrophen treffen die Ärmsten am meisten.

Die Offene Gesellschaft hat ihr eigenes Verhältnis zur Sozialpolitik und ein eigenes Verständnis im Umgang mit Masterplänen und großen Erzählungen. Karl Popper hat hierzu gar einen eigenen Begriff gewählt, nämlich den des negativen Utilitarismus.[229] Im Mittelpunkt steht dabei die Auseinandersetzung mit der Maximierung eines allgemeinen Nutzens. Den kennt eine Offene Gesellschaft nämlich nicht. Das Ausmaß an staatlicher Aktivität und Intervention, die sogenannte Staatsquote, die hier manchmal herangezogen wird, ist eine statistische Kunstfigur, die schnell missverstanden wird, wenn es darum geht, sie auf eine Offene Gesellschaft anzuwenden.

Insbesondere radikal libertäre Positionen[230] wünschen sich einen möglichst schlanken Staat und begründen dies mit dem Hinweis, dass ein freier Bürger seine Eigentumsrechte und seine Unversehrtheit garantiert haben muss. Darüber hinaus bestünde kein weiterer Zwang zur gesellschaftlichen Kooperation. Einer solchen Betrachtung mangelt es vor allem an einer Unterscheidung zwischen Eigeninteresse und Kollektivinteresse. Die libertäre Sicht ist von der Idee getragen, dass es nur darauf ankomme, die Summe an Einzelinteresse zu addieren, dann würde sich, gleichsam automatisch, der kollektive Volkswille schon abbilden. Dies trifft auf einen politischen Liberalismus im Allgemeinen und eine Offene Gesellschaft im Besonderen für das 21. Jahrhundert nicht zu. Im Gegenteil. Und dies gleich aus mehreren Gründen: Zum einen lassen sich der Vorteil und die Freiheit des einen nicht mit dem Nachteil und den Einschränkungen des anderen verrechnen. Dieses Verrechnungsverbot sollte immer gelten. Individuelle Freiheitsgrade haben in einer Offenen Gesellschaft immer Vorrang vor einer wie auch immer gearteten kollektiven Wohlfahrt. Dieses Gemeinwohl *(bonum commune)* bleibt immer ein unbestimmter Rechtsbegriff.[231] Ständiger Konsum, Dauerbespaßung und eine fortwährende quantitative Steigerung gehören nicht zum Kernbestand einer Offenen Gesellschaft. Sie kann niemals alle glücklich machen, aber sie leistet einen Beitrag dazu, dass Leid ihrer Mitglieder zu verringern. Dann tritt an die Stelle von *»maximizing happiness«* ein *»minimizing suffering«*. Es geht also um die Abwesenheit von Formen der Freiheit, die in offenen Verhältnissen als Problem empfunden wird, und es geht darum, Schmerz, Armut, Hunger, Krankheit, soziale Ausgrenzung zu verringern, das Fehlen von Grundsicherungen und Grundgütern zu reduzieren, eingeschränkte Menschenrechte und schlechtere Lebenschancen oder auch die flächendeckende Umweltzerstörung zu minimieren. Die Abwesenheit von Formen der Freiheit steht hier im Fokus. Offenheit heißt dann: Es gibt Grenzen gegenüber unerträglichen sozioökonomischen Verhältnissen. Sie alle werden innerhalb einer Offenen Gesellschaft nach unten nicht unterschritten.[232] Aber gleichzeitig gilt: Offene Gesellschaften leben von der Differenz, der Vielfalt und der Diversität, nicht von der Gleichmacherei.

Ein Parameter, der ökonomische Unterschiede misst, ist der GINI-Koeffizient.[233] Er beschreibt die relativen Einkommens- und Vermögensunterschiede in einer Gesellschaft. Solche Unterschiede sind in einer Offenen Gesellschaft prinzipiell gewünscht und gewollt, da sie einen Leistungsanreiz darstellen können und an unterschiedliche Formen der Haftung und Verantwortung gekoppelt sind. Der GINI wird aber zu einem Fetisch, wenn es in der Frage um gesellschaftliche Differenz und Vielfalt nur um einen monetären Wert gehen soll. Menschen sollten sich nicht dadurch unterscheiden, dass die einen fünf Luxuslimousinen in der Garage stehen haben und die anderen sich das Busticket nicht leisten können. Solange ökonomische Unterschiede nur durch hohe soziale und ökologische Externalitäten erwirtschaftet werden, gehen sie auf Kosten Dritter oder des Gemeinwesens und sind dann sicherlich nicht nachhaltig. Zudem bergen hohe monetäre Unterschiede immer die Gefahr, dass sie sich in ungleiche politische Einflussnahme und Macht übersetzen. Eine kritische Ordnung der Freiheit kann das so nicht wollen.

Insbesondere oberhalb der Grundsicherung und der Wahrung von Gemeingütern sollten auch andere Indizes wichtig werden. Etwa ein Diversitätsindex, bei dem gesellschaftliche Differenzen zu einem Wettbewerb oder einem Vergleich unterschiedlicher Kulturleistungen, regionaler Energiesysteme, Mode, Handwerkskunst, Spitzenforschung oder kulinarischer Unterschiede werden.

Für Offene Gesellschaften im 21. Jahrhundert sollte gelten, dass Unterschiede gefördert und gewünscht sind, aber nur oberhalb der vereinbarten Gemeingüter und innerhalb ökologischer Grenzen, wobei immer auch andere als nur ökonomische Vergleichswerte führend sind.[234]

Ungleichheiten oberhalb und unterhalb der Grundbedürfnisse

Sozialpolitik in einer Offenen Gesellschaft ist folglich vor allem eine Politik der Basic Needs: Mindestlohn und leistungsfreies Mindesteinkommen, Gesundheitsfürsorge, Wohnung, Bildung, Freizügigkeit. Sozialpolitik wird dann wahrlich präventiv, wird proaktiv und zielgenau, vorauseilend, nicht nachgeordnet.[235] Es geht bei Grundsicherungen um mehr Freiheitsgrade. So entstehen in einer Offenen Gesellschaft zwei Formen der Ungleichheit: eine unterhalb der Basic Needs und eine oberhalb. Die unterhalb ist nicht verhandelbar und abzulehnen. Ungleichheiten oberhalb der Basic Needs sollten zulässig sein, da wir diese alle aushalten müssen. Die erste garantiert die Möglichkeit zur sozialen Mobilität und damit zu mehr Freiheit. In offenen gesellschaftlichen Verhältnissen sollten wir aber gegenüber dem Verteilungsmodus oberhalb der Basic Needs auf weiten Strecken neutral bleiben. Solche Verteilungsmuster werden im öffentlichen Raum durch Tarifpartner und im parlamentarischen Prozess ausgehandelt und entschieden. Dabei sind hohe egalitäre und höhere Ungleichheiten möglich. Völlige Gleichheit dagegen führt in die Unfreiheit. Freiheit ist in diesem Kontext ein höheres Rechtsgut als Gerechtigkeit. Gesellschaftliche Ungleichheiten sind eben nicht nur richtig, sondern wünschenswert, solange wir zwischen Chancengleichheit und Leistungsgerechtigkeit, zwischen egalitären Ausgangsbedingungen,[236] Lebenschancen und Ergebnisgleichheit unterscheiden können. Kurz: Das, was das Gemeinwohl im Allgemeinen steigert, entzieht sich den Bürgern einer Offenen Gesellschaft. Nur in Autokratien ist dies letzten Endes bestimmbar, und zugleich wird dort festgelegt, was dieses Gemeinwohl alles nicht ist.[237] Nach unten dagegen haben sich Mitglieder eine Offenen Gesellschaft bereits festgelegt: unveräußerliche Grundbedürfnisse. Sie sind eine Art versteckter Kompass, der zwischen Zwangsläufigkeiten, technokratischen Lösungen, szientistischer Evidenz und Utopien hindurchsteuert.

Rhetorik des Erfolgs und ihre Schwächen

Der Philosoph Michael Sandel hat diesen Gedanken in der Tyrannei der Meritokratie weiterentwickelt.[238] Meritokratien leben von dem Argument, dass man sich nur hinreichend anstrengen soll, dann wird man mit individuellem Erfolg belohnt. Sandel bezweifelt die Richtigkeit des Arguments in doppelter Hinsicht. Selbst wenn wir auf einem Level Playing Field wären und damit alle die gleichen Ausgangsbedingungen hätten, wäre die Rhetorik des Erfolgs unzureichend: Ein Hedgefonds-Manager verdient tausendmal mehr als eine Krankenschwester. Beide strengen sich an, aber beide haben unterschiedliche Talente.[239] Zufall, Glück, Erbe und die nationale Zugehörigkeit schaffen immer Differenzen in der Einkommens- und Wohlstandsentwicklung. Aber solche Unterschiede sind gerade nicht das Ergebnis der eigenen Anstrengung, sondern fast immer Resultat von Umständen, die der Einzelne nicht kontrollieren und beeinflussen kann. Deshalb ist neben Grundgütern ein öffentlicher Raum erforderlich, in dem sich Menschen treffen können, die unterschiedlichen sozioökonomischen Schichten angehören. Bibliotheken, Parks, Sportplätze, Kirchen, öffentliche Verkehrsmittel und viele mehr sorgen dafür, dass alle am gesellschaftlichen Leben teilnehmen können. Außerdem bedarf es der Demut, um als Privilegierter zu erkennen, dass man immer auch der andere sein könnte; eine Haltung der Dankbarkeit gegenüber den Zufällen des Lebens und der Bereitschaft zum Dienen gegenüber all denen, die es nötiger haben.[240]

Bürger einer Offenen Gesellschaft werden demnach Differenzen in der sozioökonomischen Entwicklung aushalten müssen, solange die Grundgüter gewährleistet sind. So ist es möglich, dass auch extreme Wohlstands- und Einkommensunterschiede entstehen. Vorausgesetzt, dass die Einkommen legal erworben sind, sollte ein CEO auch das Vielfache verdienen, wenn im Gegenzug die Grundbedürfnisse für alle gewährleistet sind. Auch da Gegenteil ist möglich: Polizisten verdienen dasselbe oder mehr als CEOs. Offenheit in einer Ordnung der Freiheit muss beide Extreme aushalten können.

In jedem Fall gilt: Es gibt in einer Offenen Gesellschaft kein Anrecht auf einen SUV, einen Pool oder einen privaten Gärtner, aber es gibt eines auf Kleidung und Nahrung, Bildung und Zugang zu öffentlichen Verkehrsmitteln, Kindergarten, Pflege und Teilhabe an Kulturleistungen, also auf eine Grundausstattung, die individuelle Freiheit ermöglicht.[241] Was zu einer solchen Grundausstattung zählt, unterliegt dem Konsens der Mitglieder einer Offenen Gesellschaft. In manchen ist es das Busticket oder der freie Kindergartenplatz, in anderen sind Gesundheitsfürsorge oder Grundnahrungsmittel Bestandteile öffentlicher Güter. Offene Gesellschaften haben folglich einen Boden, aber keinen Deckel. Und eine Ordnung der Freiheit erfordert ein solches barrierefreies Denken.[242]

Bestandteil von Nachhaltigkeit: Heimat für die Menschen

Offene Gesellschaften benötigen Grenzen, um Zugehörigkeit zu definieren. Haben wir keine solchen Grenzen, geht uns die Zugehörigkeit verloren. Heimat, *bien vivre*, das gute Leben, *monde vécu*[243] stehen alle für einen dreidimensionalen Raum, der der eigenen Kontrolle unterworfen ist, in dem »es nicht egal ist, dass es mich gibt« (H. Welzer) und wo der Einzelne dauerhaft einen Unterschied machen kann. Heimat beschreibt das geografische Bleiberecht, Stabilität und Seinsgewissheit, Kontinuität, Vertrautheit und Identität als Reaktion auf die gesteigerten Anforderungen an Mobilität, Flexibilität und Anpassung. Landgrabbing, Verlust an Biodiversität und Versiegelung von Land machen uns buchstäblich heimatlos, da wir von einem Land und seinen Ressourcen leben, das nicht das unsere ist. Heimatlosigkeit führt in diesem Sinn in die Orientierungslosigkeit, wir verlieren wortwörtlich den Boden unter den Füßen. Haben wir keine Heimat, haben wir keine Nachhaltigkeit. Wenn man in einer Offenen Gesellschaft den Ort sucht, den man Heimat nennt, dann ist das weniger der Ort, an dem man gesagt bekommt, was das gute Leben ist und mit welchen lokalen Traditionen man sich identifizieren soll. Wir werden immer dann fündig, wenn wir auf Menschen treffen, die ihre personalen Freiheiten mit ihrer personalen Verantwortung zusammenbringen. Das beginnt bei der Kindererziehung und der konkreten Nachbarschaftshilfe, beim wöchentlichen Kirch- oder Kneipengang und endet beim Kleinunternehmen, das die Heizung repariert, und dem täglichen Küchenplan. Jedes Mal gilt: Die Wahl bestimmt die Heimat und diese die konkreten Formen des Zusammenlebens, die uns ein höheres Maß an Zukunftsfähigkeit versprechen als alle anderen. Heimat ist dann nicht mehr der Gegenbegriff zu Globalisierung, sondern Kernbestand einer nachhaltigen Gesellschaft. Und Vertreter einer Offenen Gesellschaft sind keine Globalisten, welche alles universalisieren wollen, sondern Menschen, die globale Dimensionen so denken können, dass dann offene gesellschaftliche Verhältnisse herauskommen. Man kann auch sagen: Offene Gesellschaften schaffen die Bedingungen für Heimat, sie sind nicht die Heimat.[244]

Thomas Piketty revised

Thomas Piketty ist nicht nur einer der brillantesten Ökonomen unserer Zeit, sondern auch ein prominenter Vertreter eines partizipativen und egalitären Sozialismus. Er zeigt in unzähligen empirisch gestützten Arbeiten, wie asymmetrisch sich die Eigentums- und Vermögensverhältnisse entwickelt haben und welche verheerenden Auswirkungen dies auf unsere Gesellschaft haben kann.[245] Folgerichtig schlägt er vor allem eine progressive Vermögens- und Erbschaftssteuer, eine Stärkung des Sozialstaats sowie der Gewerkschaften vor. Er fordert einen anderen Gesellschaftsvertrag, bei dem am Ende egalitärere Lebensverhältnisse herauskommen sollten. In der Tat gibt es Phasen, etwa in der Zeit nach dem Zweiten Weltkrieg, in denen es mithilfe von Umverteilung um eine Steigerung der Wohlstandsentwicklung ging. Es gibt aber auch Phasen, in denen soziale und ökonomische Differenzen gerade notwendig sind, um Umbrüche und Disruptionen besser meistern zu können, weil es dann einzelne Personen und Unternehmen sind, die mehr wagen als andere. In einer solchen Phase stehen wir jetzt am Beginn des 21. Jahrhunderts. Vermutlich ist Thomas Piketty intellektuell nicht mehr korrigierbar und einholbar. Für ihn sind Umverteilung und Gleichheit ein Selbstzweck, gar ein Fetisch geworden und im Kern immer wichtiger als die Bereitstellung von Freiheiten und Differenzen. Thomas Piketty weiß immer schon, wie viel Ungleichheit richtig ist, und Thomas Piketty kennt an keiner Stelle seines Werkes den fundamentalen Unterscheid zwischen den hier beschriebenen zwei Formen von Ungleichheit: einer unterhalb und einer oberhalb der Basic Needs. Wenn wir Pikettys egalitärem Sozialismus folgen, wird er uns zur Knechtschaft führen und nicht in eine Ordnung der Freiheit.

Wir haben gesehen, dass Offene Gesellschaften Differenzen fordern und fördern, aber dass es jenseits von ökonomischen Unterschieden auch andere Kategorien gibt. Offene Gesellschaften differenzieren sensibel zwischen zwei Formen von Ungleichheiten und haben eine wichtige Beziehung zur Heimat als Wahlheimat. Aus all dem ergibt sich nun ein erster Zusammenhang von Freiheit und Nachhaltigkeit, der sich wie folgt formulieren lässt:

> *Nachhaltigkeit und Freiheit gehen zusammen, wenn wir uns von Not und Elend befreien, wenn wir uns an den öffentlichen Belangen beteiligen können und uns zugleich befähigen, nach den biophysikalischen Voraussetzungen all der damit verbundenen Freiheiten zu leben.*

Wenn Schwächen zu Stärken werden: Warum Offene Gesellschaften Nachhaltigkeit besser können

Eine Offene Gesellschaft kann man nicht begründen, man kann sich nur für sie entscheiden. Diese Entscheidung bleibt immer ein Wagnis, denn offene Verhältnisse tun sich schwer damit, die eigenen kulturellen Voraussetzungen, von denen sie leben, die sie aber selbst nicht garantieren können, kritisch zu diskutieren. Eine Ordnung der Freiheit ist somit immer unfertig und unbequem. Jedes Mal aber, wenn wir uns engagieren, fügen wir aktiv etwas Neues und Einzigartiges dieser Ordnung der Freiheit hinzu, das sonst nicht zur Verfügung stünde: revisionsoffen, öffentlich, angstfrei und (selbst-)kritisch. Wir selbst werden Teil des gesamten Vorgangs. Offene Gesellschaften entstehen also nur dort, wo autonome, freie Bürger sich engagieren. Fehlt diese Einsicht und fehlt ein solcher Konsens, gibt es schlicht keine Offene Gesellschaft. Freiheit und Kritik lassen sich nicht durch einen Rechtszwang oder ein autoritäres Gebot garantieren oder herstellen. Ein Zwang zur Kooperation ist nicht vorgesehen. Vielmehr gilt, dass sich die Mitglieder einer Offenen Gesellschaft ihre Regeln für einen öffentlichen Vernunftgebrauch selbst auferlegen und dabei autonom das Verfahren festlegen, mit dem Freiheitsgrade gesichert werden. Diese kulturellen Bedingungen gehen zeitlich und logisch einer Offenen Gesellschaft voraus und sind nicht das Ergebnis eines beliebigen, interessengeleiteten öffentlichen Diskurses, eines Mehrheitsbeschlusses oder von Lobbyarbeit, sondern eine normative Entscheidung ihrer Mitglieder: in einer Ordnung der personalen Freiheit leben zu wollen, die dann immer wieder neu verhandelt wird.[246]

Konfrontation statt Exklusion

Wie geht man mit Menschen um, die keine solche Offene Gesellschaft wollen? Was ist mit den 20 Prozent am linken und den 20 Prozent am rechten politischen Rand und gar den 20 Prozent, die eine Offene Gesellschaft grundsätzlich ablehnen? Mitglieder einer Offenen Gesellschaft müssen dies respektieren und auf der Basis der wechselseitigen Toleranz eine Zusammenarbeit projektspezifisch möglich machen, vom Kindergarten bis zum NATO-Einsatz. Nicht zuletzt auch deshalb, weil diese 20 Prozent vertreten werden durch Politiker, die in unserem Staatssystem durch ein demokratisches Mandat legitimiert sind. Eine generelle Kooperationsverweigerung der Mitglieder einer Offenen Gesellschaft mit diesen jeweils 20 Prozent missachtet den demokratischen Beschluss. Zudem verrät sie zwei Dinge: einmal, dass die eigene liberale Position nicht hinreichend stark formuliert ist. Die Stärke der Andersdenkenden ist dann eher eine Schwäche der eigenen Position als eine Stärke des politischen Gegners.[247] Zum anderen aber besteht das Kooperationsgebot auch grundsätzlich zum Schutz der Minderheit. Schnell kann es nämlich passieren, dass die erwähnten 20 Prozent, die jetzt noch eine Minderheit darstellen, eine relative Mehrheit werden und dann den Vertretern der Offenen Gesellschaft selbst die Kooperation verweigert wird. Kurz: Wenn wir diese 20 Prozent vom politischen Prozess ausschließen, laufen wir Gefahr, dass sie genau das tun, was wir selbst verhindern wollen: den Weg zur Knechtschaft, in die Zensur und in den Zwang zu wählen. Das beste Gegenmittel ist nicht die Exklusion, sondern die Konfrontation.

Im Anthropozän ändern sich die Umwelt- und Standardbedingungen jedoch andauernd, sodass gesellschaftspolitische Entscheidungen ständig nachgeschärft und angepasst werden müssen. Im Systemkonflikt mitentscheidend sind die Fähigkeit zur Rückkopplungen, also den Rückwärtsgang einlegen zu können, und die Besonnenheit zur kreativ-kritischen Latenz: kritische Rückmeldungen, fehlerfreundliche Revisionen, agile Anpassungsstrategien, öffentliche Diskurse, rigorose wissenschaftsbasierte Debatten, investigativer Journalismus, Minderheiten, die sich zu Wort melden, und eine Korrektur aller an der eigenen Position. Schnell sind Antworten irrelevant oder ungültig, weil die ursprüngliche Fragestellung bereits überholt ist. Eine Vielfalt an Fragen wird auf diese Weise zur Bedingung für Freiheit und Nachhaltigkeit zugleich. Offene Gesellschaften können all das besser als Autokratien. Wenn an politische Entscheidungen keine Luft mehr kommt, weil jede Kritik im Keim erstickt, die Suche nach einem wahrhaftigen Diskurs aufgegeben und personale Verantwortung delegiert wird, dann geraten die Entscheidungsträger in eine Einbahnstraße, aus der sie nicht mehr herauskommen. Im Handumdrehen wird ein Parteibeschluss oder die Entscheidung eines Oligarchen zu einer Übung in Realitätsverweigerung, da jede Form von korrigierender Rückkopplung und jeder Widerspruch unerwünscht sind. Der Autokrat sieht und hört alles und kann mittels digitaler Assistenzsysteme und Überwachungstechniken das Leben vollständig kontrollieren. Das kann nicht gut gehen.

Offene Gesellschaften als Netz

Offene Gesellschaften haben kein Zentrum, keine Mitte und keine Einheit in der Spitze. Sie sind wie ein Netz, bei welchem der Weber gleichzeitig das Netz ist.[248] Alle Komponenten überlappen sich und machen erst in ihrer Ganzheit eine normative Ordnung der Freiheit aus. Keine der Komponenten lässt sich vollumfänglich aus den jeweils anderen ableiten. In offenen Gesellschaften führen die Mitglieder ein Gespräch mit sich selbst und konstituieren damit eine gesellschaftliche Ordnung. Wir sind dann alle eher ein Kloster als eine Missionsstation.

Ich habe versucht zu zeigen, dass die Offene Gesellschaft bei Karl Popper, übersetzt ins 21. Jahrhundert, nicht wertneutral ist, wenn es um Biodiversität und globale Erwärmung, um Grundrechte und soziale Grundsicherungen geht. Und ich habe versucht zu zeigen, dass sie nicht nur das Ergebnis von singulären oder kollektiven nationalen Interessen darstellt, sondern einen normativen, nicht verhandelbaren Kern hat: Es geht um Werkzeuge der Freiheit, die zugleich Werkzeuge einer nachhaltigen Zukunft sind.

Abbildung 8 The net without a weaver effekt: Offene Gesellschaften – ohne Zentrum und ohne letzte Instanz

Offene Gesellschaften entwickeln sich somit jenseits von Gleichgewicht. Sie sind wie ein Intelligenzpuzzle. Wenn man einen Baustein wegnimmt oder falsch legt, entsteht ein schiefes Bild: keine Freiheit und damit auch keine wirkliche Nachhaltigkeit. Wenn wir die Bausteine des Puzzles aber richtig zueinanderstellen, wird ein Bild sichtbar, das mehr ist als die Summe seiner Teile. Offene Gesellschaften sind wie ein Bouquet oder eine Symphonie, alles ist wichtig, alles muss aufeinander abgestimmt sein, und nichts darf fehlen. Das Sixpack der Freiheit gibt es aber nur als Ganzes, nicht proportioniert oder fragmentiert. So kann man sich nicht für Marktmechanismen entscheiden, aber gleichzeitig das Marktdesign an ein Parteibüro delegieren. So kann man sich auch nicht für einen freien Wissenschaftsbetrieb entscheiden, aber gegen einen kritischen Kulturbetrieb und stattdessen für eine Staatsreligion. In jeder dieser Alternativen entsteht Gesellschaft; aber keine offene. Offene Gesellschaften werden so zu einer fortwährenden Suchbewegung für das Schöne, Wahre und Gute, welche das Wagnis gegen die Versuchungen von Autokratien besteht und sich gleichzeitig der Bereitschaft zum Bewahren und zur Verbesserung unserer Lebensumstände stellt. So kann man sagen: Die Ökologie bedroht nicht unsere Freiheit, sondern sie ist ihre Grundlage. Wenn wir also mehr Freiheit wollen, so sollten wir uns um die Umwelt kümmern. Daraus entsteht mindestens eine zweifache Forderung an uns selbst.

Kritisch(-er) werden für mehr Freiheit

Wir müssen uns bewusst werden, was alles gut geht und was wir bisher erreicht haben. Wo wollen wir hin? Was ist nicht verhandelbar, und was kann weg, zumindest vorübergehend? Offene Gesellschaften sind lernfähiger als andere Gesellschaftsformen, weil sie selbstkritischer sind. Sie sind selbstbeschränkend und widerstandsfähiger, agiler und anpassungsfähiger, weil es ihnen gelingt, ihre Selbstheilungskräfte zu mobilisieren. Außerdem können sie auf die Komplexität einer unsicheren Zukunft mit einem Ambiguitätsüberschuss reagieren. Widersprüche werden ausgehalten, nicht »wegreguliert«. Darüber erkennen wir zwei mögliche Formen des Zusammenlebens: eine, in der individuelle Freiheiten noch nicht ausgetestet und realisiert sind und wir in einem Zustand diffuser Kollektivität verharren; und eine zweite Form, die die Errungenschaften des Individuellen und Einzigartigen ehrt und schützt und gerade daraus die Energie für neue Formen von Solidarität, Verantwortung, Geduld und Rücksicht schöpft.

Dieses Bewusstseinsupdate beinhaltet auch die Unterscheidung eines normativen Kerns an unverhandelbaren Werten, um die wir nach innen ringen werden, und einer real- und machtpolitischen Position, die eine hinreichende militärische Verteidigungsbereitschaft begründet, diese inneren Werte zu schützen. Dies ist ein Bewusstsein, das der Wahlheimat jedes Einzelnen einen dreidimensionalen Ort zuweist, der nicht durch Kontrolle und Zensur, Gleichmacherei und Zwang, sondern durch die freie Wahl für ein selbstverantwortetes Leben charakterisiert ist. Dort leben dann Menschen, die sich bürgerliche Tugenden zu eigen gemacht haben. Toleranz und Respekt, Demut und Gnade, Solidarität und Hoffnung etwa. Diese Menschen wissen, dass wir auch auf den Erfahrungsschatz der anderen angewiesen sind und im Zweifelsfall nur Argumente und niemals Menschen sterben dürfen. Es ist dann ein mentaler Zustand erreicht, der den Unterschied zwischen furchtlos und mutig kennt, immer überzeugbar bleibt und offen für Korrekturen ist. Die Gleichung heißt jetzt: Keine andere Macht als die Freiheit kann Nachhaltigkeit.

Besser werden für mehr Freiheit

Für ein Upgrade unseres Bewusstseins sollten wir fragen, was besser werden muss. Was muss neu hinzukommen? Wo brauchen wir neue Spielregeln? Wenn wir verstanden haben, dass wir:

- Institutionen brauchen, die Menschenrechte als universell ansehen;
- Sunset-Klauseln zulassen sollten, die die Situation immer wieder neu bewerten und dann zu neuen Schlussfolgerungen kommen können;
- Rechtsstaatsmechanismen benötigen, die die Abwählbarkeit ermöglichen und wo klar geschrieben steht, wie Minderheiten zu Mehrheiten werden;

- Meinungsfreiheit sehr viel höher schätzen sollten als die Zensur einer Cancel Culture;
- Bürgerräten einen konsultativen Status geben sollten, damit sie das diverse Meinungsbild einer Gesellschaft abbilden und kanalisieren können;
- uns als Menschen in einem relationalen Humanismus in der Natur selbst begegnen und diese Natur als Rechtssubjekt anerkennen sollten;
- dem zivilen Ungehorsam einen Platz im gesellschaftlichen Leben einräumen müssen, denn er führt uns den Unterschied von legitimem Handeln und legalem Vergehen vor Augen;
- technologischem Fortschritt die Aufgabe zuweisen sollten, dem Menschen und der Natur zu dienen, sie zu unterstützen und zu fördern, ihre Selbstkontrolle und Selbstwirksamkeit zu erhalten und zu erweitern;
- einen Liberalismus 2.0 brauchen, der wirkliche Freiheit der Person meint und dann nicht identisch mit einem Privatismus ist, der immer dann, wenn es darum geht, Verantwortung zu übernehmen, diese sozialisiert und wegsieht;
- auf ein integriertes Marktgeschehen mit mehr Wettbewerb setzen sollten, bei dem die Preise die Wahrheit sagen müssen;
- ein neues Marktdesign benötigen, das sich durch die finanzökonomischen Anreize für mehr Nachhaltigkeit und neue geld- und fiskalpolitische Maßnahmen auszeichnet;
- neu klären müssen, was uns privat gehört und was wir sinnvollerweise eher öffentlich bereitstellen;
- einen aktiven und ermöglichenden Staat wollen, der systemische Risiken übernimmt, Gemeingüter ausreichend finanziert und zugleich privates Kapital und Engagement mobilisiert;

- uns mit einem aktiven und selbstbewussten Dritter Sektor einmischen können und sollten, um mitzuhelfen und Verantwortung in Freiheit zu übernehmen;
- kritische Medien und einen investigativen Journalismus unterstützen sollten, der uns immer den Unterschied zwischen Lüge, Fakten, Wahrheit und Verschwörungen aufzeigt;
- einen Wissenschaftsbetrieb brauchen, der wirkliche Probleme löst und die Wunder der Natur verstehbarer macht;
- eine Wissenschaft benötigen, in der Evidenz immer unvollständig bleibt, aber dennoch fester Bestandteil gesellschaftlicher Entscheidungen ist;
- einen Kulturbetrieb befürworten sollten, der, losgelöst von Sachzwängen und Selbstanbiederung, uns das Wahre, Schöne und Richtige zu zeigen weiß und uns in den Tiefen der eigenen Vergangenheit die Leistungen vergangener Zeiten in Demut und Anmut offenbart;
- ohne einen aufgeklärten Multikulturalismus, der an Grundwerten festhält und gleichzeitig die Vielfalt zulässt, nicht auskommen werden;
- einen Bildungssektor brauchen, in dem Kreativität, Neugierverhalten und Wissensdrang geradezu explodieren und der der Einmaligkeit der mittlerweile über acht Milliarden Talente auf diesem Planeten gerecht wird;
- eine Verfassung etablieren sollten, der es gelingt, dass Heilige und Absolute zu kennen, zu ehren und zu fördern, ohne es sich zu eigen zu machen, und wir uns alle eingestehen, dass es absolute Freiheiten nur in der Begegnung mit einer Transzendenz gibt;
- Grundgüter garantieren wollen, aber zugleich oberhalb derselben auch Unterschiede in der Lebensgestaltung, im Wohlstand und im Einkommen nicht nur zulassen, sondern uns wünschen sollten;

– alles in vielen kleinen Schritten und nicht als eine große Utopie verfolgen sollten;
– als Aktivisten demütig und selbstkritisch genug sein sollten, all dies nicht aufs Spiel zu setzen,

dann kennen wir die Zutaten für Freiheit, dann haben wir uns die Kosten der Freiheit bewusst gemacht. Kritischer werden und besser werden: Das ist das Rezept für mehr Nachhaltigkeit.

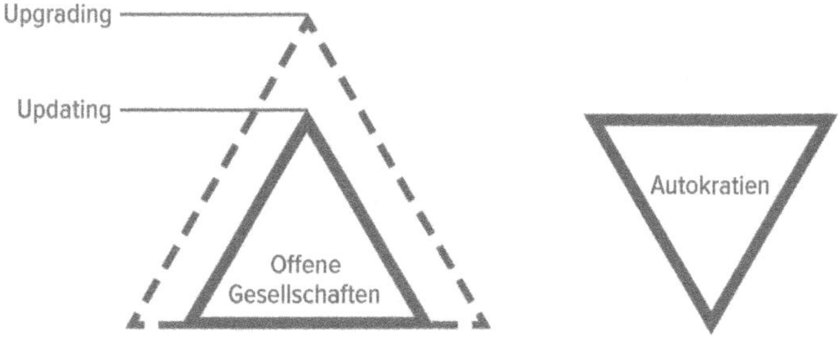

Abbildung 9 Rezept für mehr Nachhaltigkeit: Updating und Upgrading

Sehnsucht nach Freiheit wecken

Um sich an die Natur anzupassen, benötigen Menschen eine Vielzahl von weiterführenden Kulturleistungen. Diese substituieren, komplettieren und unterstützen den Menschen vorübergehend in seiner primären Mangelausstattung. Ob erste Erfindungen oder neueste Technologien, sie zeugen davon, wie die Technosphäre des 21. Jahrhunderts gewissermaßen zu einer zweiten Haut zwischen Menschen und zwischen Mensch und Natur wird. In all diesen Fällen gleicht Technik einen Mangel aus.[249] Wir sollten nicht den Fehler machen, diese Lücke durch Fake News, Aberglauben, Ideologien, unproduktive Bespaßungen, potenziell süchtig machende Ablenkungen oder systematische Zensur, Kontrolle und Paranoia zu füllen. Besser dafür geeignet sind Institutionen, die uns die Freiheit und die Nachhaltigkeit zugleich sichern. Die Offene Gesellschaft ist wie ein Haus mit unterschiedlichen Räumen. Wir müssen aufpassen, dass einzelne Zimmer nicht verschlossen sind. Und wenn einzelne Räume vorübergehend geschlossen werden müssen, braucht es für diese Schließung nachvollziehbare und gute Gründe.[250]

Wenn wir Menschen aber ein solches kritisches und selbstverantwortetes Leben führen wollen, dann geht es weniger darum, dass wir alle mit einem digitalen Endgerät ausstatten und uns gegenseitig dauerüberwachen, uns mit Almosen versehen und mit einer Utopie über ein gutes oder gerechtes Leben beglückt werden. Es wäre auch nicht zielführend, wenn uns jemand sagte, wann wir Fahrrad fahren oder einen Veggiburger essen sollen. Vielmehr geht es darum, die Sehnsucht nach Freiheit zu wecken. Wenn das gelingt, dann erblüht eine Offene Gesellschaft, in der es die Sternstunden in Politik, Wissenschaft und Gesellschaft sind, in denen Einzelne oder kleine Gruppen von Menschen den entscheidenden Unterschied machen.[251] Diese Schicksalsstunden oder Wegscheiden entscheiden darüber, wohin die Reise geht. Und sie entscheiden es jetzt.

Reiseziel: Nachhaltigkeit in Freiheit

Die EU hat gezeigt, wie man in weniger als einer Generation von Ausschwitz nach Brüssel kommt, von autoritärem Terror in eine Ordnung der Freiheit. Das können wir auch in der Nachhaltigkeitsdebatte, jetzt, im noch frühen 21. Jahrhundert. Gegen Entzeittrommler und Apokalyptiker, gegen Alarmisten und Angstmacher, treten wir als Pioniere der Freiheit an: Selbermacher statt Zulieferer, A-Team statt B-Team und Anpacker statt Follower. Wir warten nicht, bis wir aufgerufen werden, sondern sind aktive Spieler und Regelgeber zugleich auf dem Weg in eine neue Nachhaltigkeit.

Wir entdecken, dass die Offene Gesellschaft ein Prinzip der gesellschaftlichen Selbstorganisation ist, das seine natürliche Anziehungskraft und Spannung dadurch erhält, dass wir anfangen, unsere Hausaufgaben zu machen. Es sind dann nicht die Gegensätze von Staat und Markt, Kapitalismus und Klima, Krieg und Frieden[252] Sicherheit und Nachhaltigkeit, linken und rechten Narrativen oder Umwelt und Ökonomie, die unsere Zukunft bestimmen, denn sie alle bleiben bipolar aufeinander bezogen. Der eigentliche Gegenentwurf zu all dem, der zugleich alle bisherigen Gegensatzbeziehungen aufhebt, lautet: Nachhaltigkeit in Freiheit.

So wird es uns gelingen, zukünftige Generation, die derzeit noch skeptisch sind, wenn es um das Prinzip Freiheit geht, wieder für diese Idee zu gewinnen und zu mobilisieren. Denn jetzt wissen wir, was und wohin wir wollen. Und so wird das Prinzip einer Offenen Gesellschaft auch für alle Unentschiedenen, Wackelkandidaten und Zaungäste attraktiv. Freiheit wird zu Nachhaltigkeit, wenn es nicht nur um die Befreiung von Not und Zwang, sondern auch um die Beteiligung am öffentlichen Leben und schließlich um die Ermächtigung geht, ein Leben zu führen, das die biophysikalischen Voraussetzungen gerade dieser Freiheit ermöglicht. Nur so entsteht aus der Überlegung, dass wir alles auch anders machen könnten, erfahrbare Realität. Offene Gesellschaften können es besser, weil sie die Bedeutung und die Tragweite kritischen Denkens ehren und institutionalisieren und weil es ihnen gelingt, Freiheit, Verantwortung und damit auch Nachhaltigkeit zusammenzudenken. Es ist die hohe Zeit der Kritik und Freiheit.

Worauf warten wir also noch?
Kümmern wir uns um die Freiheit!

Anhang

Checkliste: Freiheit oder Zwang?

Sind Sie schon auf dem Weg in die Kontrolle und zur Knechtschaft?
Stimmen Sie den folgenden Aussagen eher zu oder eher nicht?

		Stimme eher zu	Stimme eher nicht zu
1.	Ich habe eine grobe Vorstellung davon, was eine Offene Gesellschaft ist.		
2.	Freiheit und Verantwortung gehören zusammen.		
3.	Ich habe das Gefühl, dass ich meine Meinung nicht mehr öffentlich sagen kann, ohne persönlich angegriffen zu werden.		
4.	Demokratien sind nicht dafür gewappnet, die gesellschaftlichen Herausforderungen im 21. Jahrhundert zu meistern.		
5.	In meinem Land werden Freiheiten eingeschränkt, ohne dass mir erklärt wird, warum, für wen und wie lange.		
6.	Die Erziehung der Kinder dient der freien Entwicklung und individuellen Kreativität.		
7.	Mir wurde mitgeteilt, dass die Geschichte eigentlich zu Ende ist und es nur noch um kleinere Anpassung an das gegebene System geht.		
8.	Es gibt zahlreiche Experten und/oder Wissenschaftler, die behaupten, dass sie über letzte, nicht korrigierbare Wahrheiten verfügen.		
9.	Mir wird vermittelt, dass die gegenwärtige Politik alternativlos ist.		
10.	Ich weiß manchmal nicht, was privat und was öffentlich ist.		
11.	Ich kenne den Unterscheid zwischen Zensur und Kritik.		
12.	Mir werden Verhaltensänderungen und Einschränkungen meiner Freiheitsgrade unter Angst, Alarmismus und / oder der Annahme einer Endzeitstimmung abverlangt.		
13.	Mir wird manchmal erzählt, dass politische Vertreter die Mehrheit repräsentieren, obwohl dies nicht stimmt.		

14.	Ich stelle fest, dass in der öffentlichen Debatte zwischen Person und Argument oft nicht mehr unterschieden wird.		
15.	Ich habe das Gefühl, dass ich mir von digitalen Technologien und sozialen Medienplattformen aus Bequemlichkeit manchmal das eigenständige Denken abnehmen lasse.		
16.	Ich bin der Meinung, dass Medien, Großkonzerne und NGOs ein hinreichend kritisches Verhältnis zu sich selbst haben und ausreichend kritisch kontrolliert werden.		
17.	Ich denke, dass die Reformen auf den Finanzmärkten ausreichen, um einen Beitrag zu einer nachhaltigen Zukunft zu leisten.		
18.	Ich bin überzeugt, dass digitale Technologien den Geschäftsmodellen »Kommerz oder Kontrolle« folgen.		
19.	Mir werden häufig auf komplexe Zusammenhänge einfache und reduktionistische Lösungen angeboten.		
20.	Mir wird manchmal gesagt, dass ein Buch, ein Manifest, eine Partei oder eine Nomenklatura besser weiß, was zu tun ist, als ich.		
21.	Politische Lösungen werden eher in unilateralen als in multilateralen Abkommen geschlossen.		
22.	Meiner Meinung nach liefert der Wissenschaftsbetrieb eine erste und korrigierbare Orientierung für Problemlösungen.		
23.	Ich denke, Kultur sollte in erster Linie der Unterhaltung dienen.		
24.	Offene Gesellschaften müssen wehrhaft gegen innere und äußere Feinde sein.		
25.	Ich habe noch nie von einem demokratisch legitimierten szientistisch-technokratischen Imperativ gehört.		
26.	Mehrheitsbeschlüsse allein legitimieren gar nichts. Sie müssen immer einen normativen Kern repräsentieren, der den Freiheitsrechten verpflichtet ist.		
27.	Ich bin mir der Grenzen des Multikulturalismus bewusst.		
28.	Politik, welche nicht der Freiheit und seinen vielfältigen Rechtsstaatsmechanismen verpflichtet ist, kann in die Tyrannei führen.		

Wenn Sie bei der Mehrheit der Aussagen unschlüssig waren, was Sie ankreuzen sollen, könnten Sie bereits den Weg in die Kontrolle und zur Knechtschaft eingeschlagen haben, ohne es zu merken.

Disclaimer

Auch wenn das Buch gezeigt hat, dass Offene Gesellschaften Zukunft besser können und warum, so sollten wir dennoch der Demut und Einsicht folgen, dass die Nachhaltigkeitsagenda gerade jenseits einer politischen Agenda liegt. Nachhaltigkeit geht uns alle an, unabhängig davon, ob wir einem liberalen Rechtsstaat oder einer kollektiven digitalen Autokratie anhängen. Wir sollten also nicht warten, bis einer der beiden Kontrahenten den Systemkrieg gewonnen hat und alle Politiksysteme umgestellt sind, sondern wir sollten stattdessen Geld- und Finanzmarktmechanismen und Anreizstrukturen anpassen und korrigieren, damit eine gemeinsame Zukunft auch dann entsteht, wenn der Systemkonflikt noch andauert.[253]

Anmerkungen

1 Heidenreich (2022).

2 Friedman (2008) 53 ff.

3 Das Buch wäre ohne zahlreiche Rückmeldungen, Diskussionen, Vorträge und Hintergrundgespräche nicht möglich gewesen. Nennen möchte ich insbesondere die Treffen mit Mitgliedern der Weltakademie der Künste und Wissenschaften (WAAS), der Europäischen Akademie der Künste und Wissenschaften (EASA) und des Club of Rome. Den Teilnehmern meiner universitären Vorlesungen in Warschau, Luzern, Liechtenstein, Mittweida und an der Charité in Berlin danke ich für die wichtigen Rückmeldungen genauso wie den Parteimitgliedern der sächsischen Landes-FDP. Besonders hilfreich waren für mich die Beiträge der Lancet Group unter Jeffrey Sachs, die der Teilnehmer der COP 27 sowie die der Mitglieder des Beirats der Bundesregierung »Sustainable Finance«. Gespräche mit Teilnehmern des Forums Tiberius in Dresden, der Neos-Konferenz, der Biennale in Frankfurt sowie der Tage der Transformation in Krems waren für mich so unverzichtbar wie die Gespräche mit Mitgliedern des Parlamentarischen Wirtschaftsforums der FDP in Berlin sowie die Auseinandersetzung mit den Wirtschaftsjunioren, die Treffen mit der Restrukturiererbranche und nicht zuletzt die Gespräche am Centre Condorcet in Brüssel.

4 Bauer (2018).

5 Zettele (2020).

6 Menschen haben Angst vor der Freiheit und wählen stattdessen eher den Weg des Konformismus, der Selbstzerstörung durch Anarchie oder folgen den Verführungen durch Autokratien. Aber es gibt neben diesen drei bekannten Alternativen einen vierten Weg. Digitalisierung, Globalisierung und eine Offene Gesellschaft haben dem Menschen unerreichte Freiheiten und Selbstermächtigungen ermöglicht. Die Angst vor dieser Freiheit ist wohl mehr eine Angst vor dem Schatten als dem Licht. Wer ist der Regisseur, wer schreibt das Drehbuch? Brunnhuber (2021), 216–225.

7 Hayek (1944).

8 Wenn man diese Periode genauer umreißt, so umfasst sie den Mauerfall (1989) und den Zerfall der UdSSR (1991) bis hin zur globalen Finanzkrise (2008) und den Verfassungsänderungen in China (2018), welche den Präsidenten auf Lebenszeit festlegen, sowie jene, die Wladimir Putin die Möglichkeit geben, bis 2036 im Amt zu bleiben (2021). Diese circa 30-jährige Periode kann man geopolitisch als ein unipolares Momentum beschreiben, in welchem der hegemoniale Liberalismus des Westens die alleinige politische Dominanz darstellte und mit dessen Ende diese unipolare Dominanz in eine multipolare Weltordnung überging.

9 Der Begriff *preparedness for change* geht auf empirische Untersuchungen in der Suchtmedizin zurück und wurde hier vielfach klinisch bestätigt. Die Bereitschaft für eine Veränderung ist dabei notwendiger Teil einer Sequenz von Variablen, welche schließlich in die faktische Verhaltensänderung führt. Hinzu kommen dann weitere Faktoren wie Absichtsbildung, Vorbereitung, Wahrnehmung der Ambivalenz, Handel und Stabilisierung. Rollnick u. a. (2008).

10 Taylor u. a. Biological Sciences (2001), 356: 983–989.

11 Crutzen (2002).

12 Gatti u.a. Nature 595, 388–393 (2021).

13 Siehe vor allem das Stockholm Resilience Center: https://www.stockholmresilience.org/research/planetary-boundaries.html

14 Human Development Reports (2023).

15 Weizsäcker & Wijkman (2017).

16 Siehe Kant (2021).

17 In der Tat wird jede Geopolitik zur Biopolitik. Im 19. und 20. Jahrhundert wurden gesellschaftliche Konflikte als soziale Fragen ausgehandelt. Mit der Agenda der Nachhaltigkeit gibt es aber nichts auszuhandeln. Biophysikalische Gesetze und wissenschaftliche Evidenz müssen in kluge Politik übersetzt werden. Siehe hierzu auch die Ausführungen in Teil III des Buches.

18 Harari beschreibt in seinem Buch »Sapiens« (2021) zwei wichtige Errungenschaften, die den Menschen im Umgang mit einer aversiven Umwelt kennzeichnet: einmal die Erfindung der Nadel und zum anderen die Fähigkeit zum Narrativ. Die Nadel stellt wohl das erste hergestellte Werkzeug dar, das durch die Bereitstellung von Kleidung ein Überleben in anderen Klimazonen ermöglichte. Narrative sind fiktive Geschichten, die wir uns gegenseitig erzählen, an die wir alle glauben und deren Glaube dazu führt, dass große Kohorten von Menschen koordinierte Verhaltensänderungen vornehmen. Der Glaube an einen bestimmten Gott etwa führt dazu, dass Menschen an einer anderen Stelle der Welt gegenüber anderen, ihnen unbekannten Menschen in einen heiligen Krieg ziehen, sich gegenseitig töten in der Hoffnung auf ein besseres Leben im Himmel; oder auch, wenn wir über internationale Handelsabkommen globale Wertschöpfungsketten organisieren; Ähnliches gilt für das Narrativ des Geldes. Wir arbeiten einen ganzen Monat, um am Ende dann einen Scheck zu bekommen, auf dem eine Zahl steht, mit der wir dann wiederum verhaltenskonform einkaufen gehen und unsere Leben organisieren. Alles nur, weil wir daran glauben. Das Verständnis von Geld wie auch das von Gott oder vom Welthandel könnte auch ein ganz anderes sein. Ein anderes Narrativ würde dann zu einer anderen Verhaltenskoordination und damit in eine andere Welt führen. Beide, Nadel und Narrativ, sind erfolgreiche Anpassungsstrategien an eine komplexe und herausfordernde Umwelt. Sie stellen zwei Resilienzstrategien dar: die Nadel als sensomotorische praktische Technologie im Äußeren und das Narrativ als mentales Bild im Inneren. Was ist eigentlich die Gemeinsamkeit zwischen der Nadel und der Maske zur Bekämpfung von viralen Pandemien? Beide stellen Resilienzfaktoren, intelligente Anpassungsstrategien dar, um mit einer veränderten, aversiven Umwelt besser umgehen zu können. Beide benötigen Ressourcen, Geld und Zeit, verändern unsere relativen Preise, die Arbeitsteilung, richten unser Verhalten neu aus und schaffen so einen Überlebensvorteil.

19 Jaspers (1983), 8. Aufl.

20 Crutzen (2002).

21 Stokes (2006).

22 Siehe die Ausführungen in Brunnhuber (2021a) Kapitel 2.

23 Das ist ein Problem, aber nicht das Ende der menschlichen Zivilisation, der Menschheit oder gar das Ende der Welt. Unser Einkommen würde im globalen Durchschnitt bis 2050 lediglich weniger wachsen, also statt 200 nur um 195 Prozent.

24 Hinzu kommt, dass dies mit einer erheblichen Verschiebung der Ressourcen einhergeht. Die zur Verfügung stehenden Gelder werden weniger in Industriekapital und konventionelle Infrastruktur, sondern nun vor allem in Katastrophenmaßnahmen (z.B. Dämme, Rückhaltebecken) fließen. Dies wird dann zwangsläufig mit einem Verlust an Produktivität im herkömmlichen Sinne einhergehen.

25 Werte sind für die Globalisierung 4.0 wichtiger als Emotionen. Gefühle sind flüchtig und verändern sich wie Stimmungen und Einschätzungen. Werte dagegen sind stabiler und überdauern die Zeit. Wenn eine Gesellschaft auf Emotionen aufgebaut ist,

dann entsteht eine Diskussion um *frames*, *nudging* oder Charakter und Temperament. Im kollektiven Raum kann das schnell aus dem Ruder laufen, wenn Irrationalitäten kollektiv geteilt werden. Werte dagegen sind vielmehr ein Orientierungsrahmen, der kognitive und emotionale Aspekte integriert hat. Wenn wir uns auf liberale Werte einigen, dann entsteht die Herausforderung, dass wir diese richtig ausdeuten.

26 Die Wissenschaft hat 16 Kipppunkte identifiziert, von denen neun bereits in einen instabilen Zustand geraten sind, in dem Ökosysteme ihre unterstützende Funktion für menschliche Habitate unterminieren. Vier der Kipppunkte sind bereits ab einem Erhitzungsgrad von 1,5 Grad Celsius in Gefahr. Zwei sind von besonderer Bedeutung: Der Westantarktische Eisschild und der Grönländische Eisschild schmelzen bis zu viermal schneller, als die Temperatur steigt. Der Effekt ist, dass der Meeresspiegel dann um zehn Meter höher liegt, die Monsune sich weiter nach Süden verlagern und der südamerikanische Amazonas Gefahr läuft auszutrocknen. Wir haben es folglich nicht nur mit einer Klimakrise zu tun, sondern mit einer planetarischen Krise, welche Artenverlust, Luftverschmutzung, die Funktionsfähigkeit von Ökosystemen als Ganzes und die damit verbundenen sozialen Verwerfungen umfasst. Solche Kaskaden und Dominoeffekte folgen biophysikalischen Gesetzen und sind nicht primär Gegenstand eines politischen Entscheidungsraums. Die Politik kann hier nicht klären, ob diese Effekte eintreten, sondern nur, wie besser mit ihnen umzugehen ist. Titanji (2022), Science 377 (6611).

27 Ob die Vielfalt im Netto eher zugenommen oder abgenommen hat, ist schwer zu sagen. Globalisierung führt zunächst eher zu einer Zunahme von Vielfalt auf lokaler Ebene. Der globale Kapitalismus sowie die Digitalisierung ersetzen lokale Vielfalt eher durch marktförmige, standardisierte Produkte und Dienstleitungen. Es gibt dann weniger Apfelsorten und weniger Sprachen, dafür aber mehr Müsliriegel und mehrsprachige Onlineyogakurse. Wir müssen wohl zwischen der Vieldeutigkeit (Ambiguität) von Wahlmöglichkeiten und der Vielfalt von (eindeutigen) Produkten und Dienstleistungen unterscheiden. Was man sicher sagen kann, ist, dass eine Verschiebung von Vielfalt und Vieldeutigkeit stattfindet und dass diese zu einer Zunahme an Komplexität führt. Aber das ist kein Naturgesetz, das wir nicht ändern könnten.

28 Hierher gehören auch neue Unternehmensverfassungen, neben dem Verein, der Gemeinnützigen GmbH und der Genossenschaft etwa die Purpose-Unternehmen (pGmbH). Das Unternehmen gehört allen Mitarbeitern, schafft einen inhaltlichen Mehrwert für die Gesellschaft und bedient nicht die Interessen des Kapitalmarktes oder die Gewinnorientierung. Solche ›Unternehmen in Verantwortungseigentum‹ dienen in diesem Sinne ausschließlich der Nachhaltigkeit. Gewinne können nicht ausgeschüttet werden (›Asset-Lock‹), und das Unternehmen kann nicht verkauft werden (›Shareholder-Lock‹). Das Unternehmen kann dann nur an die nächste Generation weitergegeben werden.

29 Zu einer Renaissance von Governance, Verwaltung und Regulierung sollten ein neues Mandat für Zentralbanken gehören (grünes Quantitative Easing, parallele digitale Währungen, grüne Staatsanleihen) sowie eine Reihe von Kartellgesetzen, die einen fairen Wettbewerb, höhere Qualität und niedrigere Preise garantieren, insbesondere für die digitale Plattformwirtschaft.

30 Im Zusammenhang mit dem Begriff Risikogesellschaft ist die Unterscheidung zwischen Risiko und Unsicherheit sinnvoll. Risiken sind quantifizierbar, unterliegen einer Wahrscheinlichkeitsanalyse und tragen dann im besten Fall ein Preisschild. Damit werden sie handelbar und berechenbar; Unsicherheiten dagegen sind systemimmanent, sie gehen nicht weg und erfordern, dass wir Vorbereitungen treffen, mit ihnen angemessen umzugehen. Obwohl es keine empirisch verlässliche Arbeit zu der Frage gibt, in welchem Umfang Risiken und Unsicherheiten auftreten, ist von einem Verhältnis von 1:100 bis 1:1000 auszugehen. Siehe Beck (1986); Gerrard (2022), Review of Political Economy 1-26.

31 Man spricht in diesem Zusammenhang auch vom Ashby'schen Gesetz (1958), ein Begriff aus der Kybernetik und Systemtheorie. Ein System, das ein anderes steuern soll, kann Störungen dann am besten ausgleichen, wenn es selbst eine hohe Varietät und Komplexität in den Optionen oder Handlungen hat. Das heißt, die innere Variabilität muss mindestens so groß sein wie die Varietät der äußeren Störungen.

32 Es gibt keine Zahlen in der Welt, nur unterschiedliche Größenordnungen. Es ist der menschliche Geist, der Zahlen in die Welt hineinträgt und hineinliest, dann zu rechnen beginnt und schließlich danach handelt. Solche Rechenoperationen sind sinnvoll. Frei nach Leibniz: Calculemus. Lasst uns rechnen, dann streiten wir weniger.

33 Und für alle Veränderungsprozesse gilt immer noch: Ich kann nur den ändern, den ich liebe (Mutter Theresa) – oder frei nach C. G. Jung: »Ich kann nur das ändern, was ich annehme.«

34 Fischer (2015), 45 ff.

35 Wissenschaft kann die Welt mehr verändern als Kriege, etwa durch das einsame Denken an einem Schreibtisch. Zum Beispiel hat Werner Heisenberg in einer durchdachten Nacht im Februar 1927 die Quantenmechanik entdeckt, welche heute bis zu 30 Prozent des Weltsozialprodukts wesentlich mitbestimmt.

36 Rauch hat in einem wichtigen Buch die Architektur oder Anatomie des Wissens nachgezeichnet. Es sind immer Bildung, Forschung und Entwicklung, investigativer Journalismus, dezentrale Entscheidungsprozesse und die Exploration von neuem Territorium, die uns einen Zuwachs an Wissen und Weisheit versprechen. Rauch (2021).

37 Und Wissenschaft kann sich irren: Die Internationale Statistische Klassifikation der Erkrankungen (ICD: International Statistical Classification of Diseases and Related Health Problems) hat Homosexualität jahrelang als Krankheit definiert, Marxisten haben die Geschichtswissenschaft politisch instrumentalisiert, und die Faschisten haben mit der Rassenlehre eine vermeintlich wissenschaftliche Fundierung ihrer Politik ermöglicht. Und dennoch gilt: Wissenschaft ist dann korrigierbar und revisionsoffen, wenn sie frei ist und den kritischen Verstand gerade für jenen Prozess nutzt.

38 Freedomhouse (2021): Countries and Regions [https://freedomhouse.org/report/freedom-world/2021/democracy-under-siege/countries-and-regions].

39 Dieser historische Zyklus umfasst Monarchien, Tyranneien, Aristokratien, Oligarchien, Demokratien, Anokratien (schwache Institutionen, in denen die Exekutive nicht mehr hinreichend zur Rechenschaft gezogen werden kann) und Ochlokratien (Macht des Pöbels), welche dann wiederum in den Ruf nach dem starken Mann münden. Demokratien stellen dabei ein schmales gesellschaftspolitisches und historisches Fenster dar, das in Offene Gesellschaften führen kann. Es ist ein instabiles, sensibles Fernabgleichgewicht, das den Menschen die Freiheit ermöglicht. Alle anderen Regierungsformen führen zur Knechtschaft oder in Geschlossene Gesellschaften.

40 In antifragilen Gesellschaften gelingt es, eine Balance zwischen Effizienz und Resilienz herzustellen und dabei Widersprüche aufzulösen. In robusten und fragilen Gesellschaften bleibt der Gegensatz von Effizienz und Resilienz erhalten und schafft ständig neue Zielkonflikte (Trade-offs). Brunnhuber (2021), Cadmus 4 (4), 216–225. Taleb (2015).

41 Man kann diesen autoritären Reaktionstypus als *»oneness«* oder *»sameness«* charakterisieren. Es geht also um gesellschaftliche Einheit und hohe gesellschaftliche Gleichheit. Ein Drittel der Europäer und 44 Prozent der Bürger in den Vereinigten Staaten haben eine solch autoritäre Reaktionsform. Diese Autoritätsskala determiniert psychologisch mehr am politischen Wahlverhalten als die Unterscheidung von links und rechts. Autoritäre Reaktionsbereitschaften sind eine natürliche Variante des menschlichen politischen Charakters, die durch Triggerereignisse ausgelöst werden. Siehe auch Stenner (2005) oder auch

Stenner (2009). Psychological Inquiry (2–3), 142–159. 20 (1): 142–159.

42 Man kann das weiter differenzieren. Die progressiven Linken werden an den Nachhaltigkeitsfragen scheitern, wenn es darum geht, Solidarität und Diversität zusammenzubringen, so wie die Konservativen scheitern werden, wenn es um Zugehörigkeit und Freiheit geht. Unterschieden werden weiter die »Anywheres« (20 bis 25 Prozent) sowie die »Somewheres«. Beide teilen eine mehrteilige Mittelschicht untereinander auf. Die »Somewheres«, die sich über ihren Wohnort definieren, wollen aber keine weitere kulturelle Differenzierung, sondern Übersichtlichkeit. Goodhart (2017).

43 Hier kann eine Unterscheidung weiterhelfen: Einsamkeit und Alleinsein: Einsamkeit führt in die Isolierung und die Empfänglichkeit für autoritäre, fundamentalistische und geschlossene Weltbilder und Gesellschaftsentwürfe. Sie ist zugleich ein entscheidender Risikofaktor für zahlreiche Krankheiten. Alleinsein dagegen beschreibt die Fähigkeit, sich mit sich selbst eigenverantwortlich auseinanderzusetzen. Sie gilt als einer der wichtigsten Resilienzfaktoren, den wohl nur freie Menschen besitzen. Dem Wissenschaftler und Philosophen Blaise Pascal wird der Satz zugesprochen, dass alle Probleme der Menschen entstünden, weil sie nicht allein in einem Zimmer sein können.

44 Politische und kulturelle Minderheiten, sexuelle Orientierungen außerhalb der statistischen Norm, mystische Traditionen und liberal Gesinnte treffen in Autokratien regelmäßig auf Widerstand und Unterdrückung. Warum ist das so? In allen Fällen werden individuelle Ausdrucksformen und Lebensstile eingefordert, die für einen autokratische Regierungsform gefährlich werden können. Autokratien haben Angst vor Individualität, weil sie sie als systemgefährdend betrachtet.

45 Neben Faschismus und Kommunismus ist der politische Islamismus die dritte illiberale politische Kraft. Das Besondere am fundamentalistischen Islam besteht nicht in seiner religiösen Orthodoxie, sondern in seinem politischen Anspruch, nicht nur das religiöse, sondern auch das staatliche, politische und säkulare Leben zu regulieren.

46 Was im Kopf eines Autokraten vor sich geht, kann man in der Dezember-Ausgabe der Foreign Affairs (2022) nachlesen. Der ehemalige Regierungschef Australiens H. Rudd zeigt, wie stark die Politik des chinesischen Machthabers durch seine eigenen Gedankengänge bestimmt ist: Marxismus und Leninismus, Nationalismus und Bilateralismus. Hinzu kommen der unkorrigierbare Glaube an ein historisches Gesetz (Historizismus) und die Überzeugung, dass die Partei, Ideologie und Dialektik wichtiger sind als wissenschaftliche Fakten, ein Dritter Sektor, freie Märkte, Minderheitenschutz oder Falsifikation. Das erinnert bis in konkrete Formulierungen hinein stark an das, was Karl Popper eine Geschlossene Gesellschaft genannt hat. Man kann der Überzeugung anhängen, dass dies alles bereits als überwunden galt, aber es hilft nichts. Autokraten denken so und bestimmen das Weltgeschehen, auch wenn sie irren und es nur noch nicht wissen.

47 Die illiberalen Demokratien der osteuropäischen Länder sind zum Teil ein Reflex auf die Ära der Imitation: Es sind die Institutionen und Wertvorstellungen des Westens, die in einem postsozialistischen Regime unkritisch übernommen wurden. Nishra (2007).

48 Der Kritische Rationalismus unterscheidet hiervon den Historismus. Dabei geht es darum, ein historisches Bewusstsein gegenüber der aktuellen Situation zu schaffen. Ein kritisch aufgeklärtes Geschichtsbewusstsein, das sich der Relativität und Kontextualität der eigenen Position bewusst ist, wird zu einem wichtigen Korrektiv innerhalb einer Ordnung der Freiheit. Der Historizismus dagegen kennt nicht das Korrektiv, sondern nur das unveränderte Gesetz. Siehe Brunnhuber (2021), Cadmus 4 (4), 216–225 mit weiteren Beispielen.

49 Der Populismus funktioniert nur, weil er auf Errungenschaften zurückgreifen kann, die er selbst nicht garantieren kann: Akzeptanz, Toleranz und alternative

Systemlösungen für komplexe Probleme, Fehlerfreundlichkeit und Offenheit für Revision sowie die Bezugnahme auf individuelle Freiheitsrechte und basale Güter und Gemeingüter und deren Schutz. So leisten sich Offene Gesellschaften auch die Meinung von Populisten, rechten und linken Fanatikern sowie Aspekte von geschlossenen und homogenen Habitaten in dem Wissen, dass keine dieser Spielarten zu 100 Prozent falsch ist, jede ihren Platz hat und dennoch sich jede einzelne Position im Lichte von Kritik, Freiheit und Ordnung immer wieder aufs Neue falsifizieren und öffentlich rechtfertigen muss. Gelingt ihr dieser Test nicht, hat sich der Beitrag, welcher Position auch immer, für Offene Gesellschaften disqualifiziert und im strengen erkenntnistheoretischen und gesellschaftspolitischen Sinne falsifiziert.

50 Politische Extreme sind so häufig eindeutig wie falsch, da die Realität eben vieldeutig und komplex ist. Geschlossene Gesellschaften haben drei Möglichkeiten, darauf zu reagieren: Entweder sie verhindern und unterdrücken sie, sie reagieren mit Gleichgültigkeit, oder sie erlauben unendliche, relativistische Deutungen, die letztlich unverbindlich und nichtssagend werden. Offene Gesellschaften dagegen setzen auf ein gewolltes Maß an Vielfalt und Ambiguitätsüberschuss. Sie versprechen wahrscheinlich die besseren, revisionsoffeneneren Lösungen in Zeiten gestiegener Komplexität.

51 In diesem Sinn sind das Elend der Zwangsläufigkeit, der Historizismus und der Populismus parasitär und selbstlimitierend. Sie schaffen sich an der Stelle ab, sobald sie ins Werk gekommen sein sollten, und mit ihnen dann auch alle Errungenschaften und Kulturleistungen, die typisch und charakteristisch für eine Offene Gesellschaft sind: individuelle Kritik, Kreativität und die Koexistenz von ethnisch heterogenen, sozioökonomischen Gruppen unter einem Dach.

52 Diese Illusion ist belegt und wurde mittlerweile gemessen: Autokratische Systeme weisen in Teilen ein bis zu ein Drittel geringeres Wirtschaftswachstum auf, als die offiziellen Statistiken hergeben. Siehe etwa: Martinez (2021). Acemoglu (2022).

53 Illiberale Gesellschaften stehen im Kern in einem ständigen Kampf und in interner Aggressionsbereitschaft mit ihren eigenen Bürgern, weil sie ihnen die Selbstwirksamkeit und Selbstkontrolle ihres Lebens absprechen und stattdessen den ganzen Vorgang kontrollieren wollen. Wenn man das bei Licht besieht, kann das nicht gut gehen. Doyle (2015).

54 Man kann sagen, dass der normative Fortschritt sich wie ein expandierender Kreis verhält, dem es gelingt, immer mehr Menschen und Lebendiges zu inkludieren. Siehe auch die umfassenden empirischen Befunde des World value reports: https://www.worldvaluessurvey.org/wvs.jsp; Liberal-progressive Werte bleiben folglich auf dem Vormarsch. Ronald Inglehart spricht gar von einer »stillen Revolution«.

55 Die menschliche Spezies gibt es seit über 100 000 Jahren auf diesem Planeten, und sie ist in ihrer Bewusstseinsentwicklung ständig vorangeschritten. Im Kern ging es bei dieser Weiterentwicklung immer um ein Mehr an Personalität und Individualität. Man spricht hier auch von einem »human-centered approach«. Minderheitenschutz, Kindswohl, Frauenrechte sind Beispiele hierfür. Dieser Entwicklungsgang war immer gepaart mit einer Erweiterung unseres Bewusstseinsraums. Es wurde mehr integriert, inkludiert und internalisiert. Wir bewegen uns als Spezies auf diesem Pfad eines personenzentrierten Ansatzes. Es ist kontraintuitiv, davon auszugehen, dass diese Entwicklung nun zu Ende sein und dass an ihre Stelle ein regressiver Kollektivismus, die Kontrolle von einigen wenigen über viele, treten soll. Siehe hierzu Slaus, Giarini, Jacobs (2013). Cadmus, 2013, I, 6, 18–23.

56 Diese Unterscheidung innerhalb des Konformismus nennt man entwicklungspsychologisch eine Prä-Trans-Differenz: Beide Organisationsformen sehen sehr ähnlich aus, die zweite hat aber individuelle Werte und Eigenschaften integriert, die erste

nicht. Wilber (2001) oder auch S. Brunnhuber (2016) (2. Auflage 2023).

57 Beispiel für die Zensur von Wissenschaft ist das Dokument 9 (Reideologisierung), in dem die chinesische Regierung die Freiheit der Gedanken aus der Hochschulsatzung gestrichen hat. Dieses politische Experiment kann nicht gelingen. Seine Ergebnisse für den gesellschaftlichen Fortschritt werden immer dann selbstlimitierend, wo sie nur quantifiziert, dogmatisch ökonomisiert und unkritisch totalisiert werden. Wissenschaft wird dann kannibalisiert.

58 Aus einer historischen Perspektive kann man hier einen Gegensatz von Konfuzianismus und griechischer Philosophie erkennen. Der Konfuzianismus lebt von der Idee der Perfektion durch Kopie der Realität im Gegensatz zur griechischen Philosophie, welche die Welt durch individuelles Denken und Schlussfolgern, Experiment und die fehlerfreundliche Korrektur erkennt. Der eine setzt auf Nachahmung und Mimesis, die andere auf Exploration und das Neue. Das westliche Denken lebt von der Idee universalisierbarer personaler Freiheitsrechte. Der Konfuzianismus dagegen erkennt nur einen universellen Wert an, den des Respekts vor regionaler Vielfalt. Das heißt, der Partikularismus der regionalen Lebenswelten steht höher als der Universalismus im Allgemeinen. Konfuzianismus lebt vom Bilateralismus, der Westen dagegen vom Multilateralismus. Erkenntnistheoretisch verfängt sich der Konfuzianismus in einem performativen Selbstwiderspruch, da es für ihn im Kern nur einen Partikularismus zulässt, dieser aber universell gelten soll. Dies ist einer der Gründe, weshalb ich das griechische Denken für die überlegene Denkfigur halte.

59 Man kann es auch Böckenförde 2.0 nennen. Wenn man diesen Gedanken weiterdenken, kann man fragen: Gibt es einen grünen Böckenförde? Das heißt übersetzt: Ein nachhaltiges Zusammenleben ist von Voraussetzungen bestimmt, die es selbst nicht herstellen kann. Was garantiert und ermöglicht Nachhaltigkeit? Freie Bürger in einer freien Gesellschaft. Siehe Brunnhuber (2019) RphZ, 3, 2019, 326–332.

60 Hier wird eine Psychologie des Autoritarismus sichtbar. Eine kollektive Massenbildung oder -psychose fordert, dass der Mensch einsam und isoliert ist und in ständiger Angst lebt und der Sinn für ein eigenes Leben verloren geht. In dieser Isolation wird er dann zugänglich für Propaganda, Manipulation und Top-down-Kontrollen. Irgendwann erschöpft sich diese Massenpsychose und wird von der Realität eingeholt. Hier spielen dann Minderheiten, die kritisch denken können, eine wichtige Rolle. Der Individualismus der Postmoderne macht uns deshalb auch in Offenen Gesellschaften anfällig für autoritäre Strukturen. Siehe sehr hilfreich hierzu Desmet (2022).

61 Siehe die größte globale Initiative zum Thema Sicherheit: Human Security for all (HS4A) der Weltakademie der Wissenschaften und Künste (WAAS) (World Academy of Arts & Science (2023): Campaign on Human Security for All [https://new.worldacademy.org/hs4a/].

62 Obwohl bereits in Norditalien oder der norddeutschen Hanse des 13. bis 16. Jahrhunderts Privatkapital akkumuliert wurde, Personengesellschaften (KG) und dann in der Folge auch Aktiengesellschaften gegründet wurden, blieben die damit verbundenen Wohlstandseffekte auf eine kleine Gruppe von Privatleuten begrenzt. Die Mehrheit (auch des Adels) blieb arm. Man bedenke, viele Menschen haben heute ein angenehmeres und besseres Leben als Ludwig XIV. (!).

63 Das geschah etwa mit Beginn dessen, was man Neuzeit nennt, also dem Quattrocento in Italien, mit den dortigen Stadtrepubliken. Es hatte seinen Höhepunkt 1789 in der Allgemeinen Erklärung der Menschenrechte und setzte sich im 19. Jahrhundert immer flächendeckender in Europa durch, zunächst in England, Polen und Belgien, dann bald auch in Frankreich, Deutschland und den übrigen europäischen Ländern.

64 Mau (2021).

65 Scheler (2007)16. Auflage; Gehlen (1940).

66 Dennoch muss man konstatieren, dass KI, Deep Learning, Big-Data-Korrelationen so-

wie auch Social-Media-Plattformen nur ein Spin-off der Entwicklung vom 12. März 1989 sind, an welchem Tim Berners Lee das World Wide Web ins Leben rief. Aus einer kommunikationswissenschaftlichen Perspektive ist das WWW dann die dritte Stufe einer Entwicklung, die mit dem Radio (unidirektional) begann, sich mit der Telefonie (bidirektional) fortsetzte und nun mit dem universell verbundenen Informationssystem (multidirektional) eine neue Ära der Kommunikation, der Kultur und des Bewusstseins eingeläutet hat. (Hilfreich hier zu vor allem die Erläuterungen von G. Fettweis, TUD vom 24.3.2023).

67 Concelise u.a. (2016), The Astrophysical Journal, 830 (83), 17ff.

68 1,5 Ångström entsprechen dem Durchmesser eines Kohlenstoffatoms.

69 Jumper et al. (2021); Tunyasuvunakool et al. (2021).

70 Service (2021) Science 17;374(6574): 1426–1427; oder auch Spitzer (2021), Nervenheilkunde, 40(01/02): 6–12.

71 Nassehi, Armin (2019).

72 Gigerenzer (2021).

73 Information sollte sowohl top-down als auch bottom-up überwacht und kontrolliert werden, denn es braucht eine Überwachung und Kontrolle derjenigen, die das Top-down-Geschehen absichern. Zudem sollte Information nicht zu stark zentralisiert sein, weder auf der Ebene der Regierung noch auf der Ebene der Privatwirtschaft.

74 Wenn die Komplexität zunimmt, dann kann Digitalisierung eine Antwort darauf geben. Sie kann Muster erkennen, ersetzt jedoch nicht den eigenen Denkvorgang: Kritik, Neinsagen, Nachdenken, Achtsamkeit, Meditieren allein können die Welt nicht verändern, aber sie alle leisten eine verstärkte Introspektionsfähigkeit und damit ein besseres Verständnis von uns selbst. Damit entgehen wir der Manipulation.

75 Staab (2021).

76 Van Ark (2016), International Productivity Monitor, 31, 3–18; oder auch Brynjolfsson u.a. (2020).

77 Staab (2021).

78 Hier kommt eine weitere Unterscheidung zum Tragen: die zwischen Wissenschaft *(xciencia)* und Weisheit *(xapientia)*. Während Wissenschaft immer mit der Idee des Fortschritts und der Akkumulation von Wissen einhergeht, bei der auch mit Rückschritten zu rechnen ist, vermittelt Weisheit ein Wissen, welches im Kern immer nichtdual, integral und holistisch ist und in dem Theorie und Praxis, Einsicht und Handeln zusammenfallen können. Weisheit ist nicht zwangsläufig an Wissenschaft gekoppelt. Sie ist häufig, vor allem auch im vorwissenschaftlichen Raum, durch Mystik, Meditation, Musik, Kunst, in der unmittelbaren Begegnung mit der Natur und dem Alter Ego zugänglich. Weisheit ist aber auch durch Wissenschaft möglich. Vor allem dort, wo es Wissenschaften gelingt, auf dilemmatische, widersprüchliche und gegensätzliche Vorgänge zu verweisen und sie zu transzendieren. N. Bohrs Komplementaritätsbegriff in der Physik, die Entschlüsselung des DNA-Codes oder auch in den Sozialwissenschaften der Gegensatz von Staat und Markt, Ökologie und Ökonomie.

79 Snow (original 1959, 1967).

80 Seit Jahrhunderten hat sich der Wissenschaftsbetrieb, der mit dem nativen und kritischen Denken und seinen Einsichten begann, in zahlreiche Disziplinen ausdifferenziert. Anfangs mit vielleicht weniger als zehn Disziplinen haben wir zu Beginn des 21. Jahrhunderts über tausend Disziplinen mit all ihren Unterdisziplinen geschaffen. Diese Kompartmentalisierung hat unser Wissen über die Welt exponentiell gesteigert, erlaubte uns, den Verbrennungsmotor zu entwerfen, Antibiotika zu entdecken, die DNA zu entschlüsseln, die Kernenergie zu nutzen und zum Mond zu fliegen. Gleichzeitig haben wir ein tieferes und verfeinertes Verständnis unserer sozialen Realität erlangt. Wir verstehen, wie Kapitalakkumulation und Wohlstandsentwicklung

zusammenhängen, haben ein differenziertes Rechtssystem mit Haftungsfragen entwickelt und kennen heute Mechanismen zur Bekämpfung der Inflation. Diese Kompartmentalisierung hat allerdings einen Preis: Der Blick fürs Ganze geht verloren.

81 Im Kern geht diese Trennung auf die Spaltung während der Renaissance zurück. Kirche und Staat, privates und öffentliches Leben, Denken und Fühlen, Einsicht und Handeln fallen von nun an auseinander. Die einzelnen Lebensbereiche legitimieren sich durch ihre eigene innere Logik und Gesetzmäßigkeit. Man nennt dies auch die Differenzierung der Moderne. Wenn wir hier und jetzt im 21. Jahrhundert folgerichtig von einer Renaissance 2.0 sprechen wollen, dann geht es im Wesentlichen um eine große, gesamtgesellschaftliche Integrationsleistung, die alle Lebensbereiche umfasst. Und es ist zu vermuten, dass diese Integrationsleistung vor allem durch eine Ordnung der Freiheit gelingt. Siehe Goldin & Kutarna (2016) oder auch Schulz (2022).

82 Kuhn (2001).

83 Eine Analogie zum räumlichen Sehen ist keine Übertreibung. Dadurch, dass zwei Augen im richtigen Abstand zueinander stehen und dann mit dem Sehzentrum im Cortex in Verbindung sind, entsteht etwas Neues: der dreidimensionale Raum.

84 Siehe Brunnhuber (2023 in press).

85 Für unsere soziale Welt bedeutet die Digitalisierung auch, dass sie wohl nicht alle Berufe ersetzen wird, aber alle Berufe, die mit Digitalisierung arbeiten, werden alle anderen, die dies nicht tun, ersetzen. So werden traditionelle Berufe, wie Steuerberater, Chemiker, Radiologen und Ingenieure, nicht verschwinden, aber Steuerberater, Chemiker, Radiologen und Ingenieure, die die Vorzüge der Digitalisierung nutzen, werden Steuerberater, Chemiker, Radiologen und Ingenieure, die das nicht tun, verdrängen.

86 Der Soziologe A. Nassehi zeigt (2019), dass Digitalisierung nicht zwangsläufig disruptiv ist, sondern gerade jene wiederholungsstabilen, musterhaften Merkmale abbildet, die in der Komplexität der Gesellschaft schon vorliegen und es erlauben, mit ihr besser umzugehen. Das Digitale ist in diesem Sinne indifferent und neutral und kann für alles gebraucht werden. Und wir entscheiden als Offene Gesellschaft, wozu wir es gebrauchen: zur Kontrolle, zum Kommerz oder zu mehr Kooperation. In diesem Sinne ist Digitalisierung kein einzigartiger und großer disruptiver Vorgang im Anthropozän, sondern eine weitere Form in der langen Kette der Schaffung von Institutionen, die es uns ermöglichen, die Natur durch ein Kulturprodukt teilweise zu ersetzen. Denn Menschen passen sich nicht einfach nur an die Umstände an, sondern schaffen durch Kulturprodukte eine zweite Natur, welche wir Kultur nennen. Das gilt für das Feuermachen genauso wie für die Schaffung von Demokratien, Wissenschaft und Technik samt Spielkonsolen.

87 Die Entwicklungslogik unseres Bewusstseins sieht vor, dass wir uns ständig weiterentwickeln, diese Entwicklungsschritte aber auch immer wieder verloren gehen können. Eine erfolgreiche Entwicklung beinhaltet immer die Fähigkeit, das Gegebene zu ehren, seine Unvollständigkeit und Widersprüche aufzuzeigen, diese zu korrigieren, zu integrieren, um dann das alles auf eine nächsthöhere Entwicklungsebene zu transzendieren. Und der Wissenschaftsbetrieb leistet hier einen erheblichen Beitrag. Siehe Wilber (2001).

88 Und wenn wir es richtig machen, entwickeln wir uns weiter hin zu einer ›sokratischen Gesellschaft‹, einer Gesellschaft, in welcher der kritische Diskurs und die unmittelbare Auseinandersetzung zum Kernbestand unseres Zusammenlebens wird. Texte, Bilder, Recherchen und Berechnungen werden dann weiterhin digital unterstützt und gar angefertigt werden, das gesprochene mündliche Wort im unmittelbaren Austausch mit dem anderen aber bleibt uns als Menschen erhalten.

89 Das heißt konkret: Delegieren wir unsere psychosoziale Gesundheit ebenfalls, passiert Folgendes: Wir werden dement und sterben vorzeitig. Für beide Gesundheitsrisiken gibt es eine umfassende empirische

Befundlage. Deshalb sollten wir auf keinen Fall, auch wenn die Digitalisierung alles besser kann, als Menschen weder auf unsere Gesundheit noch auf unseren kritischen Verstand verzichten.

90 Das kritische Denken geht historisch der Französischen Revolution voraus. Es ist nur dem kritischen autonomen Denken von Subjekten möglich, eine normative Unterscheidung von richtig und falsch, von Wahrheit und Lüge, die Entscheidung von fair und unfair, von dem Schönen und dem Hässlichen, von dem Nachhaltigen und dem Disruptiven zu treffen. Im 18. Jahrhundert gab es neben der elitären und akademischen Hochaufklärung (top-down) eine sogenannte Volksaufklärung (bottom-up), die der Frage nachging: Wie verbessert man das Leben der Menschen vor Ort?

91 Hier entsteht ein performativer Selbstwiderspruch, dem I. Kant selbst nicht ohne Weiteres entgehen kann. Es ist doch gerade seine Schrift, die man lesen muss, um sich seines eigenen kritischen Verstandes bedienen zu können. Dem kann man nur entgehen, wenn man neben dem kritischen Denkvermögen eine weitere Qualität fordert, die sich nicht aus dem logischen Denken selbst speist: die menschliche Emotionalität, welche den analytischen Denkvorgang ansteuert. Siehe E. P. Fischer (2015), Die Verzauberung der Welt.

92 Dem steht die Antiaufklärung mit ihrer Forderung entgegen: Hört auf zu denken, das machen jetzt andere, etwa Maschinen, IT oder Experten. Statt dass die Selbstreflexion autonomer und kritischer Bürger gewährleistet und gesichert wird, führt die Antiaufklärung in die schleichende Entmündigung. Max Webers Entzauberung der Welt ist im Kern ein antiaufklärerisches Manifest, da dort die Administration das eigene Denken ersetzt. Zur Diskussion in Bezug auf digitale Technologien siehe vor allem das Buch von Hofstetter (2021) oder auch den aufschlussreiche Aufsatz von H. Kissinger (2018) mit dem Titel »Gefährdet künstliche Intelligenz die menschliche Vernunft?«.

93 Kritisches Denken entsteht nicht automatisch und selbstverständlich aus sich selbst, sondern bedarf der Anleitung, der Bildung und unterliegt einem fortwährenden Entwicklungsprozess. Dieses genealogische Argument gilt durch die empirische Entwicklungspsychologie als gesichert. Siehe etwa Piaget (2016). Loevinger (1987).

94 Der Kritische Rationalismus sieht normativen Fortschritt ebenfalls durch den Einsatz des kritischen Verstandes gesichert. Der bleibende Beitrag findet sich neben den Arbeiten von Popper (2006) auch bei Albert (2000).

95 Hare & Woods (2021).

96 Siehe Wittgenstein (2003); Searle (1969); Austin (1955); Rorty (1967) und die Zusammenfassung dieser komplexen Debatte bei Apel (1998).

97 Aus einer anthropologischen Perspektive nimmt diese Entwicklung zur Kooperation ihren Anfang vor circa 400 000 Jahren. Es entsteht eine erste Form der kollektiven Intentionalität mit Artgenossen in der Lösung eines Problems (zum Beispiel der Jagd eines Mammuts). Dieses solidarische Verhalten steht von Beginn an in starkem Gegensatz zum Konkurrenzprinzip innerhalb einer Art. Vor circa 200 000 Jahren tritt dann mit dem Homo sapiens eine weitere Fähigkeit hinzu, welche über die bloße Intentionalität hinausgeht: Perspektivenwechsel und Empathie. Dies erfordert keine gemeinsam geteilte Absicht, sondern die Fähigkeit, sich in den anderen hineinzuversetzen. Soziale Regeln, die reziprok ausgehandelt werden, schaffen so ein kollektives Gedächtnis, Sprache und weitere Kulturleistungen. Der psychische Binnenraum differenziert sich immer weiter, und es entstehen infolgedessen komplexe Narrative, die es erlauben, das Verhalten großer Kohorten zu koordinieren. Logisch-analytisches und formalisiertes mathematisches Denken unter Berücksichtigung von Statistik und Wahrscheinlichkeiten werden erst im 16. und 17. Jahrhundert zum festen Bestandteil des alltäglichen Vernunftgebrauchs. Siehe hierzu Harari (2015). Und diese kognitive Entwicklung ist alles andere

als zu Ende. Im 20. und 21. Jahrhundert steht der kritische Vernunftgebrauch weiteren Herausforderungen gegenüber: Denken wird integral. Vor allem Wilber (2001).

98 Konkret gemeint ist hier der Umstand, dass individuelle Reflexionsleistungen und deren Affektmuster nicht mehr nur ichbezogen sein werden, wie es Stolz, Scham, Schuld, Ehrgeiz, Neid oder Angst sind. Solche und ähnliche personalen Bewusstseinszustände werden durch transpersonale Affekte ergänzt: Güte, Ehrfurcht, Gnade, Empathie, Dankbarkeit haben ihren Ursprung nicht vollumfänglich in der Autobiografie jedes Einzelnen, sondern werden erst durch den anderen bzw. durch die Einbindung des Einzelnen in einen größeren Zusammenhang sichtbar.

99 Man kann in diesem Zusammenhang von einem aufgeklärten Liberalismus 2.0 oder einer zweiten Aufklärung sprechen. Aufgeklärt oder emanzipativ deshalb, weil diese zweite Aufklärung entgegen ihrer nativen und ursprünglichen Form eine Reihe weitere Aspekte beinhaltet und so den normativen Fortschritt kennzeichnet, der unsere Zeit charakterisiert. Siehe Gabriel (2019).

100 Hierher gehört die Diskussion um *No platforming* oder de-platforming, dass heisst die Verweigerung oder die Rücknahme einer anderen Meinung im öffentlichen Raum. Im Zweifel sollten wir uns immer für die Auseinandersetzung entscheiden. Wir sollten keine Angst vor der Wahrheit haben. Bekanntlich könmen face to face Kontakte Unterschiede im Meinungsbild reduzieren. Als Faustregel gilt: Wenn es gelingt das Argument des Anderen so umfassend wiedergegeben zu haben dass er selbst dem zustimmt, dann findet ein wirklicher kritischer Dialog statt. Zuvor aber nicht.

101 Man spricht hier auch von einer ToM (Theory of Mind), Metakognition und der Fähigkeit zum Perspektivenwechsel. Das sind alles nicht nur anspruchsvolle psychologische Ich-Funktionen, sondern gehören allesamt in ein institutionelles Design gefasst, welches man dann eine Offene Gesellschaft nennt.

102 Während libertäre Strömungen etwa bei Nozick (1974) die individuelle Freiheit betonen und die individuelle Verantwortung vergessen, betonen kommunitäre Strömungen wie etwa Walzer (2015) die Gleichheit und ersetzen Freiheit durch Inklusion, Suffizienz, Gerechtigkeit oder Solidarität. In einem aufgeklärten politischen Liberalismus des 21. Jahrhunderts dagegen stehen die Rückgewinnung und Garantie des selbstbestimmten Lebens in Verantwortung aller im Zentrum.

103 Eine Vulgarisierung der Freiheit, bei der jeder macht, was er will, ist eine unheilvolle Schrumpfform des Liberalismus. Sie hilft nicht wirklich weiter und infantilisiert eher und führt sicherlich nicht in eine Offene Gesellschaft. Parlamentarismus, Gewaltenteilung, unveräußerliche Menschenrechte, ordoliberale Märkte und die Mächtigkeit eines Dritten Sektor hat erst der Liberalismus, welcher auf die Würde des Einzelnen setzt, möglich gemacht. Keine andere politische Macht hat dies historisch ermöglicht. Siehe Özmen, Elif (2023).

104 Hans Albert unterscheidet hier drei Begrenzungen. Eine Grenze wird gesetzt durch den dogmatischen Abbruch des Verfahrens. Hier entscheidet eine politische Instanz, wann das Denken und der Diskurs aufzuhören haben; eine zweite Grenze entsteht durch die Letztbegründungsstrategie, die darauf setzt, dass es einen letzten Grund, eine finale Ursache, Idee oder Institution gibt, die uns alles erklärt; und beim Versuch des hermeneutischen Zirkels bewegen wir uns ständig im Kreis und wiederholen unser Argument. Nur ein kritisches Denken in Freiheit kann alle drei Varianten entlarven und Problemlösungen für eine bessere Welt formulieren. Siehe Albert (2000).

105 Seit dem Februar 1927 gilt, dass sich unsere Welt nicht vollständig scharf stellen lässt. Werner Heisenberg hat diese Unschärferelation für die Physik beschrieben, und sie wurde dann in andere Disziplinen übernommen und dort angewandt. Je präziser und schärfer ein Bereich ist, umso unschärfer ist ein anderer. Dies betrifft

nicht nur das Erkenntnisvermögen des Menschen, sondern den Aufbau unserer Welt an sich. Dementsprechend müssen wir uns von vollständigen und reduktionistischen Kausalketten in der Erklärung der Welt verabschieden und stattdessen nach aussagekräftigen und heuristisch wertvollen Komplementaritäten suchen.

106 In Abgrenzung zum Prinzip der Freiheit beschreibt E. Bloch (1980) das Prinzip Hoffnung: Der Mensch formuliert mit seinem mentalen Überschuss in Tagträumen und gesellschaftlichen Utopien eine Hoffnung, die für ihn handlungsanweisend ist und so Gesellschaft entstehen lässt. Wirkliche Hoffnung übersetzt sich aber nur dann in gesellschaftliche Realität, wenn wir frei sind.

107 An solchen und ähnlichen Stellen wird deutlich, dass dem Konservativismus als einem der Gegenspieler des politischen Liberalismus ein normativer Kern fehlt. Bis auf den Hinweis, dass wir die Natur bewahren sollen, lässt sich keine wirkliche Theorie erkennen. Der Konservativismus ist historisch eine Reaktion auf den Fortschrittsgedanken des 18. und 19. Jahrhunderts, also im besten Fall ein Reflex auf den politischen Liberalismus selbst. In unserem Kontext ist der Konservativismus vielmehr eine Frage des Charakters und des Temperaments, wie man mit der unvermeidlichen Veränderung der Welt umgeht. Es ist ein Modus Operandi der Vorsicht und des moderierenden Umgangs mit Wandel, indem man das Bestehende bewahren will und morgen immer noch so leben will wie heute. Siehe Rödder (2019).

108 In Abgrenzung zum Prinzip Freiheit formuliert H. Jonas das Prinzip Verantwortung (2003): Er fordert, dass wir als Spezies die Verantwortung für alles Lebendige übernehmen. Eine Verantwortung, welche es aber nur im Tandem mit dem Prinzip Freiheit gibt.

109 Das fängt schon damit an, dass jeder Einzelne zunächst einmal die Verantwortung für sein Sprechen und Tun hat sowie für das, was er nicht tut und nicht sagt. Zwar sind Hassorgien, persönliche Beleidigungen, Empörung und egomane Monologe durch das Recht auf Meinungsfreiheit auf weiten Strecken gedeckt, erfordern aber in gleicher Weise die Übernahme der persönlichen Verantwortung für solche Äußerungen. Wahrscheinlich helfen Toleranz für Andersdenkende, der Austausch von Sachargumenten und die Fähigkeit zum Zuhören weiter. Meinungsfreiheit heißt nicht Narrenfreiheit.

110 So ist etwa das Recht auf informationelle Selbstbestimmung zwar nicht im Grundgesetz festgelegt, aber davon abgeleitet. Gleichzeitig gilt es, dieses Recht mit anderen Grundrechten immer wieder neu abzuwägen. Ein Absolutheitsanspruch dieses Rechts auf informationelle Selbstbestimmung gegenüber anderen Grundrechten ist irrational, und dies gleich in zweierlei Hinsicht. Einmal ist nicht einzusehen, weshalb etwa private Daten auf amerikanischen oder chinesischen Servern sicherer sein sollen (Argument des *safe-harbor*) als beim deutschen Gesundheitsamt. Zum anderen gilt es, immer wieder aufs Neue zu zeigen, dass Einschränkungen in der Datensicherheit gegenüber anderen Grundrechten, etwa der Würde des Menschen, der Gesundheit und Unversehrtheit der Person und anderen, stets neu verhandelt und ausgewogen werden müssen. Zugegebenermaßen ist dieser Prozess anstrengend und in Teilen auch unübersichtlich, aber für eine Offene Gesellschaft, soll sie denn offen bleiben, unerlässlich. Siehe zur Diskussion auch Nida-Rümelin (2020).

111 Freiheitsrechte sollten uns als positive Anrechte zustehen. Sie sind einklagbar und so an eine bestimmte Rechtsordnung geknüpft. Dabei finden ständig Rechtsgüterabwägungen statt (etwa jene zwischen dem §20 GG Versammlungsfreiheit im Vergleich zur Gesundheit und Unversehrtheit der Person §3 GG). Bei Pflichten ist das häufig anders. Sie formulieren einen Anspruch auf Gemeinsinn, der immer gelten sollte, unabhängig von einer positiven Rechtsordnung. Sie sind in diesem Sinne suprapositiv, und wir finden sie als Wertekanon in allen Kulturen. So sind Pflichten wie Solidarität und Verantwor-

tung für andere nicht an eine bestimmte Rechtsordnung geknüpft, sondern haben eine soziale, interaktionelle Dimension. Sie sind uns gleichsam in unserer kulturellen Grammatik mitgegeben und übersetzen sich dann in eine politische Grammatik als Grundgesetz oder als Menschenrechtserklärung. Geht die Verbindung von Freiheit und Verantwortung verloren, wird ein Gemeinwesen immer wieder auf rechtsverbindliche Pflichten zurückgreifen müssen, wie die Gurtpflicht, die Wehrpflicht und die Impfpflicht.

112 Hobbes (2004).

113 Rousseau (2005).

114 Grundlage für das Erkennen von Widersprüchen und Gegensätzen ist die Fähigkeit zum Perspektivenwechsel und zur Empathie, etwa wenn es um Lebensbedingungen in Entwicklungsländern geht oder um Lebenschancen der nächsten Generation. Hier muss zwischen der eigenen Position und sogenannten Standardbedingungen unterschieden werden: Wie würde ich in einer ähnlichen Situation handeln? Dies reduziert das Ego, erhöht Resilienzfaktoren und führt zu mehr Bescheidenheit, Achtsamkeit, mehr Solidarität, Ehrfurcht und Wahrhaftigkeit.

115 Die Natur verfügt über die Fähigkeit, höchst individuelle und singuläre Ausdrucksformen zu schaffen. So ist bekanntlich kein Blatt, keine Blume, kein Tier und kein Stein völlig identisch. Jedes Blatt, jede Blume und jedes Tier oder jeder Stein hat eine ideographische Musterung, Formung oder Struktur. Im Konzept der Biomimikry wird versucht, diesen Aspekt der Natur zu imitieren und daraus einen Selektionsvorteil zu gewinnen. Wenn es nun einen besonderen Selektionsvorteil darstellt, sich an die Natur angepasst zu haben, so haben Offene Gesellschaften mit ihrer Fähigkeit, individuelle und singuläre Ausdrucksformen zu schützen und zu fördern, einen eindeutigen Vorteil gegenüber kollektiven und autokratischen Gesellschaften. Offene Gesellschaft sind flexibler und anpassungsfähiger als Autokratien, weil sie der Natur näher sind.

116 Die Tragödie besteht nicht darin, dass Gemeingüter übernutzt werden oder ein Trittbrettfahrereffekt entsteht, sondern dass es dem gegebenen Geld- und Finanzsystem nicht gelingt, diese Allmende hinreichend zu finanzieren. Der Trittbrettfahrereffekt ist ein Sonderfall, der nur dann eintritt, wenn private mit öffentlichen Gütern konkurrieren. Im Gegensatz zu privaten Gütern, die man ökonomisch auch als Positionsgüter bezeichnet, ist die Logik der Finanzierung der Gemeingüter eine andere. Siehe auch Brunnhuber (2023).

117 Prominentes Beispiel aus der Menschheitsgeschichte ist der exponentielle Anstieg des CO_2 in der Atmosphäre. Dieser Anstieg geht mit verheerenden sozialen und ökologischen Externalitäten einher (negative Geschichte). Gleichzeitig steht diese Entwicklung historisch aber auch für eine Verlängerung der Lebenszeit um 25 Jahre in 100 Jahren und eine Reduktion der Kindersterblichkeit sowie der Armut seit 1820 um 90 Prozent (positive Geschichte).

118 Wenn der Politik diese Praxis der freien Entscheidung entzogen wird, wird sie irrelevant und sinnlos. Der öffentliche Raum ist durch den digitalen Raum nicht völlig ersetzbar, sondern immer ein dreidimensionaler Raum, in dem wir analog an die physische Präsenz der Beteiligten gebunden sind. Arendt (2020).

119 Das Fortschrittsnarrativ ist selbst ein *mental frame*, der davon ausgeht, dass das Letzte immer auch das Beste ist und dabei alle zurückliegenden Schritte weniger entwickelt seien. Das kann man so nur als unkritisch zurückweisen.

120 Siehe auch Slaus, Giarini, Jacobs (2013) Cadmus, 2013, I, 6, 18–23; die Autoren machen unmissverständlich klar, dass jede relevante menschliche Entwicklung auf dem Boden eines menschenzentrierten Ansatzes *(human-centered approach)*, also durch die Macht der Freiheit von Individuen, entstanden ist. Keine Wohlstandsentwicklung, kein Anspruch auf personale Anrechte wäre ohne Rückgriff auf jenen individualisierten Ansatz möglich gewesen.

121 Wenn wir uns in Freiheit freisetzen und aufwachen, entsteht Erstaunliches: Anrechte, Respekt, Selbstkontrolle, Selbststeuerung. Freiheit führt in die Authentizität jedes Einzelnen. In ihrer höchsten Form mündet sie in das was C. G. Jung Individuation nennt (1980). Das alles kann wahrlich nur innerhalb einer Ordnung der Freiheit geschehen.

122 Selbstwirksamkeit und Selbstkontrolle werden neurobiologisch den Exekutivfunktionen zugerechnet. Sie liegen im präfrontalen Kortex und gelten als eine anthropologische Konstante. Sie sind erworben und gehen auch wieder verloren, wenn wir sie nicht nutzen und fördern. Sie dienen in erster Linie dem Aufbau einer personalen Identität (Selbst) und dem Erreichen bestimmter selbstgesetzter Ziele. Erfolg, Lebenserwartung, Glück, Resilienz und Gesundheit korrelieren mit der Fähigkeit zur Selbstwirksamkeit. Man kann die Selbstwirksamkeit durch Disziplin und ständiges Üben, durch sensomotorische Praxis, aber auch durch Schweigen, Verzicht und die Fähigkeit zum Alleinsein fördern. Empirisch scheinen in manchen Untergruppen bis zu 20 Prozent der Jugendlichen erhebliche Defizite in den Exekutivfunktionen zu haben, siehe Gravråkmo et al. (2023). Personale Identität und Selbststeuerung hängen dabei eng miteinander zusammen. Man kann nicht das eine ohne das andere haben. Wir müssen davon ausgehen, dass autokratische Regime diese inneren Fähigkeiten bewusst auf äußere Institutionen (Militär, Parteiapparat etc.) verlagern und uns diese Arbeit abnehmen wollen. Die personale Freiheit geht damit sukzessive verloren.

123 Man spricht hier von einer Feed-Forward-Schleife: Menschliche Gehirne wachsen mit ihren Herausforderungen. Empirisch stellen dabei soziale Ereignisse eine geringere Anforderung (40 Prozent) dar als etwa Umweltfaktoren (60 Prozent). Und von den 40 Prozent sozialen Anforderungen entfallen wiederum 30 Prozent auf eine höhere Kooperationsbereitschaft und nur 10 Prozent auf die Fähigkeit zu mehr Wettbewerbsverhalten. Das heißt, menschliche Gehirne entwickeln sich zu 90 Prozent in der Auseinandersetzung mit Kooperation und Veränderung der Umwelt. Siehe auch Gonzales, Gardner (2018), Nature 554–557.

124 Karl Jaspers und Hannah Arendt sprechen in diesem Zusammenhang vom »verstrickten Subjekt«. Wir sind immer in eine gesellschaftliche Situation hineingeboren, welche wir in der einen oder anderen Form zu verantworten haben. Dabei wird wie folgt unterschieden: Es gibt die strafrechtlich relevante, kriminelle und persönliche Rechenschaft, die politische Verantwortung bezüglich der realgesellschaftlichen, historischen Verhältnisse, die moralische Verantwortung bezüglich Natur und dem anderen und viertens eine metaphysische Verantwortung, welche auf die Unvollständigkeit unserer Existenz verweist. Siehe etwa Arendt und Jaspers (2010).

125 Arendt (2018).

126 Masala (2023), 101.

127 Wenn man genauer hinsieht, dann stellen sich die aktuellen Auseinandersetzungen im globalen Süden weniger als ein Angriff auf die Werte der Offenen Gesellschaft dar, sondern vielmehr als ein Angriff auf die Werte der Offenen Gesellschaft, die wir in andere Teile der Welt exportieren wollen. Die Idee, dass uns der Export liberaler Werte sicherer mache, ist eine Illusion. Die R2P-Doktrin *(responsibility to protect)*, welche staatliche Grundrechte nicht absolut setzt, sondern militärische Interventionen zur Sicherung von humanitären Grundrechten rechtfertigt, gehört hierher. Offene Gesellschaften sollten sich hier wohl mehr in Bescheidenheit üben. Mehrere Dutzend solcher Interventionen später herrscht immer noch kein Weltfriede; auch ist ein Maximum an personaler Freiheit und Rechtsstaatlichkeit weiterhin nicht in Sicht. Eine Ausrichtung auf eine gemeinsame Nachhaltigkeitsstrategie, die alle Länder, unabhängig von ihrer politischen Agenda, gleichermaßen trifft, ist hier wohl erfolgversprechender.

128 Der globale Raum ähnelt zumindest in Teilen einem anarchischen Zustand. Es gibt keine globale Regierung, die alles

regelt. Staaten verhalten sich gegenüber anderen Staaten dann gemäß den jeweils international vorliegenden Machtverhältnissen (Walz (2008) und Mearsheimer (2018)). Verschieben sich diese, verändert dies in erheblichem Umfang das nationale Interesse. 70 bis 80 Prozent der nationalen Politik, so die politologische Forschung, ist durch solche internationalen Machtverhältnisse wesentlich geprägt, der Rest durch lokale Faktoren. So waren die Machtverhältnisse zwischen 1945 und 1989/91 vor allem bipolar konfiguriert. Danach herrschte ein unipolares Momentum (1989 bis 2008/2016). Seither sind die Machtverhältnisse jedoch multipolar. Westliche Demokratien verfügen nicht mehr über die alleinige Deutungshoheit und Dominanz. Wenn nun aber digitale Autokratien in einem Abhängigkeitsverhältnis zu Offenen Gesellschaften stehen, so die These (Böckenförde 2.0), dann sollten Offene Gesellschaften dies nutzen, um im multipolaren internationalen Machtgefüge ihre Nationalinteressen realpolitisch maximal zur Darstellung zu bringen. So führt jeder Bilateralismus – spieltheoretisch – in ein Nullsummenspiel, der Multilateralismus dagegen zu einem Positivsummenspiel. Nachhaltigkeitsfragen, die Architektur der Finanzmärkte und globale Digitalisierung sind Fragen, die sich multilateral besser klären lassen. Und Offene Gesellschaften wollen multilaterale Absprachen.

129 Siehe etwa Global state of democracy report: https://idea.int/democracytracker/gsod-report-2022

130 Mansur Olson hat sie die Logik des kollektiven Handelns genannt (2017): Die Logik des kollektiven Handelns. Berlin. Springer). Vor allem kleine Gruppen (Parteien, Unternehmen, NGOS) sind es, die das Gesamtergebnis wesentlich bestimmen. Die Logik ist, dass der Verlust oder Gewinn der großen Gruppe pro Kopf deutlich geringer ist als jener der kleinen Gruppe. Daraus ergibt sich ein geringerer Mobilisierungsgrad im politischen und öffentlichen Raum als bei kleinen, gut organisierten Gruppen. Die Gefahr ist, dass daraus dann Oligopolgewinne und Externalitäten entstehen, die für das Gesamtergebnis suboptimal sind, da alle sie tragen müssen. Beispiele hierzu sind Lobbygruppen, Expertokratien, Nomenklatura, Parteibeschlüsse. Die einzige Möglichkeit dem zu entgehen, ist ein geregelter öffentlicher, kritischer Diskurs freier und autonomer Akteure: eine Offene Gesellschaft eben.

131 Dahrendorf (1997) sowie die persönliche Mitteilung im Sommer 1998 am britischen Oberhaus.

132 Siehe Fiorino (2018); Hanusch (2018).

133 Heidenreich (2018) GAIA – Ecological Perspectives on Science and Society, 27(4), 357–362.

134 Die Offene Gesellschaft ist ein Terminus technicus von Karl Popper, der in der Tradition des Kritischen Rationalismus steht. Rational heißt hier, Strategien zu kennen, um Ziele zu erreichen und Probleme zu lösen. Kritisch-rational heißt, dass diese Strategien korrigierbar und revisionsoffen bleiben müssen, um Ziele zu erreichen und Probleme zu lösen. Wenn es gelingt, Kritik, personale Freiheit und Ordnung ins richtige Verhältnis zu setzen, entsteht eine Offene Gesellschaft. Sie schafft die Bedingungen für personale Freiheit, nicht die personale Freiheit selbst. Es ist eine Gesellschaft, in der Menschen einen angstfreien, kritischen Dialog mit sich selbst führen und die Bedingungen für ein freiheitliches Zusammenlebens verbessern. Offenheit meint hier weder Beliebigkeit noch Zwangsläufigkeit.

135 Eine Nation leistet die kulturell emotionale Dimension von Solidarität und Zugehörigkeit, der Staat dagegen die institutionellen und legalistischen Organisationsformen. Der Nationalstaat führt dann Solidarität, Mobilisierungsgrad und Steuerungsfähigkeit zusammen. Es gab in der Geschichte bisher wohl keine andere Gesellschaftsordnung, die in der Lage gewesen wäre, eine so hohe Identifikation, Solidarität und Opferbereitschaft zu mobilisieren, wie der Nationalstaat. Die Offene Gesellschaft im 21. Jahrhundert ist keine Global-Governance-Veranstaltung, keine Unterorganisation der UN oder der WTO, sondern eine

Ordnung der Freiheit, auf die sich freie Menschen innerhalb eines nationalstaatlichen Gebildes einigen.

136 Gleichwohl gilt, dass der liberale Nationalstaat eine der bedeutsamsten Errungenschaften der Moderne darstellt. Er transzendiert Zünfte, Kasten und religiöse Orden und schafft so die formalen und rechtlichen Voraussetzungen, über die sich das Individuum emanzipieren kann. Betriebliche Mitbestimmung, Tarifautonomie, Wettbewerbsrecht und Produkthaftung, Schutz des Privateigentums, soziale Sicherungen und Gleichheit vor dem Gesetz stehen nun allen zur Verfügung. Das ist ein wesentlicher Grund, weshalb auch das Nachhaltigkeitsthema auf absehbare Zeit nur über multilaterale Abkommen von Nationalstaaten realisierbar sein wird.

137 Europäer haben eine Tendenz zur Apokalypse; siehe etwa Der Untergang des Abendlandes (Spengler, 1918). Man wird aber Europa nicht gerecht, wenn man es mit internationalen Branchenriesen vergleicht wie Microsoft, Apple oder Alibaba. Europa lebt von Diversität, *hidden champions* sowie einem starken Mittelstand. Hinzu kommen eine hohe Resilienz und Stabilität im Hinblick auf soziale Sicherungssysteme, Antimonopolgesetze, personale Freiheiten und kulturelle Vielfalt. Man könnte sagen: China verspricht eine harmonische Gesellschaft, die USA eine Gesellschaft der Winner *(takes it all)* und die EU: eine Offene Gesellschaft. Es ist dann kein Verlierernarrativ, sondern genau das, was wir für ein nachhaltiges Zusammenleben im 21. Jahrhundert brauchen.

138 Popper (1945).

139 Während eine Offene Gesellschaft nach innen durch ein »Sixpack« charakterisiert ist, lassen sich nach außen, geopolitisch, drei Betrachtungsweisen unterscheiden. Die Hegemonietheorie geht davon aus, dass sich eine stabile Weltordnung nur durch einen Hegemonen oder Alleinherrscher erreichen lässt, der die Regeln des Spiels festlegt und dem sich alle anderen unterordnen müssen (Ch. Kindelberger). Seit dem Ende des Zweiten Weltkrieges waren dies die USA. Mit dem Jahr 2021 hat jedoch China eine größere Wirtschaftsleistung als die USA und die BRICS-Staaten (Brasilien, Russland, Indien, China und Südafrika). China verfügt nicht nur über viermal mehr Menschen als die G7-Staaten zusammen, sondern hat seit 2021 auch eine größere Wirtschaftskraft. Eine (neo-) realistische Betrachtungsweise geht davon aus, dass internationale Stabilität nur durch eine Balance der Machtverhältnisse und durch militärische Abschreckung möglich ist (H. Kissinger, Mearsheimer). Im Mittelpunkt stehen dabei weniger die Lösungen von globalen Problemen, sondern mehr der Erhalt der nationalen Grenzen und Einflussmöglichkeiten. Ein Multilateralismus schließlich geht davon aus, dass weder ein Hegemon noch eine realistische Betrachtung der Bedeutung von globalen Gemeingütern hinreichend Rechnung trägt. Es liegt im Interesse aller Staaten, sich auf kooperative Lösungen einzulassen (J. Sachs). Das Pariser Abkommen, die UN-Nachhaltigkeitsziele, die Menschenrechtserklärungen oder auch die Abkommen zum Artenschutz sind Beispiele, die durch einen Alleinherrscher oder Machtspiele einzelner Staaten nicht umgesetzt werden können. Beim Vergleich der Alternativen wird sich eine Ordnung der Freiheit für die dritte Variante entscheiden.

140 Bei Carl Schmitt (1969) ist der Rechtsstaat willkürlich, arbiträr und Resultat von interessengeleiteten politischen Ideen. Bei Jürgen Habermas, am anderen Ende des politischen Spektrums, ist der Rechtsstaat Ausdruck eines deliberativen Prozesses von Beratung, Diskurs und öffentlichem Konsens und damit ebenfalls interessengeleitet. Die Offene Gesellschaft bei Karl Popper dagegen hat einen normativen Kern, der kritisch fallibel bleibt und sich immer wieder aufs Neue bewähren muss. Solche suprapositiven Werte müssen in einer Offenen Gesellschaft jedoch in positives Recht übersetzt werden, sonst bleiben die Ansprüche ein akademisches Happening oder eine firmeninterne Fortbildungsmaßnahme (wichtiger Hinweis von Prof. Dr. Hartmut Ihne von der Hochschule Bonn

Rhein-Sieg vom Herbst 2022). Wenn man das weiterdenkt, sollten Offene Gesellschaften einen normativen Kern nach innen und ein realpolitisches Interesse nach außen verfolgen.

141 Ecker-Ehrhardt und Weßels (2010); Tölle (2022).

142 Buchanan (1985, 2000) oder auch Albert (2013), Jahrbuch für die Ordnung von Wirtschaft und Gesellschaft, Bd. 64, 11–23.

143 Liberaler Rechtsstaat und Demokratie entwickeln sich nicht immer gleichzeitig, stehen aber in einem wechselseitigen Spannungs- und Ergänzungsverhältnis zueinander. Demokratische Entscheidungen sichern uns die Selbstbestimmung, indem sie die Bildung, Legitimität und Kontrolle all derjenigen Organe organisieren, die dann die staatliche Herrschaft gegenüber uns selbst ausüben. Der Rechtsstaat dagegen beantwortet Fragen über Inhalt, Umfang und Verfahrensweise staatlicher Tätigkeiten wie die Sicherung individueller Freiheiten, Gesetzmäßigkeit der Verwaltung, Individualrechtsschutz oder die Unabhängigkeit der Gerichte. Beide, Rechtsstaat und Demokratie, können in eine Unwucht geraten, etwa wenn das uneingeschränkte Mehrheitsprinzip zur Tyrannei der Mehrheit wird. Es sind dann gerade die Einschränkungen des Mehrheitsprinzips, also die Machtkontrolle, die die Demokratie selbst wiederum zu einem rechtsstaatlichen Prinzip machen. Kirchhof (2004).

144 Man kann es das Repräsentationsdilemma nennen: Eine Gesellschaft muss immer dann auf ethnische und durch körperliche Merkmale bestimmter Repräsentationen im politischen Umfeld zurückgreifen, wenn die Gesellschaft zunehmend auseinanderfällt. Ausgewogenheit der Geschlechter oder kulturelle Vielfalt in der politischen Repräsentation ist dann notwendig, wenn ein einigendes Band fehlt. Je stärker dagegen eine Gesellschaft zusammenhält, umso leichter fällt es allen Mitgliedern, von ethnischen Merkmalen zu abstrahieren und Kategorien wie Leistung, Professionalität, Lebenserfahrung, Integrität und Wissen zum Gegenstand der Wahl werden zu lassen. In einer solchen – integrierten – Gesellschaft ist es dann für Frauen oder ethnische Minderheiten leichter, die Mehrheit in repräsentativen Demokratien darzustellen. Ein aktuelles Beispiel ist etwa die Zusammensetzung des Kabinetts des US-amerikanischen Präsidenten Joe Biden im Jahr 2021 in einer zunehmend gespaltenen Nation. In einer Offenen Gesellschaft werden wir nicht einen alten kaukasischen Mann mit heterosexueller und monogamer Ausrichtung nur deshalb in ein exekutives Amt wählen, weil es der Quote entspricht.

145 Nida-Rümelin (2020).

146 Hierher gehört auch die Forderung nach dem Ausbau von sogenannten Sunset-Klauseln. Zulassungen und Bestimmungen gelten nicht für die Ewigkeit, sondern laufen nach einer bestimmten Frist automatisch aus, müssen dann einer neuen öffentlichen Bewertung standhalten. Zahlreiche westliche Demokratien verfügen über eine solche Gesetzgebung. Autokratien vermeiden sie eher, da der Sachverhalt dann immer wieder aufs Neue auf die Tagesordnung kommt.

147 Ähnliches gilt auch für den Minderheitenschutz. Genitalverstümmelungen, Holocaustleugner, Zwangsheiraten, Ehrenmorde und Klimaleugner sind nicht mit dem Hinweis auf Minderheitenschutz hinreichend gerechtfertigt. Dennoch gilt: Offene Gesellschaften ermöglichen und erlauben nicht nur öffentliche Kritik, sie fordern sie ein und institutionalisieren sie. Erst so werden Alternativen sichtbar. Offene Gesellschaften ohne Kritik sind keine Offenen Gesellschaften.

148 Nicht jeder Konflikt muss gleich skandalisiert und zum Machtkampf hochstilisiert werden. Offene Gesellschaften müssen sich gegen Fatalisten, Populisten, Utopisten, Konformisten und Moralisten im frühen 21. Jahrhundert als Hüter von Kritik, Freiheit und Ordnung bewähren. Die Geisteshaltung von Mitgliedern einer Offenen Gesellschaft orientiert sich dann weniger an abstrakten Theoriemodellen, sondern lebt von dem Wissen um menschliche Schwächen, Irrtümer, Fehler und ihre Wi-

dersprüchlichkeiten. Und das alles nicht, um eine neue Welt zu schaffen, sondern um den Wandel so zu gestalten, dass er für Menschen in Freiheit erträglich wird (siehe auch Kubicki (2020)).

149 Dies betrifft auch die Freiheit des Wissenschaftsbetriebs. Sie umfasst die Freiheit der Forschung und Lehre, die Freiheit in der akademischen Kooperation und dem Wissenstransfer, die institutionelle Autonomie und Selbstverwaltung, die Integrität des Campus im Hinblick auf eine staatliche Überwachung sowie die Diversität der akademischen und kulturellen Ausdrucksformen. Siehe hierzu auch den Academic Freedom Index (Friedrich-Alexander-Universität, Institute of Political Science (2022) [https://academic-freedom-index.net/]).

150 Leggewie und Nanz (2018).

151 Loh (2020); Braidotti (2022).

152 Die Evolution ist keine Leiter, an deren Spitze der Mensch steht, sondern sie besteht aus vielen unendlichen konzentrischen Kreisen, die wie Welten parallel zum Menschen liegen und ihre eigene Rationalität und Funktionalität haben. Vögel mit Magnetfeldorientierung, Hunde mit hochsensiblem Geruchssinn, Adler mit hochauflösendem Sehvermögen, Fische mit Echoortungen – die Natur kennt in diesem Sinne keine Hierarchie. Das Argument ist, dass Charles Darwin schlicht falschlag und dass Tiere, nicht nur weil sie Schmerzen empfinden können oder uns ähnlich sind, Schutz bedürfen, sondern weil sie eine artspezifische postnatale Lern- und Bonding-Erfahrung mit ihrem Artgenossen haben. Siehe Nussbaum (2023). Und der Mensch ist hier ein sensibler Saitenspieler, dem die Aufgabe zukommt, jene anderen parallelen Welten in Teilen besser zu verstehen, mit ihnen in Schwingung zu geraten, zu staunen, und nicht, sie zu beherrschen.

153 Siehe hierzu bereits Stone (1972) Southern California Law Review 45, 450–501; Fischer-Lescano (2018), ZUR 2018, 205; Art. 47 der Charta der Grundrechte der Europäischen Union (GRC) und Art. 6, 13 der Europäischen Menschenrechtskonvention (EMRK). Im Kern geht es darum, ob nichthumane Rechtspersonen mit juristischen Anrechten versehen werden sollten.

154 Bereits in der Aarhus-Konvention vom 25.6.1998, welcher alle EU-Staaten zugestimmt haben, wird die Beteiligung der Öffentlichkeit bei Umweltangelegenheiten völkerrechtlich geregelt, insbesondere die Umweltverträglichkeitsprüfungen (UVP-RL): Richtlinie 2011/92/EU des Europäischen Parlaments und des Rates vom 13.12.2011, ABl. L 26/1 vom 28.1.2012, https://eur-lex.europa.eu/le-gal-content/DE/TXT/PDF/? uri=CELEX:32011L0092&from=EN

155 Triml-Cifflard (2021).

156 Kersten (2022). Der Autor fordert eine Ökologisierung der Verfassung. Nichts hindert uns daran, eine jährliche ökologische Haushaltsdebatte einzurichten, einen Umweltbeauftragten zu ernennen, die Eigentumsfähigkeit von Gemeingütern juristisch zu definieren oder unser Petitionsrecht anzupassen. Und nichts hindert uns daran, ähnlich juristischen Personen oder einer GmbH, der Integrität von natürlichen Entitäten (Ökosystem) einen Verfassungsrang zu erteilen und Eigentum nicht nur sozial, sondern auch ökologisch verträglich zu verpflichten (Tanasescu, Mihnea (2022) oder auch die Initiative von von Schirach (2020), in der es darum geht, dass jeder EU-Bürger ein Anrecht auf eine unversehrte Natur, auf faire Produkte und auf unveräußerliche Menschenrechte hat.

157 Dem Standardargument, dass sich durch technologische Substitutionen und generelles Wirtschaftswachstum das Problem von allein lösen lasse, fehlt derzeit noch die empirische Evidenz.

158 Siehe das Urteil des Bundesverfassungsgerichts. Am 29.3.2021 erklärte es das Klimaschutzgesetz der Bundesregierung als in Teilen verfassungswidrig, insbesondere in Hinblick auf eine fehlende Generationengerechtigkeit, und stärkte damit den Klimaschutz in Deutschland BVerfG, Beschluss des Ersten Senats vom 24. März 2021-1 BvR 2656/18-, Rn. 1-270,

http://www.bverfg.de/e/rs20210324_1bvr265618.html

159 Siehe zur Problematik von Mehrheitsbeschlüssen den wichtigen Beitrag von Jürgen Habermas von 1983 über zivilen Ungehorsam.

160 Der pazifistische Gesinnungsethiker mit universellem Anspruch gehört nicht in das Repertoire des politischen Liberalismus, obwohl er geduldet wird. Er kann seine Position nicht auf andere übertragen oder generalisieren. Offene Gesellschaften bleiben wehrhaft, auch denjenigen gegenüber, die individuell eher eine pazifistische Position vertreten.

161 Der strafrechtlich legitimierte Entzug von Freiheit, etwa durch eine Inhaftierung, von der autokratische Regime systematisch Gebrauch machen, unterstreicht noch einmal, wie konstitutiv Freiheiten für das Zusammenleben sind und wie destabilisierend sie auf autokratische Regime wirken können. Wären liberale Grundrechte irrelevant, würden Autokratien keinen so großen Wert auf ihre Einschränkung legen.

162 Hilfreich wäre sicherlich, wenn sich der zivile Ungehorsam nicht nur in einem Rechtsbruch erschöpft, sondern konstruktive Vorschläge formuliert, die für eine Offene Gesellschaft auch umsetzbar sind.

163 So wird bekanntlich die Würde des Menschen (§1 des GG) auch Kriminellen und politischen Extremisten zugesprochen. Allgemein gilt der Grundsatz im Umgang mit Andersdenkenden: Ich bin nicht deiner Meinung, aber ich werde dafür kämpfen, dass du deine auch weiterhin äußern kannst. Die demokratischen Spielregeln gelten dann für alle, für die der Mitte wie auch für jene an den extremen Rändern. Man kann sie in einer Offenen Gesellschaft nicht anlassbezogen wieder aufkündigen. Mitglieder einer Offenen Gesellschaft müssen eben selbst stilgebend und beispielhaft sein.

164 Zur Bedeutung der soziologischen Konflikttheorie für den gesellschaftlichen Fortschritt siehe vor allem auch Dahrendorf (1992); oder auch Simmel (1908); S. 186–255; Ley, Meyhöfer (2016).

165 Zur Politik der Ewigkeit siehe den Historiker Snyder (2017).

166 Noelle-Neumann (1996).

167 Eine generelle Ablehnung der Zusammenarbeit mit politischen Extrempositionen, welche selbst demokratisch legitimiert sind, respektiert nicht den demokratischen Beschluss und zeigt darüber hinaus die Schwächen der eigenen Position der Offenen Gesellschaft. Je stärker die Offene Gesellschaft ist, umso schwächer werden ihre radikalen Kritiker.

168 Auf dem afrikanischen Kontinent etwa sind 90 Prozent der Niederschläge nicht reguliert, und das Regenwasser versickert und steht einer marktförmigen Nutzung nicht zur Verfügung. https://www.shelterbox.de/niederschlag-und-duerre-wie-grosse-naturkatastrophen-afrika-zerstoeren/

169 Im Grunde geht es um die Frage, wer die Kosten für systemische Risiken trägt. ESG-Taxonomien, neue standardisierte Bilanzrichtlinien, Stresstests, (nicht-) finanzielle Offenlegungen *(non-/financial disclosures)* sehen vor, dass diese Externalitäten durch den Privatsektor internalisiert werden. Sie wirken dann wie eine versteckte Steuer. Das muss nicht immer effizient sein. Es kann durchaus Sinn ergeben, dass die öffentliche Hand durch neue Finanzinstrumente und Geldschöpfungspraktiken einen Teil dieser Kosten bilanziert. Solche öffentlich-privaten Partnerschaften (Private Public Partnerships, PPP) können etwa durch zusätzliche Geldschöpfung der Zentralbanken (grünes Quantitatives Easing, QE) oder durch Kreditvergaben öffentlicher Banken teilweise sterilisiert werden. Die Bilanzen dieser öffentlichen Gebietskörperschaften verlängern sich dann, es entstehen sogenannte Kredite mit unendlicher Laufzeit *(zero coupon perpetual facilities)*. Vor allem bei systemischen Risiken macht eine Vollprivatisierung wenig Sinn. Mit dem Washington-Konsens von 1992 haben wir begonnen, die Welt zu privatisieren. Wir sollten jetzt den Fehler nicht ein zweites Mal machen. Systemrisiken sind kollektiv besser und billiger zu managen. Siehe auch Brunnhuber (2023).

170 Bis ins 18. Jahrhundert hinein war Wirtschaftswachstum im Wesentlichen durch die Bevölkerungsentwicklung bestimmt (0,05 Prozent im Jahr, macht 6 Prozent über 100 Jahre). Das heißt, bis dahin war das Leben von der Geburt bis zum Tod gleich. Veränderung, Beschleunigung, Verdichtung, Wachstum, Steigerungslogik und Expansion sind also moderne Phänomene. Man kann den Eindruck gewinnen, dass Kapitalismus Wachstum benötigt, um sich selbst zu stabilisieren. Man kann aber auch die These vertreten, dass Wettbewerbsmärkte nicht generell wachstumssensitiv sind, sondern innerhalb eines ordoliberalen Rahmens einen Sättigungsgrad erreichen. Offene Gesellschaften sollten sich dieser These anschließen.

171 Man spricht hier auch von einem grünen Paradox. Siehe Sinn (2008).

172 Die dem Kapitalismus innewohnende Steigerungslogik wird sich nicht durch isolierte und singuläre Lebensstilmodifikationen allein korrigieren lassen, sondern bedarf sozial verbindlicher Mechanismen. Ein angepasstes Geld- und Finanzsystem stellt hier den entscheidenden Hebel dar; siehe Brunnhuber (2023, 2023a).

173 Alles, was außerhalb des Emissionshandels passiert, kann durch individuelle Entscheidungen korrigiert werden: über privaten Fleischkonsum, Interkontinentalflüge, die Landwirtschaft oder die Gebäudesanierung. Siehe Wambach (2022).

174 Der ordoliberale Rahmen ist für eine Offene Gesellschaft dabei stilführend und fordert neben Produkthaftung und fairen Wettbewerbsbedingungen eine auf soziale Mobilität aufgebaute Sozialpolitik, Aspekte der progressiven Besteuerung sowie eine Integration von ökologischen Externalitäten in das Preissystem. Historisch fand am Übergang von der Feudalgesellschaft zur Industriegesellschaft Ähnliches statt. Durch die Freisetzung von Arbeitskräften aus dem Lehnsverhältnis entstand erstmals ein Arbeitsmarkt. Dort stand dann ein Heer von nicht organisierten Arbeitern den Kapitaleignern gegenüber. Erst infolge von Versammlungsfreiheit und Vereinigung in Gewerkschaften verbesserten sich die inhumanen und verheerenden Arbeitsbedingungen. Im 21. Jahrhundert sind wir in einer ähnlichen Situation. Das nicht organisierte Heer von individuellen Nutzern steht einer hochorganisierten privaten Plattformökonomie gegenüber. Das Recht auf Vereinigung und Gewerkschaftsbildung könnte ähnlich wie vor 150 Jahren die Ausgangslage zugunsten der digitalen Nutzer nachhaltig verbessern. Siehe auch den wichtigen Aufsatz von Snower, Twomey, Farrell (2020).

175 In manchen afrikanischen Regionen beträgt diese First-Loss-Garantie für ein OECD-Land bis zu 50 Prozent der Investmenteinlage eines privaten Investors. Für die privaten Billionen, die bereitstehen, um etwa in Nordafrika 50 000 Kindergärten, 5000 Krankenhäuser und 500 Universitäten zu bauen, brauchen wir keine Stresstests mit Excel-Dateien, sondern intelligente Finanzprodukte an der Schnittstelle von privatem und öffentlichem Sektor.

176 Allgemein heißt dies sowohl mehr Markt als auch mehr Staat und beides anders. Konkret heißt dies, dass es für die öffentliche Hand vor allem um Finanzierungsinstrumente wie Hermesbürgschaften, stille Beteiligungen im Bereich Venture Capital, öffentliche Kreditlinien für PPP sowie ein erweitertes geldpolitisches Mandat der Zentralbanken (green QE) geht. Sie alle haben den zweifachen Effekt des De-Risking von systemischen Risiken für den Privatsektor und der Finanzierung unserer Gemeingüter, welche dann wiederum die Voraussetzung für mehr private Initiativen darstellen. Siehe Brunnhuber (2021a; 2023).

177 So wie negative Externalitäten dem Zahnpastatubeneffekt folgen, gilt dies für positive Externalitäten auch: So scheint die Sonne immer für alle und kann nicht sinnvollerweise privatisiert werden.

178 Hierher gehört auch die Debatte um das Konsumentenparadox, vielfach untersucht, aber leider nicht hinreichend aufgelöst. Es geht immer um das Gleiche, die komplette Nachhaltigkeitsdebatte ist voll davon.

Wir wissen und sagen, was wir wollen, tun es aber nicht. Etwa bei der Biokost oder bei CO_2-Kompensationszahlungen. Je nach Studienlage wollen 90 Prozent mehr bio und ein besseres Klima, aber nur 10 Prozent kaufen es auch bzw. wollen dafür zahlen. Daraus kann man Folgendes lernen: Es sind nicht die Politiker, die in Haftung genommen werden sollten, sondern immer wir alle. Zudem lässt sich offenbar der Transformationsprozess nicht völlig auf individuelle Lebenstilveränderungen verlagern. Wir brauchen einen sozialen Mechanismus, der uns dabei hilft. Der Finanzsektor mit geänderten Spielregeln ist ein solcher Kandidat; siehe Brunnhuber (2023, 2023a).

179 Es gibt weitere solcher Gegensatzbeziehungen: Sicherheit und Freiheit, Subsidiarität und Hierarchie, Ausgangsgerechtigkeit und Ergebnisgleichheit, Säkularität und Spiritualität. Keine dieser Gegensatzbeziehungen verschwindet, sondern sie werden immer wieder aufs Neue ausgehandelt und versöhnt, um dann neue Gegensatzbeziehungen entstehen zu lassen.

180 Dass Administrationen sich nicht abschaffen, sondern die Tendenz haben, sich ständig zu erweitern, hat zum einen mit einem unspezifischen Selbstverstärkereffekt zu tun. Zum anderen steht die Zunahme der Staatsquote mit zunehmenden Herausforderungen in Verbindung, die der Markt allein nicht bewerkstelligen kann: Alterung, ein Wählerverhalten für superiore Güter (Erziehung und Gesundheit) sowie eine zunehmende Übernahme von systemischen Risiken (Pandemien, globale Erhitzung).

181 Nichts hindert uns daran, die statistische Größe des Bruttosozialproduktes durch andere Messwerte zu ergänzen, welche etwa die Lebenserwartung, den Mietenspiegel, die Anzahl der Kindergartenplätze, die Wasserqualität, die Feinstaubbelastung in Großstädten und die Arbeitslosigkeit berücksichtigen. Der traditionelle quantitative Messwert, der manchmal wie ein Fetisch wirkt, wird dann durch sozioökonomische und ökologische Parameter qualitativ erweitert, und die Bewertungen werden damit zielgenauer.

182 Mazukato, Marianna (2011).

183 Zur Diskussion siehe auch Cowen, Tyler (2013).

184 Dem politischen Liberalismus geht es im Grunde um die Wahrung, den Abgleich und die Ermöglichung von personalen Freiheitsrechten. Dabei ist das Ausmaß an Deregulierung, Privatisierung nur ein Spezialfall dieser personalen Freiheitsrechte. Liberalismus und Privatheit sind nicht völlig deckungsgleich. Im Gegenteil: Es ist leicht einsichtig, dass der Verweis auf eine private Lösung gerade personale Freiheitsrechte einschränkt und nicht ermöglicht, etwa wenn es um die Absicherung von Lebensrisiken geht. Gesundheitsrisiken beispielsweise sind zu einem erheblichen Teil besser durch eine kollektive und öffentliche, sprich staatliche Gebietskörperschaft administrierbar als durch die völlige Übernahme durch eine einzelne Person.

185 Wikipedia (2023): Privatisierung [https://de.wikipedia.org/wiki/Privatisierung].

186 Gemeint ist die Entwicklung im Nachgang des Washington-Konsens von 1992, der eine weitreichende Privatisierung, Liberalisierung und Deregulierung von allem der öffentlichen Infrastruktur vorsah. Die verheerenden Konsequenzen sehen wir nun. Der grundlegende Fehler lag darin, alle drei – Privatisierung, Liberalisierung und Deregulierung – zusammenzudenken. Dem ist aber nicht so: Liberalität hat einen prioritären Wert, dem das Ausmaß an Privatisierung und Deregulierung immer verpflichtet ist.

187 Die katholische Kirche hat durch eine Reform des Erbrechts, des Inzestverbots und der Ehe- und Familienplanung die langfristigen Voraussetzungen geschaffen, dass sich in Folge nicht der Clan oder der Stamm, sondern formalere, nicht verwandtschaftliche Sozialbezüge und Praktiken durchsetzen. Individualität, Selbstwirksamkeit, Nicht-konformismus, analytisches Denken, anonymisiertes prosoziales Verhalten und eine umfassende Schuldkultur schaffen so die Bedingungen für eine universelle personalisierte Ethik, welche dann in Folge in internationalen Handel, Wissenschaft,

Technologieoffenheit und mehr Wirtschaftswachstum führte und so die politische und ökonomische Sonderstellung des globalen Norden erklärbar macht. Siehe hierzu mit umfangreichen empirischen Belegen Joseph Henrichs *The WEIRDest people in the world.*

188 In Anlehnung an H. Arendt kann man von der ›Banalität des Falschen‹ sprechen: Konformitätsdruck, Gedankenlosigkeit und externe Situationslogik sind wichtiger als individuelle Charaktereigenschaften und Lebensstile, die als nichtnachhaltig gekennzeichnet sind. Dies führt dann in Folge in eine selbstverantwortete Regression, welche veränderte institutionelle Rahmenbedingungen und Anreizstrukturen benötigt, damit Menschen aus dem Falschen, das Richtige machen.

189 Oft bleibt jedoch der Kulturbetrieb hinter seinen selbstgewählten Anforderungen zurück. Die Vielfalt wird häufig durch Sprache, Kleidung, Hautfarbe, Geschlecht und ethnische Zugehörigkeit definiert und läuft dann Gefahr, selbst kolonialistisch und äußerlich zu verbleiben. Die wirkliche kulturelle Vielfalt liegt aber vielmehr in der Toleranz geistiger Pluralität und Meinungen begründet, die sich nicht auf eine (post-)kolonialistische Einteilung reduzieren lässt. Sie ist im Wesentlichen ein innerer Vorgang.

190 Auch in Offenen Gesellschaften gibt es geschlossene Räume. Sie sind dadurch charakterisiert, dass ihnen die Vielfalt der Meinungen, Fehlerfreundlichkeit, Kritikfähigkeit und eine Kultur der Offenheit für Revision abgehen. Tabus, fehlende Transparenz in Religion, Politik und Wissenschaft werden dann zu solchen geschlossenen Räumen. Auf einer subjektiven Ebene kennt ebenfalls jeder solche geschlossenen Räume. Man spricht dann von ›Schatten‹, die wir nicht sehen wollen, die aber dennoch wirkmächtig sind. Wenn wir uns darauf verständigen können, dass Freiheit und Verantwortung, Vielfalt und Selbstwirksamkeit zusammenkommen müssen, um Offenheit zu garantieren, öffnen sich solche geschlossenen »Räume« wieder.

191 Die Mächtigkeit der Kunst im 21. Jahrhundert besteht vor allem darin, dass sie postautonom wird, das heißt, sie ist allgegenwärtig in Kommerz und Politik, im privaten und öffentlichen Raum, in den Medien und in der Wissenschaft. Sie ist kein Nischenprodukt mehr, sondern überall präsent. In diesem Sinne ist Kunst nicht nur auf das Gefühl und die Kreativität des Künstlers zu reduzieren, sondern ein Wunder der Intersubjektivität, die erst dann ins Werk kommt, wenn der Kontext, der Rahmen, der andere mit in den Blick genommen werden. Die Betrachtung eines Wasserfalls oder eines Sonnenuntergangs macht noch keine Kunst.

192 Kulturförderung wird in der BRD zu 15 Prozent vom Bund (davon zwei Drittel für internationale Förderung, etwa Goethe-Institute) und zu 85 Prozent von Ländern und Gemeinden getragen. Es ist gerade dieser Kulturförderalismus, der die regionalen Unterschiede und Differenzen bei gleichzeitiger Kooperation zulässt (Kultusministerkonferenz). »Erklärung der Vielen« heißt es im Artikel 5 des Grundgesetzes, kodifiziert über die Meinungsfreiheit und die Freiheit der Kunst.

193 Brosda (2020).

194 Die Rückführung und Restitution kolonial belasteter Kunstwerke ist der erste Schritt hin zu einer globalen transkulturellen Vernetzung, die jedem auf der Welt einen universalen Zugang zu kulturellen Schätzen der Menschheit in ihrer ganzen Vielfalt ermöglicht. Man spricht dann von *shared heritage*. Es wäre ein Rückschritt in geschlossene Verhältnisse, wenn jeder nur auf den eigenen homogenen kulturellen Erbbestand seiner Kultur pocht.

195 Man spricht dann von einer Ganzheit in der Vielfalt *(unitas multiplex)*: Wir einigen uns auf gemeinsame Standards, die wir alle teilen, und wir respektieren dann in gleicher Weise die Vielfalt und Diversität, die wir auf lokaler Ebene historisch und kontextuell leben wollen. Die Reihenfolge muss aber stimmen. Erst so gelingt uns der nächste Schritt der Transformation.

196 Minderheitenschutz im Namen der Identitätspolitik darf niemals bedeuten, dass das Partikulare die Oberhand gewinnt, Gesellschaft fragmentiert wird. Die Fähigkeit für reziproke Empathie als universelle Eigenschaft geht dann verloren. Siehe Brunnhuber (2019).

197 Dieses Offensein steht im Einklang mit den Ergebnissen integraler und transpersonaler Psychologie. Unser individueller und kollektiver Bewusstseinsschwerpunkt entwickelt sich ständig weiter: von einem ethnischen über ein egologisches hin zu einem ökologischen Bewusstsein; von einem präpersonalen über einen personalen zu einem transpersonalen Schwerpunkt; von konkretistischen Erfahrungen über Kausalbeziehungen und Korrelation hin zu Komplementaritäten, die Gegensatzbeziehungen zulassen; siehe Brunnhuber (2018, 2023c, 2. Auflage).

198 Im Kern ist eine Ordnung der Freiheit jedoch keine philosophische, sondern eine bewusstseinspsychologische Kategorie. Das hat damit zu tun, dass wir uns für wahrgenommene Freiheiten entscheiden, die uns immer als relative Freiheiten für und gegen etwas erscheinen. Der psychologische Mechanismus, der uns diesen Bewusstseinszustand der Freiheit ermöglicht, ist jener, bei dem wir entweder mit dem einen oder mit dem anderen identifiziert sind – also frei sind. Psychologisch spricht man von Des-Identifikation. Wir haben dann die freie Entscheidung für etwas und zugleich auch gegen etwas. Wir sind nicht gezwungen, sondern frei. Freiheit als bewusstseinspsychologische Kategorie beschreibt damit einen Vorgang der Dekonditionierung. Wenn man diesen psychologischen Mechanismus zu Ende denkt, ist der Zustand der absoluten Freiheit weder eine rationale Güterabwägung noch ein philosophischer Diskurs. Denn selbst die Einsicht in die Logik der Notwendigkeit bleibt ein Zwang, der Logik des besseren Arguments zu folgen. In letzter Konsequenz kann uns nur eine kontemplative und meditative Praxis absolute Freiheit versprechen. Das heißt dann aber, dass nicht der Philosoph, sondern nur der Mystiker letztendlich völlig frei ist. In der Mystik wird dieser Zustand der absoluten Des-Identifikation mit Begriffen wie Nirwana, Leere, Gott o. Ä. beschrieben. Und dieser Zustand verweist Freiheit dann wiederum auf ihre Verbundenheit mit allem Sein und der Komplementarität zwischen Freiheit und Verantwortung.

199 Offene Gesellschaften schaffen den Raum zur religiösen Entfaltung, ohne sich mit einer spezifischen Religion zu identifizieren. Sie garantiert damit eine Binnenkomplexität, welche einen weltanschaulichen religiösen Diskurs zulässt. Man kann hier von einer offenen Neutralität sprechen.

200 Hartmut Rosa beschreibt in »Demokratie braucht Religion« (2022) die besondere Bedeutung der Religion für offene gesellschaftliche Verhältnisse. Sie ist Ausdruck einer Resonanzbeziehung zur Welt. Religionen erlauben dabei die Bereitschaft, sich berühren zu lassen, anrufbar und damit veränderbar zu sein und entziehen sich der völligen Verfügbarkeit und Kontrolle. Religion wird zu einer Begegnung mit dem anderen (Transzendenz). Statt technologischer Machbarkeit, ständiger Steigerungslogik und Beschleunigungszwang liefern Religionen ein Gegennarrativ, welches ihren Mitgliedern die Erfahrung der Anverwandlung, des Getragenseins durch etwas Größeres anbietet.

201 Walzer (1998).

202 Nicht nur Toleranz von einfachen Mehrheiten gegenüber Minderheiten ist gefordert, sondern Toleranz von vielen Minderheiten mit all ihren systemimmanenten Paradoxien und Widersprüchen. Der Durchschnittsbürger ist eine statistische Kunstfigur, die es jetzt nicht mehr gibt. Dabei gilt es, verschiedene Allianzen verschiedener Subsysteme herzustellen, wobei jede ihre eigene Referenzialität aufweist. Nassehi (2021).

203 Die Welt bleibt fragmentiert und folgt keinem allgemeinen Gesetz oder einem umfassenden Sinnfeld, das wir erkennen könnten. Wir können immer nur Ausschnitte davon wahrnehmen. So sind es dann die vielen kleinen Schritte, die in sich bereits

einen Sinn ergeben: Nachbarschaftshilfe, Fahrradfahren, vegetarische Ernährung, Bienenschutz und Bäumepflanzen, Strandsäuberungen, faire Wahlen, Haftungsregeln oder ein Migrationsgesetz. Das Richtige im Falschen tun, kann dann doch sinnvoll sein, wenn wir das Falsche in seiner Gänze nicht voll erkennen können. Siehe Gabriel (2013). In diesem Sinne ist Gabriel ein Vertreter des Kritischen Rationalismus. Hinzufügen kann man, dass es zwar kein rationales Kriterium für Vollständigkeit gibt, wohl aber einen Bewusstseinsraum der Wahrnehmung von Ganzheit.

204 Während die native Form der europäischen Aufklärung in den Kolonialismus, Materialismus und in die forcierte Missionierung von großen Teilen der Welt führte und dabei westliche Werte exportierte (Individualismus, Utilitarismus, Kurzfristigkeit) mit den bekannten verheerenden Folgen (soziale und ökologische Externalitäten), führte die kritische Urteilskraft zugleich auch zu einer verbesserten Gleichstellung der Geschlechter, einer erhöhten Lebenserwartung, zur Einführung der Sozialgesetzgebung und nun, im 21. Jahrhundert, einem Mehr an Ausgleich, Balance, Inklusion und Nachhaltigkeit.

205 Popper (1971), 59–73.

206 Völkerrechtlich ist die Global Governance keine Analogie zur nationalstaatlichen Konstitution des Rechts, die dann ins Universelle verlängert wird und in der UN ihre geeignete Institution fände. Dieser Ansatz ist zu überambitioniert und bildet nicht die realpolitische Situation ab. Dies führt nicht in eine Konstitutionalisierung des Völkerrechts, sondern nur zu einem normativen »Overstretch«. Die völkerrechtliche Stabilität hängt also von der strategischen Intervention ab, die relative Machtverhältnisse auf nationalstaatlicher Ebene in Rechnung stellt. Deshalb sind viele kleine Schritte – *peacemeal engineering* – für eine stabile Weltordnung wichtiger als der idealtypische Ansatz der einen großen Welt: Die Idee der einen Welt (universalistisch) erhöht potenziell die Instabilität, weil sie all denen einen strategischen Spielraum lässt, die nicht an diese universelle Idee glauben. Herdegen (2018).

207 Großtechnologien sind nur dann sinnvoll, wenn sie die Risiken mit einpreisen können und mögliche Nebenwirkungen für die Allgemeinheit berücksichtigen. Und Global Governance hat das Problem, dass man dies zwar fordern kann, aber solange es keine Institutionen für Steuergesetzgebung, Durchsetzung von Menschenrechten oder ökologische Standards gibt, werden die Lücken von Vertretern gefüllt, die gerade keine universellen Werte wollen. Autokratien und Geschlossene Gesellschaften gehören hier etwa dazu.

208 Ein szientistischer Imperativ jedoch kann an keiner Stelle politische Entscheidungen zugunsten eines normativen Fortschritts ersetzen, höchstens ergänzen. Eine technische Lösung *(technology fix)* oder ein Aufruf zum »Follow the science!« ist nur Teil einer politischen Entscheidung und nicht die politische Entscheidung selbst.

209 Cordsen (2022). Neben einer aufschlussreichen historischen Analyse ist auch der wichtige Hinweis zu entnehmen, dass Aktivisten politisch nicht festgelegt und in der Regel ahistorisch sind. Was zählt, ist das Handeln im Hier und Jetzt. Es gibt Aktivisten für nahezu alle gesellschaftlichen Bereiche. Goebbels war auch Aktivist, Thomas Mann ebenfalls.

210 Aristoteles oder auch Homo politicus (siehe: https://de.wikipedia.org/wiki/Zoon_politikon).

211 Vom Zarentum über die UdSSR bis hin zur aktuellen russischen Verfassung hat die russische Föderation gegenüber Offenen Gesellschaften immer eine skeptische Haltung eingenommen. Zivilgesellschaft, Dritter Sektor, Bürgertum, Gewaltenteilung, freie Medien und dezentrale Marktwirtschaft sind in diesem Verständnis eher Ausdruck politischer Schwäche als deren Stärke. Die russische Seele scheint einer patriarchalischen Autokratie mehr zuzutrauen als starken offenen und kritischen Institutionen. Wladimir Putin spricht gar vom Ende des Liberalismus (siehe u.a.: Künzel (2019): Liberalismus? Russlands

Zukunft [https://mdz-moskau.eu/solowej-liberalismus-russlands-zukunft/]).

212 Deutlich wird dies vor allem in Abgrenzung zu Geschlossenen Gesellschaften und ihren Spielarten, den digitalen Autokratien im 21. Jahrhundert. Dort wird der Dritte Sektor nicht nur nicht gewollt, er wird aktiv unterdrückt und als Feind erlebt. Dabei wird das
Potenzial verspielt, das in ihm steckt.

213 Zivilgesellschaftliches Engagement wirkt im Kern immer inklusiv, und jede Ausgrenzung ist teuer und inhuman zugleich. Dies belegen die Zahlen aus den Drogen- oder Kriminalitätsstatistiken, der Gesundheitszustand ganzer Gesellschaften oder das ökonomische Wachstumspotenzial. Siehe hierzu McGhee (2021).

214 Erica Chenoweth und Maria Stephan haben 323 Konflikte seit 1900 untersucht und dabei festgestellt, dass friedlicher Widerstand doppelt so erfolgreich war wie militärisch-kriegerische Auseinandersetzungen. Siehe Chenoweth und Stephan (2012).

215 Manche CEOs, führende Militärs und Politiker sind eher furchtlos und nicht mutig. Zumindest aber kennen sie den Unterschied nicht. Ihnen geht dann das Korrektiv für die Veränderung verloren. Übrigens: Courage kommt aus dem Französischen und meint Handeln aus dem Herzen. Siehe Kohlenberger (2022).

216 Klingholz u. a. (2017).

217 Das skandinavische Geheimnis des Bildungserfolgs kommt diesen Überlegungen sehr nahe. Lehrpersonal erfreut sich großer Wertschätzung in der Gesellschaft; es gibt wenig Hausaufgaben und gleichzeitig kostenloses zusätzliches Mentoring. Essen und Gesundheitsausgaben sind kostenfrei. Die Schüler-Lehrer-Beziehung ist in der Regel langfristig aufgebaut, Tests sind individualisiert, und das gesamte Curriculum baut auf zahlreichen hierzulande extracurricularen, nichtkognitiven Faktoren auf (Sport, Handwerk, Tanzen etc.); siehe Andersen und Björkman (2020).

218 M. Delbrück, im Interview 1978 mit Carolyn Harding. Pasadena, California, July 14 – September 11, 1978. Oral History Project, California Institute of Technology Archives.

219 Kast (2019): Der Individuationsprozess. [https://cgjung.org/texte-und-einblicke/apthemen/item/161-individuationsprozess.html].

220 Der immer weiter fortschreitende selektive Identitätsanspruch im sozialen Raum steht dem in Teilen entgegen. Er führt dazu, dass Solidarität verloren geht. Je stärker kleinteilige Anerkennungen stattfinden, umso mehr geht der gemeinschaftliche Sinn verloren. Siehe hierzu Fasting (2021).

221 Liessmann (2014).

222 Ein anderes Bildungsideal hat eine weitere Quelle, aus der sich das emanzipative Potenzial speist. Es sind vor allem die nichtcurricularen Faktoren, die den Aufbau einer Person ausmachen: die Bedeutung der Schüler-Lehrer-Beziehung, Achtsamkeitsübungen, Sport, Nahrung, multisensorisches Lernen, Stille, Pausen, Schlafhygiene, soziale Kompetenzen, Fein- und Grobmotorik, Mehrsprachigkeit, emotionale Granularität, Ambivalenztoleranz, Resilienzübungen, Aufmerksamkeitsspanne, Disziplin und Durchhaltevermögen.
Diese nichtcurricularen Faktoren werden chronisch vergessen, unterschätzt oder als irrelevant eingeschätzt, was zur Folge hat, dass keine kritischen Bürger und somit auch keine Offene Gesellschaft herauskommen. Und alle wundern sich. Siehe Brunnhuber, Stefan (2021), Der Creativity Response. Warum wir unsere Bildung völlig neu organisieren müssen. Vorwort zu Kungel (2021) oder auch Brunnhuber (2017), Cadmus, 3, 2. Mai 2017, 58–76.

223 Je mehr Tabus in einer Gesellschaft existieren, umso geschlossener wird sie. Sexualmoral, Patriarchat, autoritäre Hierarchien, Repressionen oder auch die Klärung der Funktionsfähigkeit unseres Geldsystems gehören zu solchen Tabus.

224 Durch einen unendlichen Regress, einen autoritären Abbruch des Verfahrens und zirkuläre Argumente werden Begriffe durch

andere Begriffe ersetzt, dabei aber keine wirklichen Probleme gelöst. Gleichzeitig wird sprechend exkludiert, singularisiert und getrennt.

225 Etwa bei Derrida (1983) oder auch zur Diskussion Salmon (2021).

226 Maturana und Varela (2009); Watzlawik (2011); Berger (2009).

227 Stegemann (2021).

228 Prominentes Beispiel ist Björn Lomborg, der mit statistischen Analysen und wissenschaftlicher Evidenz eine Priorisierung der UN-Nachhaltigkeitsziele einfordert und darauf verweist, dass uns der Klimawandel derzeit noch circa drei bis vier Prozent des Weltsozialprodukts kostet. Auch wenn wir dem Argument nicht vollumfänglich zustimmen mögen, so kann ein solcher Beitrag nur dann sinnvoll eingeschätzt werden, wenn wir uns auf das gesamte Argument kritisch einlassen. Eine Diffamierung oder Instrumentalisierung hilft hier nicht weiter. Mehr Nachhaltigkeit entsteht so nicht und eine Offene Gesellschaft erst recht nicht. Siehe Copenhagen Consensus Center (2023): [https://www.copenhagenconsensus.com/].

229 Popper (1945).

230 Nozick (2013).

231 J. Rawls Gedankenexperiment hilft hier weiter. Zu welchem Schluss kämen Menschen, die gedanklich in einen Urzustand versetzt würden und hinter einem Schleier der Unwissenheit über die Gesellschaft verhandeln müssten, in der sie leben wollen? 1. Gleiche Grundrechte und die gleiche und freie Partizipation am politischen Entscheidungsprozess. 2. Das Differenzprinzip. Das heißt die Klärung, unter welchen Umständen sozioökonomische Ungleichheit akzeptiert wird. Jede Ungleichheit ist nur dann gerechtfertigt, wenn sie den am schlechtesten Gestellten einen nachweisbaren Vorteil gegenüber einer Gleichverteilung garantiert. Jeder Einzelne wird dabei zu einem Perspektivenwechsel gezwungen.

232 Soziale Aufstände und Kritiken an den Einkommensunterschieden der letzten 20 Jahren war nicht dadurch motiviert, dass die Millionäre eines Landes enteignet werden sollten oder dass einige einen SUV oder einen Pool hatten und andere nicht, sondern sie waren dadurch gekennzeichnet, dass es um Forderungen nach Minimalstandards, Würde und Respekt gegenüber der Person ging. Empirisch steigt die Wahrscheinlichkeit für solche soziale Unruhen ab einem GINI von 0,40 und höher. Es geht hier folglich nicht um Umverteilung, sondern um gesellschaftliche Teilhabe. Basic Needs (Energie, Wohnung, Gesundheit, Bildung, Sicherheit, Mobilität) gehören sicherlich dazu, auch wenn sie in jeder Gesellschaft immer wieder neu verhandelt werden. Zur Diskussion siehe auch Sandel (2020).

233 Der GINI-Koeffizient beschreibt die Ungleichverteilung von Vermögen oder Einkommen innerhalb einer Gruppe, Nation oder Region. Der Wert 0 meint dann eine völlige Gleichverteilung, der Wert 1 eine völlige Ungleichverteilung, bei welcher alles Vermögen/Einkommen nur noch einer Person zukommt.

234 Hierzu mit wichtigen Anregungen Marlene Engelhorn aus Wien im Gespräch vom 30.1.2023.

235 Der Anrechtsliberalismus unterscheidet zwischen Almosen und Anrechten. Das Erste ist freiwillig, auf das Zweite besteht ein Rechtsanspruch. Dies ist dann eine Frage der Ordnungspolitik und der involvierten Rechtsstaatsmechanismen.

236 Staatsangehörigkeit vermittelt den größten Anteil an globaler Ungleichheit mittels Geburt (80 Prozent der Varianz wird durch den Pass vermittelt). Es sind Leistungen des Kollektivs und nicht des Einzelnen. Durch bloße Migration lässt sich jenseits der Bildung das Einkommen verzehnfachen.

237 Das Dilemma ist, dass völlige Gleichheit mit fehlendem Fortschritt und Wachstum, Fortschritt selbst wiederum mit steigender Ungleichheit einhergeht. Um hier die richtige Balance zu finden, müssen wir uns jene Unterscheidung in zwei Formen der Ungleichheit zumuten.

238 Sandel (2020).

239 Man muss das Argument des meritokratischen Erfolgs noch weiter differenzieren. Der Erfolg ist selbst im Level Playing Field, besonders in Märkten skalierfähiger Produkte wie Bücher, Musik oder Software, ein einziger großer Zufall, ein Schmetterlingseffekt *(butterfly effect)*. Mit Leistung lässt sich hier nur ein Lotterieschein kaufen, dessen Erwartungswert Gefahr läuft, negativ zu werden.

240 Das Erlebnis von Glück gilt auf den ersten Blick als eine subjektive Kategorie. Jeder empfindet es anders. Dennoch lässt sich zeigen, dass die Erfahrung von Glück eine hohe interpersonelle Konstante ist. Die unmittelbare Naturerfahrung, innere Entwicklungsschritte, in denen es gelungen ist, Gegensätze zu integrieren, Erfahrungen von Demut, Dankbarkeit und Dienen und unkonditioniertem Geben oder auch die wahrhaftige Begegnung mit anderen gehören sicherlich dazu. Interessant ist hierbei, dass solche Glückserlebnisse in der Regel nichts kosten und sich einem gängigen Konsummuster entziehen. Aus einer liberalen Perspektive gilt festzuhalten, dass Glückserlebnisse nicht Gegenstand einer politischen Agenda sind, sondern ein privates Erlebnis bleiben.

241 Keynes (1932) unterscheidet zwei Formen von Bedürfnissen: absolute Grundbedürfnisse sowie relativer Statuskonsum. Ähnlich wie Fred Hirsch (1967) spricht er von Positionsgütern. Beide folgen einer unterschiedlichen ökonomischen Logik, und beide sollten auch einem unterschiedlichen Finanzierungsschema folgen. Die Ersteren unterliegen einer geldpolitischen Intervention öffentlicher Banken sowie der Zentralbanken, die Zweiteren einer fiskalpolitischen Umverteilung bzw. der Finanzierung durch die private Hand. Siehe Brunnhuber (2022) oder auch derselbe (2023a).

242 Empirisch zeigt sich, dass eine Grundsicherung positive makroökonomische Effekte hat, da sie die Risikotoleranz erhöht. Das Spannungsfeld von Fördern und Fordern bleibt bei jeder sozialpolitischen Maßnahme bestehen. Gleichzeitig gilt es im Zeitalter der Disruption, Handlungsmöglichkeiten, Offenheit, Sozialkapital und Kohäsionsfaktoren zu erhöhen. Die Grundsicherung wirkt wie Kindergeld, sie steht jedem unbedingt zur Verfügung: So geht Zukunft, so geht Freiheit, und so geht Nachhaltigkeit.

243 Kritisch hierzu El-Mafaalani (2022); sowie weitere Literatur zum Thema Bien vivre und das gute Leben siehe die Einführung von Pleger (2020).

244 Übersetzt heißt dies eine andere Migrationspolitik, die nicht nur Asyl- und Menschenrechtsfragen diskutiert, sondern deutlich macht, dass eine fair gesteuerte Einwanderungspolitik für alle von Nutzen ist.

245 Piketty (2016).

246 Die Beratungsindustrie, die global einen jährlichen Umsatz von 800 Mrd. USD erwirtschaftet, dient nicht selten als Legitimation für unangenehme Entscheidungen. Gleichzeitig unterliegt sie recht häufig einem Interessenkonflikt und infantilisiert den öffentlichen Sektor. Während Regierungsstellen oft risikoavers und wenig fehlerfreundlich sind, sollten Beratungsfirmen nicht die Regierungsarbeit ersetzen, sondern den Wandel professionell begleiten können. Dabei sollten sie für ihren Einsatz zur Rechenschaft gezogen und auch bei Verlusten und Fehlentscheidungen in Haftung genommen werden. Ein Vorschlag wäre, dass neben der Beratungsindustrie der Dritte Sektor mit all seinen Non-Profit-Organisationen, die über viel Expertenwissen verfügen, bei der Auftragsvergabe für öffentliche Belange gleichwertig berücksichtigt werden. Siehe das neue Buch von Mazzucato (2023).

247 Wenn der politische Gegner als stark wahrgenommen wird (Islamisierung des Abendlandes, Kommunisten erobern die Welt, Populisten untergraben den Rechtsstaat, oder digitale Autokratien sind besser), dann ist das weniger eine Stärke des Islamismus, der Kommunisten, der Populisten und Autokraten, sondern eine Schwäche der eigenen Position. Aber das kann man ändern.

248 Das Leben in einer Offenen Gesellschaft ist im Kern immer negentropisch, indem es sich selbst organisiert und wendet sich somit gegen den Strom der Physik (Thermodynamik) und der Biologie (Selektion).

249 In diesem Sinne sind alle Kulturleistungen inklusive der Technik transhuman. Man muss aber genau hinsehen, was man darunter versteht. Kulturleistungen transzendieren die primäre, natürliche biologische Ausstattung des Menschen. Das Unterscheidungsmerkmal, wie weit diese Technosphäre dann gehen sollte, liegt an der Fähigkeit der Selbstwirksamkeit und Selbstkontrolle des Einzelnen und der Gemeinschaft, die jene Technologie nutzt. Nadel und Hammer waren eher passiv, Buchdruck interaktiv. Die neue Technosphäre des 21. Jahrhunderts hat den Selbstwirksamkeitstest noch nicht bestanden. Ob Brain-Chip-Interface, Singularitäten, Big-Data-Korrelationen nur einen Mangel ausgleichen und der Kontrolle des Menschen unterworfen bleiben oder ob Robotronik und künstliche Intelligenz die Kontrolle über den Menschen übernehmen und ihn damit ersetzen, wird die Zukunft zeigen. Im Kern geht es um die Unterscheidung zwischen einer Prothese, die einen Mangel ausgleicht, und der Überwindung des Humanen selbst. Transhuman im engeren Sinne meint aber etwas anderes: Der Mensch wird zum Homo Deus unter der Maßgabe und den Vorgaben der digitalen Technologien. Das heißt, die IT entscheidet, was human und was transhuman ist. Das ist so wohl falsch. Richtig ist: Der Mensch entscheidet, was er benötigt, um vollständiger, gesünder, besser und nachhaltiger mit anderen zusammenleben zu können. Der Sinn von Industrie 4.0 ist dann kein Homo Deus, sondern die Vervollkommnung des Humanen und die Kompensation für Mängel, um ein humaneres Leben leben zu können. Ikarus hat das auch versucht und ist gescheitert, indem er sich an der Sonne verbrannt hat. Siehe Schwab und Siebler (2022).

250 Tiere passen sich an ihre Umgebung optimal an, Menschen dagegen haben die Fähigkeit, ihre Umwelt, an die sie sich anpassen sollten, zu zerstören. Einen solchen erweiterten Ökosuizid gibt es wohl nur bei unserer Spezies. Das sind die Schattenseiten der Freiheit.

251 Zur Diskussion siehe etwa bereits Zweig (1928); Carlyle (1841).

252 Krieg und Frieden bleiben als Gegensatzpaare immer bipolar aufeinander bezogen. Die wahre Gegenwelt zu diesem Gegensatzpaar sind Dauerhaftigkeit, Langfristigkeit, eben Nachhaltigkeit.

253 Siehe Brunnhuber (2021); (2023).

Literatur (Auswahl)

Acemoglu, Daron (2022): China's Economy Is Rotting from the Head [https://www.project-syndicate.org/commentary/xi-jinping-china-economy-rotting-from-the-head-by-daron-acemoglu-2022-10].

Albert, Hans (2000): Kritischer Rationalismus. Vier Kapitel zur Kritik illusionären Denkens, Mohr Siebeck.

Albert, Hans (2013): James M. Buchanan zum Gedächtnis, in: Jahrbuch für die Ordnung von Wirtschaft und Gesellschaft, Bd. 64, S. 11–23.

Andersen, Lene R./Björkman, Tomas (2020): Das skandinavische Geheimnis. Eine europäische Geschichte von Schönheit und Freiheit, Phänomen Verlag.

Apel, Karl-Otto (1998): Auseinandersetzungen in Erprobung des transzendentalpragmatischen Ansatzes, Suhrkamp.

Arendt, Hanna/Jaspers, Karl (2010): Briefwechsel 1926–1969, Piper.

Arendt, Hannah (2018): Die Freiheit, frei zu sein, dtv Verlag.

Arendt, Hannah (2020): Vita activa oder Vom tätigen Leben, Piper.

Ark, Bart van (2016): The Productivity Paradox of the New Digital Economy, in: International Productivity Monitor, 31, S. 3–18.

Austin, John L. (1975): How to Do Things with Words, Harvard University Press.

Bauer, Thomas (2018): Die Vereindeutigung der Welt. Über den Verlust an Mehrdeutigkeit und Vielfalt, Reclam.

Beck, Ulrich (1986): Risikogesellschaft. Auf dem Weg in eine andere Moderne, Suhrkamp.

Berger, Peter L. (2009): Die gesellschaftliche Konstruktion der Wirklichkeit, Fischer.

Bloch, Ernst (1980): Das Prinzip Hoffnung, Suhrkamp.

Braidotti, Rosi/Jones, Emily/Klumbyté, Goda (2022): More Posthuman Glossary, Bloomsbury Academic.

Brennan, Geoffrey/Buchanan, James M. (1993): Die Begründung von Regeln, Mohr Siebeck.

Brosda, Karsten (2020): Die Kunst der Demokratie, Hoffmann und Campe.

Brunnhuber, Stefan (2017): Education isn't Education, The Creativity Response or How to Improve the Learning Curve in Our Society, in: Cadmus, 3 (2), S. 58–76.

Brunnhuber, Stefan (2017): Reflections on our common beliefs: The Psychology of Interfaith Dialogue, in Two indispensable Topoi of inter religious dialogue, New languages far beyond the deed ends of dialogue (eds. M. Krienke, E. Kuhn), pp: 114–125; Editio Academe Vol, 2, TENE QUOD BENE, Wien.

Brunnhuber, Stefan (2019): Böckenförde 2.0. Offene Gesellschaften und autokratische Experimente, in: RphZ, 3, S. 326–332.

Brunnhuber, Stefan (2019): Die offene Gesellschaft. Ein Plädoyer für Freiheit und Ordnung im 21. Jahrhundert, oekom.

Brunnhuber, Stefan (2021): Der Creativity Response. Warum wir unsere Bildung völlig neu organisieren müssen. Vorwort zu Kungel, Oliver (2021). Neugier entfesseln. Wie Corona, die Klimakrise und Neurowissenschaften die Schule umkrempeln, Visual Ink Publishing, S. 8–14.

Brunnhuber, Stefan (2021): Open Societies versus Autocratic Experiments or Why the Latter are Parasitic, Cannibalizing and Self-Limiting, in: Cadmus, 4 (4), S. 216–225.

Brunnhuber, Stefan (2021a): Financing our Future, Palsgrave.

Brunnhuber, Stefan (2022): The Real Tragedy of the Commons – Garrett Hardin (1968) Revised, in: Problems of Sustainable Development, 17(2): S. 19–23.

Brunnhuber, Stefan (2023): Financing our Anthropocene, Springer Nature.

Brunnhuber, Stefan (2023a): The Real Tragedy of the Commons, in: Financing our Anthropocene, Springer Nature. In press.

Brunnhuber, Stefan (2023b): The Third Culture: How AI, BIG DATA and deep learnings shaping our consciousness and our society, Springer. In press.

Brunnhuber, Stefan (2023c): Die Kunst der Transformation. Wie wir uns erfolgreich anpassen und zugleich die Welt verändern, 2. Auflage, oekom.

Brynjolfsson, Erik / Benzell, Seth / Rock, Daniel (2020): Understanding and Addressing the Modern Productivity Paradox, Research Brief, MIT work of the future.

Buchanan, James M. / Brennan, Geoffrey (2000): The Reason of Rules: Constitutional Political Economy, Indianapolis.

BVerfG, Beschluss des Ersten Senats vom 24. März 2021-1 BvR 2656/18 -, Rn. 1-270, [http://www.bverfg.de/e/rs20210324_1bvr265618.html].

Carlyle, Thomas (1841): On Heroes, Hero-Worship, & the Heroic in History, James Fraser.

Casas-Zamora, Kevin (2022): Global state of democracy report 2022: Forging Social Contracts in a Time of Discontent [https://idea.int/democracytracker/gsod-report-2022].

Charta der Grundrechte der Europäischen Union (GRC), Art. 47.

Chenoweth, Erica / Stephan, Maria J. (2012): Why Civil Resistance Works: The Strategic Logic of Nonviolent Conflict, Columbia University Press.

Concelise, Chrisopher J. / Wilkinson, Aaron / Duncan, Kenneth / Mortlock, Alice (2016): The evolution of galaxy number density at z < 8 and its implications, in: The Astrophysical Journal, 830 (83), S. 1–17.

Copenhagen Consensus Center (2023): Copenhagen Consensus Center [https://www.copenhagenconsensus.com/].

Cordsen, Knut (2022): Die Weltverbesserer. Wie viel Aktivismus verträgt unsere Gesellschaft?, Aufbau.

Cowen, Tyler (2013): Average Is Over: Powering America Beyond the Age of the Great Stagnation, Penguin Group.

Crutzen, Paul (2002): Geology of Mankind, in: Nature 415 (23), S. 23.

Dahrendorf, Ralf (1992): Der moderne soziale Konflikt, DVA.

Dahrendorf, Ralf (1997): Die Globalisierung und ihre sozialen Folgen werden zur nächsten Herausforderung einer Politik der Freiheit [https://www.zeit.de/1997/47/thema.txt.19971114.xml].

Delbrück, Max (1978): Max Delbruck Oral History Interview with Carolyn Harding, California Institute of Technology Archives and Special Collections.

Derrida, Jacques (1983): Grammatologie, Suhrkamp.

Desmet, Matthias (2022): The psychology of Totalitarism, Chelsea Green Publishing.

Doyle, Michael W. (2015): The Question of Intervention: John Stuart Mill and the Responsibility to Protect, Yale University Press.

Ecker-Ehrhardt, Matthias/Weßels, Bernhard (2010): Input-oder Output-Politisierung internationaler Organisationen? Der kritische Blick der Bürger auf Demokratie und Leistung, Suhrkamp.

El-Mafaalani, Aladin (2022): Über die offene Gesellschaft und ihre Grenzen, Springer.

Europäische Menschenrechtskonvention (EMRK), Art. 6, 13.

Fasting, Mathilde (2021): After the End of History: Conversations with Francis Fukuyama, Georgetown University Press.

Fiorino, Daniel J. (2018): Can Democracy Handle Climate Change?, John Wiley & Sons.

Fischer, Ernst, P. (2015): Die Verzauberung der Welt. Eine andere Geschichte der Naturwissenschaften, Pantheon.

Fischer-Lescano, Andreas (2018): Natur als Rechtsperson. Konstellationen der Stellvertretung im Recht, in: Zeitschrift für Umweltrecht 2018 (4), S. 205–216.

Freedomhouse (2021): Countries and Regions [https://freedomhouse.org/report/freedom-world/2021/democracy-under-siege/countries-and-regions].

Friedman, Thomas L. (2008): Was zu tun ist. Eine Agenda für das 21. Jahrhundert, Suhrkamp.

Friedrich-Alexander-Universität Institute of Political Science (2022): Academic Freedom Index [https://academic-freedom-index.net/].

Gabriel, Markus (2013): Warum es die Welt nicht gibt, Ullstein.

Gabriel, Markus (2019): Die ewige Wahrheit und der Neue Realismus. Gespräche über (fast) alles, was der Fall ist, CarlAuer.

Gatti, Luciana V./Basso, Luana S./Miller, John B. et al. (2021): Amazonia as a carbon source linked to deforestation and climate change, in: Nature, 595, S. 388–393.

Gehlen, Arnold (1988): Der Mensch, seine Natur und seine Stellung in der Welt, Columbia University Press.

Gerrard, Bill (2022): The Road Less Travelled: Keynes and Knight on Probability and Uncertainty, in: Review of Political Economy.

Gigerenzer, Gerd (2021): Klick, C. Bertelsmann.

Goldin, Ian/Kutarna, Chris (2016): Die zweite Renaissance, Finanzbuchverlag.

Gonzales, Gardner (2018): Ecological and social drives of human brain, in: Nature, 557, S. 554–557.

Goodhart, David (2017): The Road to Somewhere: The Populist Revolt and the Future of Politics, C. Hurst & Co.

Gravråkmo, Sissel et al. (2023): Associations between intelligence, everyday executive functions, and symptoms of mental health problems in children and adolescents with mild intellectual disability, in: International Journal of Developmental Disabilities.

Habermas, Jürgen (1983): Moralbewusstsein und kommunikatives Handeln, Suhrkamp.

Habermas, Jürgen (1992): Faktizität und Geltung. Beiträge zur Diskurstheorie des Rechts und des demokratischen Rechtsstaates, Suhrkamp.

Hanusch, Frederic (2018): Democracy and Climate Change, Routledge.

Harari, Yuval (2015): Eine kurze Geschichte der Menschheit, Pantheon.

Harari, Yuval N. (2021): Sapiens, Beck.

Hare, Brian/Woods, Vanessa (2021): Survival of the Friendliest: Understanding Our Origins and Rediscovering Our Common Humanity, Random House Publishing Group.

Hayek, Friedrich A. (1944): The Road to Serfdom, University of Chicago Press.

Heidenreich, Felix (2018): How Will Sustainability Transform Democracy? Reflections on an Important Dimension of Transformation Sciences, in: GAIA – Ecological Perspectives on Science and Society, 27(4), S. 357–362.

Heidenreich, Felix (2022): Demokratie als Zumutung, Klett-Cotta.

Henrich, Joseph (2020): The WEIRDest people in the world, How the West became psychological peculiar and particularly prosperous, Farrar, Straus and Giroux.

Herdegen, Matthias (2018): Der Kampf um die Weltordnung. Eine strategische Betrachtung, C. H. Beck.

Hirsch, Fred (1967): Money International, Allen Lane.

Hobbes, Thomas (2004): Leviathan. Materie, Form und Macht eines kirchlichen und staatlichen Gemeinwesens, Meiner.

Hobbes, Thomas / Bramhall, John (2012): Selections from Hobbes, The Questions concerning Liberty, Necessity, and Chance, Cambridge University Press.

Hofstetter, Julia-Silvana (2021): Digital Technologies, Peacebuilding and Civil Society. Addressing Digital Conflict Drivers and Moving the Digital Peacebuilding Agenda Forward, in: INEF Report, 114, S. 1–28.

Human Development Reports (2023): Human Development Index (HDI) [https://hdr.undp.org/data-center/human-development-index#/indicies/HDI].

Jacobs, Garry / Giarini, Orio / Slaus, Ivo (2013): Human Centered Developments Perspectives, in: Cadmus, 1 (6), S. 18–23.

Jaspers, Karl (1983): Vom Ursprung und Ziel der Geschichte. Piper, 8. Aufl.

Jonas, Hans (2003): Das Prinzip Verantwortung, Suhrkamp.

Jung, Carl G. (1980): Der Mensch und seine Symbole, Walter.

Kant, Immanuel (1795): Zum ewigen Frieden, Friedrich Nicolovius.

Kant, Immanuel (1795): Zum ewigen Frieden. Ein philosophischer Entwurf, Akademie.

Kast, Verena (2019): Der Individuationsprozess [https://cgjung.org/texte-und-einblicke/apthemen/item/161-individuationsprozess.html].

Kersten, Jens (2022): Das ökologische Grundgesetz, C. H. Beck.

Keynes, John M. (1932): Vom Gelde, Duncker & Humblot.

Kirchhof, Paul (2004): Der sanfte Verlust der Freiheit, Carl Hanser.

Kissinger, Henry (2020): Gefährdet künstliche Intelligenz menschliche Vernunft? [https://herrhausen-weiter-denken.de/artikel/henry-kissinger-kuenstliche-intelligenz/].

Klingholz, Reiner / Lutz, Wolfgang / Newton, Melanie / Kohlenberger, Judith (2017): Education First! From Martin Luther to Sustainable Development, African Sun Media.

Kohlenberger, Judith (2022): Die Couragierten. Über die transformative Kraft der Zivilgesellschaft, Festschrift der Globart 2022, Melk.

Kubicki, Wolfgang (2020): Das gefährliche Spiel mit der Demokratie, Westend.

Kuhn, Thomas S. (2001): Die Struktur wissenschaftlicher Revolutionen, Suhrkamp.

Künzel, Tino (2019): Liberalismus? Russlands Zukunft [https://mdz-moskau.eu/solowej-liberalismus-russlands-zukunft/].

Leggewie, Claus / Nanz, Patricia (2018): Die Konsultative, Politik bei Wagenbach.

Liessmann, Paul K. (2014): Geisterstunde. Die Praxis der Unbildung. Eine Streitschrift, Zsolnay.

Loevinger, Jane (1987): Paradigms of personality. W. H. Freeman.

Loh, Janina (2020): Trans- und Posthumanismus, Junius.

Martinez, Luis (2021): How Much Should We Trust the Dictator's GDP Growth Estimates?, in: University of Chicago, Becker Friedman Institute for Economics Working Paper, 2021 (78).

Masala, Carlo (2023): Weltunordnung, C. H. Beck.

Maturana, Humberto/Francisco Varela (2005): Der Baum der Erkenntnis. Die biologischen Wurzeln menschlichen Erkennens, Goldmann.

Mau, Steffen (2021): Sortiermaschinen. Die Neuerfindung der Grenze im 21. Jahrhundert, C.H. Beck.

Mazukato, Marianna (2011): The Entrepreneurial State, Demos.

Mazzucato, M. (2023): The Big Con: How the Consulting Industry weakens our business, infantilizes our governments and warps our economies, Allen Lane.

McGhee, Heather (2021): The Sum of Us: What Racism Costs Everyone and How We Can Prosper Together, One World.

Mearsheimer, John J. (2018): The Great Delusion: Liberal Dreams and International Realities, Yale University Press.

Mearsheimer, John J. (2018): The Great Delusion: Liberal Dreams and International Realities, Yale University Press.

Mesarovic, Mihajlo D./Pestel, Eduard (1975): Mankind at the Turning Point. The second report of the Club of Rome, in: Worlview, 18 (9), S. 54–56.

Nassehi, Armin (2019): Muster, C.H. Beck.

Nassehi, Armin (2021): Unbehagen. Theorie der überforderten Gesellschaft, C.H. Beck.

Nida-Rümelin, Julian (2020): Die gefährdete Rationalität der Demokratie, Edition Körber.

Nishra, Pankay (2007): Butter Chicken in Ludhiana: Travels in small town India, Penguin.

Noelle-Neumann, Elisabeth (1996): Öffentliche Meinung. Die Entdeckung der Schweigespirale, Ullstein.

Nozick, Robert (1974): Anarchy, State, and Utopia, Hachette Book Group.

Nozick, Robert (2013): Anarchy, State, and Utopia, Basic Books.

O.V. (2023): Privatisierung, in: Wikipedia, Die freie Enzyklopädie. Zuletzt aufgerufen am: 5.3.23 [https://de.wikipedia.org/wiki/Privatisierung].

Olson, Mancur L. (2017): Die Logik des kollektiven Handelns, Springer.

Özmen, Elif (2023): Was ist Liberalismus?, Suhrkamp.

Piaget, Jean (2016): Meine Theorie der geistigen Entwicklung, Beltz.

Piketty, Thomas (2016): Ökonomie der Ungleichheit. Eine Einführung, C.H. Beck.

Pleger, Wolfgang (2020): Das gute Leben. Eine Einführung in die Ethik, J.B. Metzler.

Popper, Karl (1945): Die offene Gesellschaft und ihre Feinde, J.C.B. Mohr.

Popper, Karl (2005): Philosophen der Gegenwart. Eine Einführung, Wissenschaftliche Buchgesellschaft.

Popper, Karl R. (1971): Das Elend des Historizismus, Mohr Siebeck.

Popper, Karl R. (2006): Conjectures and refutations, Routledge.

Rauch, Jonathan (2021): Constitution of knowledge, Brookings Institution Press.

Rödder, Andreas (2019): Konservativ 21.0. Eine Agenda für Deutschland, C.H. Beck.

Rollnick, Stephen/Miller, William R./Butler, Christopher C. (2008): Motivational Interviewing in health care: Helping patients change behavior, Guilford Press.

Rorty, Richard M. (1967): The Linguistic Turn. Essays in Philosophical Method, Chicago University Press.

Rosa, Hartmut (2022): Demokratie braucht Religion, Kösel.

Rousseau, Jean-Jacques (1762): Du contrat social ou principes du droit politique, Marc Michel Rev. MDCCLXII.

Rousseau, Jean-Jacques (2005): Der Gesellschaftsvertrag oder die Grundsätze des Staatsrechtes, Fischer.

Rudd, Kevin (2022): The World According to Xi Jingping, in: Foreign Affairs 101 (6).

Salmon, Peter (2021): How Derrida and Foucault became the most misunderstood philosophers of our time [https://www.prospectmagazine.co.uk/philosophy/foucault-derrida-post-truth-culture-wars-marxism].

Sandel, Michael J. (2020): Vom Ende des Gemeinwohls, S. Fischer.

Scheler, Max (2007): Die Stellung des Menschen im Kosmos (16. Auflage), Bouvier.

Schirach, Ferdinand von (2020): Ökozit. ARD.

Schmitt, Carl (1969): Gesetz und Urteil. Eine Untersuchung zum Problem der Rechtspraxis, C.H. Beck.

Schultz, Wolfgang-Andreas, (2022): Europas zweite Renaissance. Kunst und Musik im Anthropozän, Europaverlag.

Schwab, Gustav/Siebler, Michael (2022). Griechische Sagen, Taschen.

Searle, John R. (1969): Speech Acts. An Essay in the Philosophy of Language, Cambridge University Press.

Searle, John R. (2017): Wie wir die soziale Welt machen, Suhrkamp.

Service, Robert F. (2021): Protein structures for all, in: Science, 374 (6574), S. 1426–1427.

Sinn, Hans-Werner (2008): Das grüne Paradoxon. Plädoyer für eine illusionsfreie Klimapolitik, Econ.

Snow, Charles P. (1967): Die zwei Kulturen. Literarische und naturwissenschaftliche Intelligenz, Klett.

Snower, Dennis/Twomey, Paul/Farrell, Twomey (2020): Revisiting Digital Governance, in: Social Macroeconomics Working Paper Series, 220 (003), University of Oxford.

Snyder, Timothy (2017): Über Tyrannei. Zwanzig Lektionen für den Widerstand, C. H. Beck.

Spitzer, Manfred (2021): Psychiatrie im dritten Jahrzehnt des 21. Jahrhunderts, in: Nervenheilkunde, 41(01/02), S. 63–72.

Staab, Philipp (2021): Digitaler Kapitalismus, Suhrkamp.

Stegemann, Bernd (2021): Die Öffentlichkeit und ihre Feinde, Klett-Cotta.

Stenner, Karen (2005): The Authoritarian Dynamic, Cambridge University Press.

Stenner, Karen (2009): Three Kinds of »Conservatism«, in: Psychological Inquiry, 20 (2–3), S. 142–159.

Stockholm Resilience Center (2019): Planetary Boundaries [https://www.stockholmresilience.org/research/planetary-boundaries.html].

Stokes, Patricia. D. (2006): Creativity from constraints. The psychology of breakthrough, Springer.

Stone, Christopher D. (1972): Should Trees Have Standing – Towards Legal Rights for Natural Objects, in: Southern California Law Review, 45, S. 450–501.

Taleb, Nassim N. N. (2015): Der Schwarze Schwan. Die Macht höchst unwahrscheinlicher Ereignisse, Albrecht Knaus.

Tanasescu, Mihnea (2022): Ecocene Politics, Open Book Publisher.

Taylor, Louise H./Latham, Sophia M./Woolhouse, Mark E. J. (2001): Risk factors for human disease emergence, in: Philosophical Transactions of the Royal Society B: Biological Sciences, 356 (1411), S. 983–989.

Titanji, Boghuma (2022): Domesticating Donkeys, in: Science 377 (6611), S. 1180–1191.

Tölle, Annette E. (2022): Scheitert die Demokratie an der Klimapolitik? Überlegungen zur Input- und Output-Legitimation der deutschen Klimapolitik, Springer.

Triml-Cifflard, Daniela (2021): Te Awa Tupua – Der Ahne Fluss. Die Revolution der neuen Rechtssubjekte, Wissenschaft und Frieden, 2021-2, S. 12–16.

Umweltverträglichkeitsprüfungen (UVP-RL): Richtlinie 2011/92/EU des Europäischen Parlaments und des Rates vom 13.12.2011 ABl. L 26/1 vom 28.1.2012 [https://eur-lex.europa.eu/legal-content/DE/TXT/PDF/?uri=CELEX:32011L0092].

Walz, Kenneth N. (2008): Realism and International Politics, Routledge.

Walzer, Michael (1998): Über Toleranz. Von der Zivilisierung der Differenz, Rotbuch.

Walzer, Michael (2015): The Paradox of Liberation: Secular Revolutions and Religious Counterrevolutions, in: The Review of Politics, 77(4), S. 705–708.

Wambach, Achim (2022): Klima muss sich lohnen. Ökonomische Vernunft für ein gutes Gewissen, Herder.

Watzlawik, Paul (2011): Man kann nicht nicht kommunizieren. Das Lesebuch, Hans Huber.

Weizsäcker, Ernst U./Wijkman, Anders (2018): Come on, Capitalism, Short-termism, Population and the Destruction of the Planet, Springer.Wilber, Ken (2001): Eros, Kosmos, Logos: Eine Jahrtausend-Vision, Fischer Taschenbuch.

Wittgenstein, Ludwig (1999): Denkbewegungen, Fischer Wissenschaft.

Wittgenstein, Ludwig (2001): Philosophische Untersuchungen, Suhrkamp.

World Academy of Arts & Science (2023): Campaign on Human Security for All [https://new.worldacademy.org/hs4a/].

Zettele, Josef (2020): Die Triple-Krise: Artensterben, Klimawandel, Pandemien, Edel Books.

Zweig, Stefan (1928): Drei Dichter ihres Lebens. Casanova – Stendhal – Tolstoi, Insel.

Autor

Stefan Brunnhuber, ursprünglich gelernter Kfz-Mechaniker, ist Mediziner und Wirtschaftssoziologe, Psychiater und Ökonom. Er ist Ärztlicher Direktor und Chefarzt in Sachsen, internationales Vollmitglied im Club of Rome und Trustee der Weltakademie der Wissenschaften. Als einziges deutsches Mitglied war er in der Lancet-Kommission »Post covid and green recovery« (2022/23) unter Jeffrey Sachs tätig.

Derzeit ist er Mitglied im Beirat der Bundesregierung »Sustainable Finance« und hat einen Lehrstuhl an der Hochschule Mittweida in Sachsen inne. Die Interessen des Dahrendorf-Schülers und FDP-Mitglieds umfassen die Themen Integrative Medizin, Finanzökonomie und Nachhaltigkeit sowie gesellschaftliche Transformation. »Die Offene Gesellschaft. Ein Plädoyer für Freiheit und Ordnung« veröffentlichte er 2019. Zuletzt erschienen von ihm »Financing our Future« (2021) sowie »Financing our Anthropocene« (2023). »Die Kunst der Transformation« liegt nun in der 2. Auflage (oekom) vor.

Stefan Brunnhuber ist Langzeitmeditierer und Hobbygärtner. Er lebt mit seiner Familie in Dresden.